JIEGOU YU CHONGJIAN
JIYU YITI DUOYUAN DE DASHANGKE
RENCAI PEIYANG TIXI JIANGOU YU SHIJIAN

解构与重建

——基于"一体多元"的
大商科人才培养体系建构与实践

陈寿灿　等 著

浙江工商大学出版社
ZHEJIANG GONGSHANG UNIVERSITY PRESS

图书在版编目(CIP)数据

　　解构与重建：基于"一体多元"的大商科人才培养体系建构与实践 / 陈寿灿等著. — 杭州：浙江工商大学出版社，2017.12（2018.8 重印）

　　ISBN 978-7-5178-2563-0

　　Ⅰ.①解… Ⅱ.①陈… Ⅲ.①高等学校－贸易－人才培养－培养模式－研究－中国 Ⅳ.① F7-4

　　中国版本图书馆 CIP 数据核字 (2017) 第 322031 号

解构与重建
——基于"一体多元"的大商科人才培养体系建构与实践

陈寿灿　等 著

责任编辑	沈　丹　谭娟娟
封面设计	林朦朦
责任印制	包建辉
出版发行	浙江工商大学出版社
	（杭州市教工路 198 号　邮政编码 310012）
	（E-mail: zjgsupress@163.com）
	电话：0571-88904980，88831806（传真）
排　　版	庆春籍研室
印　　刷	虎彩印艺股份有限公司
开　　本	710mm×1000mm　1/16
印　　张	17.25
字　　数	240 千
版 印 次	2017 年 12 月第 1 版　2018 年 8 月第 2 次印刷
书　　号	ISBN 978-7-5178-2563-0
定　　价	48.00 元

序

黄达人

"国家当富强，始基端在商。"浙江工商大学是我国最早建立的商科专门学校之一。在悠久的办学历史里，曾十六次易名，但每一次都没有离开一个"商"字。近年来，面对教育现代化、教育国际化的潮流和经济社会发展的新形势，浙商人一直在探索：如何基于商科办学优势，培养出更多融合创新的大商科人才？

由陈寿灿校长牵头所著的《解构与重建——基于"一体多元"的大商科人才培养体系建构与实践》，就是试图解答这个问题的一个努力。作者立足高等教育发展态势与浙江现状，面向商科人才社会需求的结构性转变，思考"一体多元"的大商科人才培养模式重构。书中既有在历史演进中对专业教育改革创新的构想，也有将人格建构与专业素养融合的通识教育探索；不论是价值共创与利益共生协同的"双创教育"，还是基于"一体多元"课堂协同的课堂教学，都体现出浙江工商大学近些年来的教改探索。作者对大学使命、课程架构、专业设置、教学改革等的思考，都围绕大商科这一核心概念展开。

作者提出融合创新，丰富了大商科人才培养内涵，赋予新时期商科教育时代特征。

现代科学的发展趋势是知识在不断分化深入的基础上又不断融合，进而产生新的知识。商科是现代知识体系的重要组成部分，现代商科已经发展为经济学和管理学的交叉学科，同时与文、法、理、工等学科具有密切联系和交融互渗的关系。国家宏观发展战略对高校商科人才培养提出了新的要求，高校商科人才培养应当主动适应国家宏观发展战略的需要，以培养具有鲜明创新意识、扎实创新能力、广阔知识视野的大商科人才为目标。

2017年，我作为专家组成员，参加了浙江工商大学本科教学工作审核评估。学校大商科人才的培养特色，令我印象深刻。比如说，为了体现经管优势，非经管类专业的学生在选修通识课时都要选经管类模块的课程。又如，食品与生物工程学院提出工商融合，培养管理型工程师。再如，在调阅学生的试卷与毕业论文的过程中也看到，学校的教师们也有意识地引导学生关注大商科，像在商务英语的毕业论文选题、管理研究方法的试卷内容、艺术毕业设计展等方面都有体现。学校提出"工商融合、创新引领"的理念，以"融合"为手段、"创新"为目的，将商科教育、人文教育与理工教育的相关要素相互渗透，培养具有创新创业素质的大商科人才。

作者提出基于融合创新的大商科人才培养路径，诠释了人才培养机制的现实意义。

大商科人才培养宗旨是特色发展，基本方法是融合创新，价值导向是追求卓越，实施策略是"经管为主、工商融合、多科交叉、协调发展"。可见，大商科之"科"，已经超越了学科的阈限，实际上指的是总体的课程变革。

近年来，浙江工商大学积极探索大商科人才培养的实践路径。以"立德树人"为根本任务，以"专业成才、精神成人"为人才培养理念，加强"学生中心、教师发展、课堂开放"的教学文化建设，积极推进课堂教学创新，深入开展小班化、探究式、讨论式、发现式、开放式课堂教学创新与实践。

比如说，学校非常注重在线课程的建设，其目的不仅仅是作为信息时代的一种教学手段，更重要的是通过同学们课前的自主学习，把讲授课堂知识的时间节省下来，尽量多地进行师生互动，从而进行探究式学习。我始终认为，在线课程同时需要线下课程的配合，这样才能关注到每一个学生。信息时代的到来，对传统的课堂教学质量提出了更高的要求。

又如，在学院层面，看到旅游与城乡规划学院利用微信等社交软件，鼓励学生在课堂上充分发言，打造研讨型课堂。艺术设计学院提出双T型设计类人才培养模式，老师带着项目和课题与学生一起做。统计与数学学院举办全省性的统调大赛，培养学生对知识融会贯通的能力。

作者为读者呈现了大商科人才培养的全景图像，生动地展示了大学人的使命感和探索精神。

透过本书，读者可以看到浙江工商大学在将商科教育与人文教育、理工教育努力进行融合的全景图像。第一，专业教育力求实现"工商融和"。基于优势特色学科，学校为各专业学生开设了丰富多彩的跨学科课程。第二，通识教育促进"融会贯通"。为了更好地实现通识教育的目的，并突出大商科的人才培养特色，学校把通识选修课程分为"文学·历史·哲学""艺术·宗教·文化""经济·管理·法律""写作·认知·表达""自然·工程·技术""创新·创意·创业"六个模块。第三，创新创业教育突出"创新引领"。从参与"国家级大学生创新创业训练计划项目"到开设创业实验班，从配备创业导师到开设创业课程和举办若干专题讲座，更好地培养了学生的创新意识和创新能力，激发了学生的创新热情和创新潜能。

"君子不器，成己达人。"在我看来，这是对大商科人才培养的一个很好的诠释。学校提出，大商科的终极目的，是造就能够主动建构生命意义的"大商人"。多年来，浙江工商大学秉承"诚、毅、勤、朴"的校训，通过培养大商科人才，体现了一所大学的精神与追求：为浙江高水平现代化建设服务，为国家富强和现代商业发展培养大商科人才，为中华民族伟大复兴贡献教育智慧——是为"立足浙商、发展工商、终成大商"。

基于对浙江工商大学的了解，陈寿灿校长邀我作序，我欣然答应；基于浙江工商大学在大商科人才培养方面理论与实践的探索，我也乐于将此书推荐给读者们。

2017 年 12 月

（黄达人，第二届国家教育咨询委员会委员、原中山大学校长）

目　录

第1章　绪　论

第2章　商科人才社会需求的结构性转变

第 3 章　大商科人才培养模式重建

第 4 章　通识教育：人格建构与专业素养融合

第 5 章　专业教育：历史演进与改革创新

第 6 章　双创教育：价值共创与利益共享

第 7 章　基于"一体多元"的课堂协同

第 8 章　"一体多元"的大商科人才培养实践的成效与影响

第1章
绪　论

人才培养是高等教育发展的生命线，是大学承载的神圣使命。我国高等教育经过漫长的发展演变，已经由快速发展期步入了质量内涵发展期。这一时期，高等教育对人才培养的重要性更加凸显，人才成长与经济社会发展的关系更加密切，市场竞争在很大程度上表现为人才竞争。浙商作为近代工商业的开创者和现代工商业发展的引领者，对浙江经济大省、经济强省的形成发挥了至关重要的作用。浙商的成长离不开商科教育的发展，商科教育已经成为浙江经济社会发展的重要推动力，对人才培养、浙商成长乃至浙江经济社会发展都具有不可替代的重要作用。

1.1 高等教育发展态势与浙江现状

改革开放近40年来，高等院校在服务国家经济社会发展的过程中发挥了重大的作用，并实现了自身的跨越式发展。然而，受诸多因素的影响，特别是高等教育大众化以来，伴随着高校招生规模的日益扩大，高校学科专业设置同质化现象更加突出：这在很大程度上制约了高等教育质量的提升和高校的持续健康发展。

1.1.1 高等教育的内涵发展趋势

党的十八大报告提出，要"推动高等教育内涵式发展"。党的十九大报告进一步明确提出："优先发展教育事业，加快教育现代化"，"实现高等教育内涵式发展"。从"推动"到"实现"不仅仅是字词的简单变化，而且是中央基于对我国高等教育改革发展阶段性特征的深刻判断，进一步明确了高等教育改革发展的新方向。外延发展偏重于数量和规模的增长，内涵式发展则是在强调发展的同时，更加注重质量和效益的提升。高等教育要发挥好人才培养、科学研究、社会服务、文化传承创新四大功能，必须把特色发展、内涵发展贯穿高等教育办学的各方面，坚定不移地走以质量提升为核心的内涵式发展道路。

当前高等教育大众化水平显著提升，提高人才培养质量，必须牢固确立人才培养在高校的中心地位。坚持内涵式发展，提高高等教育发展水平，要求若干所大学和一批学科进入世界一流行列，在高校建成一批服务国家战略的创新基地和新型智库，全面提升创新服务能力，涌现一批重大创新成果，促进培育新动能，推动文化繁荣和社会进步，增强国家核心竞争力。

高等教育内涵发展是一种积极、进步的发展，指高校核心功能活动如人才培养、科学研究、社会服务及其结果品位的提升，以及相关要素品质的改善和优化。[①] 高等教育内涵发展概念的提出源于多方面的需要。

首先是国家政策的要求。国家高等教育政策代表了党和政府对高等教育的宏观期望。"内涵发展"最早出现在 2010 年中共中央、国务院印发的《国家中长期教育改革和发展规划纲要（2010—2020 年）》中。该文件提出：把提高质量作为教育改革发展的核心任务。树立科学的质量观，把促进人的全面发展、适应社会需要作为衡量教育质量的根本标准。树立以提高质量为核心的教育发展观，注重教育内涵发展，鼓励学校办出特色、办出水平，出名师，育英才。可见，高教内涵发展是和质量、特色、水平提升密切相关的。2012 年教育部发布《教育部关于全面提高高等教育质量的若干意见》，对内涵式发展的含义进行了解释：一是牢固确立人才培养的中心地位，树立科学的高等教育发展观，坚持稳定规模、优化结构、强化特色、注重创新。二是稳定规模，保持公办普通高校本科招生规模相对稳定，高等教育规模增量主要用于发展高等职业

---

① 别敦荣：《论高校内涵发展》，《中国高教研究》2016 年第 5 期。

教育、继续教育、专业学位硕士研究生教育以及扩大民办教育和合作办学。三是优化结构，调整学科专业、类型、层次和区域布局结构，适应国家和区域经济社会发展需要。四是强化特色，促进高校合理定位、各展所长，在不同层次不同领域办出特色、争创一流。五是注重创新，以体制机制改革为重点，鼓励地方和高校大胆探索试验，加快重要领域和关键环节改革步伐[①]。

其次是社会发展的要求。自 1999 年高等教育大扩招一直到现在，我国高等教育毛入学率从不到 10% 上升到现在的 40%，预计到 2020 年将实现高等教育的普及化[②]，高等教育的发展已经基本满足了民众上大学的需求，当前民众对高等教育的要求主要集中在上好大学、享受优质高等教育上。据统计，我国有 170 多万人在国外高校留学。[③] 尽管不能说所有出国留学的学生都是出于对国内高校教育质量的不满，但一年超过 40 万的出国留学人数也在一定程度上说明我国高等教育发展水平还不够高，还远不能满足民众对高质量高等教育服务的需求。

最后是高校自身发展规律的要求。高校的发展有其自身的规律，主要表现在不同发展阶段有不同的发展任务。在初创期，高校的主要任务有两个方面，即打基础和立制度，使学校能运转起来。进入发展期，高校发展的重点就是充实内涵、培育特色，提高办学水平和办学质量。在内涵得到充实、特色得到彰显的时候，高校发展进入成熟期，只需常规化办学，就能做出高质量的成果。目前，我国高校大多处在初创期向发展期过渡或发展期建设阶段，初创期的任务基本上完成了，最突出的问题就是学科专业内涵不足，教育教学和科学研究的创新性缺乏，师资队伍的素质较弱等制约学校办学水平和教育质量提高。所以，我国高校应当着力解决办学的内涵、特色和质量问题。

---

① 《教育部关于全面提高高等教育质量的若干意见》，来源于：http://old.moe.gov.cn//publicfiles/business/htmlfiles/moe/s6342/201301/xxgk_146673.html.

② 张宝贵：《2020 年高等教育发展目标究竟该如何确定——基于计量经济学的数学模型视角》，《复旦教育论坛》2009 年第 1 期。

③ 《教育部：2014 年度我国出国留学人员总数达 45.98 万人》，来源于：http://www.xinhuanet.com/2015-03/05/c_1114535330.htm.

1.1.2 质量内涵是特色办学的坚实基础

2015 年，国家就提出要建设一流大学和一流学科，以重点学科建设为基础，改进管理模式，引进竞争机制实行绩效评估进行动态管理，支持与海外高水平教育、科研机构建立联合研发基地。加快创建一流大学和高水平大学的步伐，培养一批创新拔尖人才，形成世界一流学科，产生一批国际领先的原创性成果，为提升中国综合国力贡献力量。在此背景下，高校之间的竞争将会更加激烈。2017 年 9 月，教育部、财政部、国家发改委印发了《教育部 财政部 国家发展改革委关于公布世界一流大学和一流学科建设高校及建设学科名单的通知》，根据名单，此次入选的一流大学建设高校共 42 所，分为 A 类和 B 类，其中 A 类 36 所，B 类 6 所；一流学科建设高校共有 95 所。

"双一流"政策对我国高校未来办学有两大导向，一是引导高校注重学科，特别是高水平、有特色的学科。"双一流"政策基本原则之一就是："坚持以学科为基础。引导和支持高等学校优化学科结构，凝练学科发展方向，突出学科建设重点，创新学科组织模式，打造更多学科高峰，带动学校发挥优势、办出特色。"① 高等教育规律表明：办大学就是办学科；学科是大学的细胞；没有一流的学科，就没有一流的大学，反过来一流的大学必定有一批一流的学科。建设一流的学科就需要高校集中有限的资源打造比较优势，即使学校整体尚未达到一流水准，但不妨碍部分学科达到甚至超过一流水准。每所高校都要有自己的学科高峰，地方高校可以借此机遇对本校的学科进行规划，重点发展本校的优势和特色学科。二是引导高校办学适应国家和地方社会经济发展的需求。"双一流"政策指出要"深化产教融合，将一流大学和一流学科建设与推动经济社会发展紧密结合，着力提高高校对产业转型升级的贡献率，努力成为催化产业技术变革、加速创新驱动的策源地，增强高校创新资源对

① 《国务院印发〈统筹推进世界一流大学和一流学科建设总体方案〉》，来源于：http://www.gov.cn/xinwen/2015-11/05/content_2960898.htm.

经济社会发展的驱动力"。在当前新常态经济背景下，我国面临着产业升级和经济增长的双重困境，新的经济形势迫切要求高校实现转型，主动满足产业升级的需求，成为经济增长的发动机，激活新的经济增长点，帮助产业经济体走出困境。推动高校转型最根本的原因在于高等教育所依存的这个经济社会的大环境在转型，经济转型升级、产业结构调整必然要求高校的办学思路和人才培养模式做出相应调整。然而，重大的社会实际问题兼具跨学科性和复杂性，高校要想完全适应社会经济发展，归根结底还是要发展高校的人才培养、科学研究、社会服务水平以及办学特色。

《国家中长期教育改革和发展规划纲要（2010—2020年）》（以下简称《纲要》）明确提出，要"引导高校合理定位，克服同质化倾向，形成各自的办学理念和风格，在不同层次、不同领域办出特色，争创一流"。《纲要》明确提出了要促进高校办出特色，这就将高校实施特色发展战略、走特色办学之路提上了日程。《浙江省高等教育"十三五"发展规划》也明确提出，高校要强化特色、办出水平。构建高校"二维发展及评价体系"，实行分类管理，引导不同类型、不同层次的高校办出特色，争创一流。可见，特色是"双一流"建设的应有之义，也是高校发展的必由之路。

潘懋元先生曾指出："每所学校能够生存，能够发展，能够出名，依靠的主要是特色，而不是大。"[①] 所谓特色办学，是高校主动地追求自身特色、发展自身特色、强化自身特色，以特色促办学质量提高，以特色促学校竞争力提高，以特色求得自身更大发展的一种办学战略、办学思路和办学行为选择。

高校办学特色应该主要是高校发展过程中历史积累积淀的具有传承性的特点，当然未来的努力方向也可以纳入特色。办学特色不是十年、二十年就能形成的，而是需要很长时间积淀的。地方高校的办学特色也是一个不断探索和发展的过程。在这个过程中，地方高校需要在主动服

---

① 潘懋元：《中国高等教育的定位、特色和质量》，《中国大学教学》2005年第12期。

务地方经济社会发展中不断培育和凝练特色。

在积极倡导特色办学的大前提下，不同高校应选择不同的特色办学策略。对于有着良好办学传统的历史名校，要在继承传统的基础上强化特色，赋予办学特色新的时代内涵。行业院校要继续坚持以服务行业为己任，保持鲜明行业特色，在不断加强符合行业需求的已有学科建设的同时，积极探索和催生引领行业发展的新兴学科，形成新的特色。为数众多的地方院校更应把特色办学作为重要的发展战略，紧密结合地方实际，在为区域经济社会发展服务中寻求特色发展道路。

1.1.3 创造性人才培养呼唤教学文化创新

培养创造性人才是现代大学教育教学目标的应有之义。创造性人才不是一种特殊的人才类型，更不是专指社会当中的某一小部分群体。创造性是现代社会对高等教育人才培养的一个基本要求，培养人的创造性素质是现代高等教育的基本目的。[①] 新时期经济社会发展迫切需要大批创造性人才，这既是国家和社会现代化发展的需要，也是经济质量、产业结构调整，尤其是高新技术产业发展的需要。面对高新技术产业数以千万计的从业人员需求，大学的创造性人才培养不能小打小闹，应当解放思想，突破传统思维，创新思路，扩大教育对象范围，面向更广大的大学生群体，建立新的教育和培养体系。因此，创造性人才的培养不应局限于大学的研究生培养阶段，大学尤其是一流大学的本科教育应当承担起创造性人才培养的重任。我国当前已经注意到创造性人才培养的重要性，国务院印发的《统筹推进世界一流大学和一流学科建设总体方案》在建设任务的第二条提出：培养拔尖创新人才。坚持立德树人，突出人才培养的核心地位，着力培养具有历史使命感和社会责任心，富有创新精神和实践能力的各类创新型、应用型、复合型优秀人才。这说明培养创造性人才开始成为我国一流大学的核心功能，这是一个非常好的趋势。

---

① 别敦荣：《论高校内涵发展》，《中国高教研究》2016 年第 5 期。

　　创造性人才培养需要创造性的大学教学文化，创造性的大学教学文化的特点主要体现在：大学教学崇尚创造价值，充分尊重并鼓励师生的创造性行为和思想；大学教学全过程都充满创造性元素；宽容失败，师生可以没有后顾之忧地去实践创造性的想法。[①] 然而，我国大学教学文化过于因循守旧，创造性不足。在大学教学中，唯上、唯书、唯权威的习惯还没有根本改变；行政化色彩浓厚，行政主导和支配教学过程的现象没有改变；应试教学，以教材为中心的照屏宣科、照本宣科大行其道；教学管理控制有余，激励创造不足，满足于按课表上课、教师完成工作量、学生及格率高、毕业率高等。在这样一种大学教学文化中，师生创造性的教学和学习很难发生，创造性的人才难以脱颖而出。

　　因此，我国大学必须创新教学文化，将创造的基因植入教学过程的各要素、各环节中，将创造的种子植入师生的头脑中，使得鼓励创新、宽容失败成为大学教学的基本价值观。大学需要改革教学，在有形和无形的教学思想观念、教学组织形式、教学标准与要求、教学设施条件、教学活动、教学管理与服务等各方面，根据创造性的要求进行持续不断的改革，使创造成为一种教学习惯，为师生和所有参与教学行政管理与服务的人员所认同和践行。

　　《浙江省高等教育"十三五"发展规划》明确提出要创新人才培养机制。深化人才培养机制改革。深入实施课堂创新行动计划，紧紧围绕增强学习选择性，加强课程体系建设，改革教学方式方法，广泛开展启发式、讨论式教学。鼓励高校建设人才培养特区，深入开展省级"卓越计划"人才培养工作，积极探索培养拔尖创新人才。实施课堂教学创新行动计划，加大推进课堂教学创新力度，发挥课堂教书育人重要作用。争取到 2020 年，高校小班化授课比例超过 60%，选修课学分占总学分比例超过 50%，实施分层分类教学课程的比例超过 50%。这说明浙江省在高等教育规划中已经将培养创造性人才置于很高的战略地位。

----

　　① 别敦荣：《论高校内涵发展》，《中国高教研究》2016 年第 5 期。

1.1.4 浙江高等教育的发展方向和目标

浙江省提出了建设美丽浙江、生态浙江、"两富"浙江、经济强省和文化强省的宏伟蓝图，这些目标的实现离不开浙江教育的发展。发展教育，就是发展文化。教育的内容也十分广泛，浙江省的基础教育在全国比较著名，高等教育则相对滞后。因此，浙江教育的发展重点应该放在高等教育上。

近年来，浙江省高等教育发展滞后的"瓶颈"有所突破。浙江杭州下沙、小和山、滨江3个高教园区的建成，使得在高教园区内可以实现教师共享、信息共享、实验共享，发挥大学城的整体优势，提高教育教学质量。发展高等教育，不仅要增加大学的数量，扩大招生规模，提高大学生的入学率，而且要提高教学质量，营造学术氛围。

为进一步加快浙江高等教育的发展，"十三五"期间，浙江省将高等教育的发展目标定为：到2020年，全省高等教育竞争力和综合实力进入全国前列，高等院校错位发展、特色发展的格局基本形成，若干所高校在全国同层次、同类型高校中处于领先地位，一批学科进入全国一流行列，高层次人才增量保持全国领先，人才培养质量和保障水平全面提高，办学体制机制优势得到充分彰显，国际化办学水平进一步提升，高等教育与浙江经济社会发展的需求趋于良好匹配，基本建成高等教育强省。

为实现以上目标，2014年10月26日，浙江省正式启动高水平大学建设计划和省重点高校建设计划。浙江省人民政府出台了《浙江省人民政府关于实施省重点高校建设计划的意见》（浙政发[2014]40号）文件，明确提出了实施"省重点高校建设计划"，按照"育强、扶特"，滚动建设，动态调整的要求，以推进体制机制创新，推动优势特色学科发展，建设高素质教师队伍，深化教育教学改革，提升自主创新能力，提高国际合作与交流水平为主要建设内容，实施"省重点高校建设计划"，重点建设一批高水平大学，第一批重点建设高校5所，第二批重点建设高校 7 所，主要以优势特色学科为遴选依据和建设基础，共涉及 11 个学科。由此可见，特色发展，服务地方已成为浙江高校发展的主旋律。

2017 年，浙江省第十四次党代会首次提出"要下大决心全面实施高等教育强省战略，瞄准双一流目标实施好省重点高校建设计划和产教融合发展工程"，同时就加快教育现代化建设做出了重要的部署。这是对浙江高等教育发展提出的重要挑战，也是浙江高等教育发展的重要机遇。

浙江民营经济发达，浙江高校的发展应该是以服务地方发展为主导的特色发展模式。2013 年，浙江省教育厅出台《促进高校服务创新驱动发展战略的若干意见》，鼓励和支持高校面向创新驱动培养人才，加快科研成果推广应用；成立省高校产学研联盟委员会，开展高校服务高新区产学研合作专项行动，与相关地方政府、高新区（产业园区）合作共建高校产学研联盟中心 10 个。浙江高校正以大力服务地方经济发展为己任，走突出特色、错位发展的新路子。

高等教育的发展离不开人才的培养，特别是高层次应用型人才的培养。近年来，浙江省把科教人才工作纳入"八八战略"①的重要组成部分，先后做出建设科技强省、教育强省和人才强省，建设创新型省份、科教人才强省等决策部署，大力推进科技进步与创新。与现代化建设需求相比，与发达国家和先进省市相比，浙江省在创新投入、创新能力、创新效率和创新体系建设方面仍有较大差距，特别是科技与经济相互脱节现象依然存在，科技投入产出不匹配、产学研用结合不紧密、评价考核科技成果的标准不科学、科技创新的体制机制不适应等问题比较突出。

---

① "八八战略"指的是 2003 年 7 月，中共浙江省委举行第十一届四次全体（扩大）会议时，提出的面向未来发展的八项举措，即进一步发挥八个方面的优势、推进八个方面的举措。具体内容包括：一是进一步发挥浙江的体制机制优势，大力推动以公有制为主体的多种所有制经济共同发展，不断完善社会主义市场经济体制。二是进一步发挥浙江的区位优势，主动接轨上海，积极参与长江三角洲地区交流与合作，不断提高对内对外开放水平。三是进一步发挥浙江的块状特色产业优势，加快先进制造业基地建设，走新型工业化道路。四是进一步发挥浙江的城乡协调发展优势，统筹城乡经济社会发展，加快推进城乡一体化。五是进一步发挥浙江的生态优势，创建生态省，打造"绿色浙江"。六是进一步发挥浙江的山海资源优势，大力发展海洋经济，推动欠发达地区跨越式发展，努力使海洋经济和欠发达地区的发展成为我省经济新的增长点。七是进一步发挥浙江的环境优势，积极推进基础设施建设，切实加强法治建设、信用建设和机关效能建设。八是进一步发挥浙江的人文优势，积极推进科教兴省、人才强省，加快建设文化大省。

2017 年 11 月，中共浙江省委、浙江省人民政府印发了《高水平建设人才强省行动纲要》，指出全面推进"人才＋"行动。围绕信息、环保、健康、旅游、时尚、金融、高端装备制造、文化等八大万亿产业，分别编制产业人才发展规划、绘制产业人才地图、建立产业人才数据库。树立大人才观，全方位抓好各领域人才工作。可见，浙江省委、省政府高度重视人才建设工作，将人才培养提高到人才强省的战略上来。

1.2 浙商成长路径与发展诉求

浙商是中国的奇迹，也是世界的奇迹。浙商是继徽商、晋商之后，在近代中国涌现的具有强烈地域特征、最具实力和最具影响力的商人群体，也是国内分布范围最广、实力最强的投资者群体，是推动浙江经济发展和创造"浙江现象"的主力军。[①]

1.2.1 浙商群体的成长之路

浙江是民营经济发展最为迅速和经济增长最为显著的地方，浙江商人是近代工商业的开创者，更是现代工商业发展的引领者。

资源短缺的现实情况是浙商成长的自然背景。浙江自然资源短缺，特别是土地资源的严重短缺成为制约浙江发展的瓶颈。浙江山多地少的矛盾是浙商兴起的内在动因，"七山一水两分田"，浙江山多地少，可耕种的土地资源尤其稀少，耕地资源十分宝贵。截至 2016 年 6 月，浙江全省现有耕地面积 2965 万亩，人均耕地面积只有 0.54 亩，仅是全国人均耕地面积的 36%。[②]先天资源条件的严重不足，使浙江面临巨大的生存危机。汉晋以来北方大量人口的南迁，特别是两宋时期人口迁移的加

---

① 张仁寿、杨轶清：《浙商：成长背景、群体特征及其未来走向》，《商业经济与管理》2006 年第 6 期。
② 董洁：《浙江全面建立耕地保护补偿机制 每亩地最低可获补偿 60 元》，浙江在线，2016 年 6 月 21 日。

剧，使得原本资源短缺的浙江生存压力陡增。独特的地理环境和历史根源，使浙江人生存困难，发展更是难上加难。面对资源严重缺失的情形，勤劳的浙江人充分发挥自身的聪明才智，对土地精耕细作，同时催生了很多人背井离乡，出外谋生，依靠自身的辛勤劳动和聪慧的头脑，开创出属于自己的一片天空。例如，义乌的"货郎担"就是在恶劣的农业生产条件下求生存的一种方式。

发达的工商业成为浙商成长的社会经济背景。近代以来浙江相对发达的商品经济是近代浙商兴起的经济基础。鸦片战争之后的五口通商为浙江商业经济的发展提供了广阔的发展契机。自古以来，江浙地区工商业就比较发达。"东南财赋地，江浙人文薮。"隋唐以来，浙江的杭州、宁波等地就是繁荣的商业都市。南宋时期，杭州不仅是全国的政治中心，更是全国最繁华的城市，还是工商业的中心地区。明清时期，浙江地区的工商业得到了持续的发展，并出现了资本主义萌芽性质的作坊。鸦片战争后，浙江商人开始走向海外谋生。"宁波帮"企业家开始崛起。浙江发达的手工业和小工业传统还造就了众多的能工巧匠，这些世代相传的专业技能，加上头脑灵活、善于经营的个性，构成了浙江特殊的专业性人力资源优势。[1]

改革开放以来的大好政策，为浙商的成长和崛起提供了重要发展机遇。市场经济体制给工商业发达的浙江注入了发展的生机和活力。随着浙江民营经济的不断发展，民营化改革和市场化改革的先发优势逐渐显露出来，形成了多元化的经济发展模式。浙江的民营经济发展逐渐转向市场化。高度发达的民营经济为浙商的自主创业和浙商的形成提供了重要的保障。

重商主义的区域文化特色成为浙商成长的文化背景。中国的商业文化源远流长。自魏晋南北朝以来，中国的商业重心逐渐南移，浙江成为经济比较发达的地区之一。胡雪岩、宁波帮等成为浙江商业发展的重要

---

[1] 张仁寿、杨轶清：《浙商：成长背景、群体特征及其未来走向》，《商业经济与管理》2006年第6期。

标志。浙江的商业文化源远流长。自清末以来，浙江商人就已经成为中国民族工商业发展的重要成员，是推动中国工商业近代化发展不可或缺的重要力量。浙江历史文化悠久，商品经济相对发达。"义利并重"和"工商皆本"的商业文化思想一以贯之，这是浙商形成的最深层的文化因素。习近平总书记在担任浙江省委书记的时候就曾指出："现代浙商文化的历史起源，充分借鉴海洋文化和中原文化的精髓，成就了儒家文化中独特的一脉。在'舍利取义、以农为本'的农耕社会中开始强调'义利并重、工商皆本'的观念，无疑是一个大胆的创新。"① 正是这种大胆的创新，才成就了现代浙商的崛起。

众所周知，浙商具有"走遍千山万水、历尽千辛万苦、道尽千言万语、想尽千方百计"以及"敢为天下先"的商业精神。浙商正是凭着这种"四千精神"，闯出了一片属于自己的创业新模式，并且取得了举世瞩目的成就。浙商精神可做如下概括：

其一，坚韧不拔，敢于冒险。浙商的创业和冒险精神成为其发展的原动力。无论是早年的浙商，还是新一代浙商都比较能吃苦。早年的浙商有"白天当老板、晚上睡地板"的说法，几乎全国每一个角落都有他们的身影。众多浙商从无房无车无老婆的"一无所有"到现在的"应有尽有"，都是得益于吃得起苦、受得了罪。他们在困难面前表现出一种韧性，能够泰然接受困难和挑战。不少浙商白手起家，有人从当木匠开始打拼，有人从建筑工地打工开始，有人从编筐开始，都体现了一种坚韧不拔的精神。投资工商业、经营工商业本身就是一种冒险。浙商就是在这种冒险中不断发展壮大起来的。浙商走南闯北，哪里有商机，哪里有生存的活路，哪里就有浙商。他们敢于冒险，愿意承担投资带来的风险，无论是民国时期还是改革开放之后，都可以看到浙商奋进的身影。首批工商业户、首批私营企业，第一家民营企业上市公司、第一批专业市场，都是浙商"敢为天下先"，敢于做"第一个吃螃蟹的人"的重要见证。

———————

① 柴骥程：《"浙江现象"惹人瞩目 习近平三赞浙商文化基因》，华夏经纬网，2003 年 9 月 08 日。

其二，诚实守信，敬业勤奋。以诚待人，总想着对别人要真诚，是浙商企业众多创始人的核心理念。待人真诚友好，对高管和员工都宽容信任，在企业内部积极关心员工的成长，向员工承诺的东西一定及时兑现。浙商的敬业勤奋也比较突出。敬业的人才能勤于思考、勤奋耕耘、抓住机遇，事业才可能一步步从小到大。"让现在成就未来"的口号，就是基于现在的脚踏实地，才会有光明的未来。

其三，强烈的使命感，有担当意识。强烈的使命感是浙商精神的核心价值观，从外出闯荡到事业辉煌，始终体现了对家庭幸福、企业壮大的使命感，对员工发展、社会贡献的使命感，对家乡繁荣、乡邻致富的使命感。浙商就是将背负着使命的压力作为前进的动力，奋勇前行、不辱使命。浙商大多是具有战略眼光和社会责任感的企业家，以创业以来积累的财富，为员工、为企业、为社会而竭尽所能，具有强烈的担当意识。尽管经济形势举步维艰，但浙商企业家多数都在苦苦支撑，这充分说明他们具有强烈的担当精神。

其四，务实的创业精神，强烈的创新意识。大到一个民族、一个国家，小到一个企业，创新都是它们永续发展的源泉所在。创业路上有风险，但浙商凭借坚强的意志力，勇敢地走上了创业致富的道路。只有创业，他们的企业才能在市场经济的大潮中生存下来。同样，对于一个民营企业来说，不创新很快就会失去市场。对于占绝对优势的浙商而言，创新是其发展的永恒主旋律。通过创新技术、创新产品品牌、创新经营管理模式，企业才能得到永续发展。

1.2.2 浙商发展的现实诉求

浙商凭借历史积累和制度先发优势，取得了长足的发展。然而随着经济日益全球化，浙商作为中国企业家群体的优秀代表，正面临着国际化背景下的严峻挑战。同时，浙商企业自身的问题慢慢地暴露出来，首先，是企业本身的战略计划不清晰；其次，专业的商科人才和国际化人才缺乏的短板也日益暴露。因此，未来的浙商应该着力补足短板，积极推动浙商群体的转型。

国家整体经济发展进入新常态。后金融危机时代全球主要经济体增速的普遍放缓宣告了全球经济已经步入深度调整期，同时受到国内经济阶段性因素的叠加影响，中国经济自 2012 年第二季度 GDP 增速"破 8"以来，已经逐步进入经济增速阶段性回落、经济结构深度调整的"新常态"时期。与此同时，我国区域经济发展也进入了增速换挡、结构调整、改革攻坚、创新驱动的新常态发展阶段，各种商业模式风起云涌，尤其是现代信息技术的迅猛发展，不断颠覆着传统的生产方式、生活方式和思维方式。

网络经济对传统经营模式形成巨大冲击。21 世纪以来，中国网络经济迅速发展。根据中国互联网络信息中心（CNNIC）发布的第 38 次《中国互联网络发展状况统计报告》，截至 2016 年 6 月，我国网民规模达到 7.10 亿，互联网普及率达到 51.7%。其中手机网络购物用户规模达到 4.01 亿，半年增长率为 18.0%。互联网基础设施建设的不断完善、利好政策的持续出台，以及互联网对于各个行业的渗透，共同促进网民规模持续增长。随着"宽带中国"战略的深化，宽带网络的光纤化改造工作取得快速进展，中国各地光纤网络覆盖家庭数已超过 50%。2016 年上半年，国务院等相关部门相继出台有关"互联网＋政务服务""互联网＋流通""互联网＋制造业"等指导意见，推动互联网与各个行业的融合。网络经济时代，以电子商务为代表的新型网络贸易对浙商的现有商业经营模式形成了巨大冲击，受电商的冲击，浙商实体商铺已经受到很大的影响。互联网营销已经成为大势所趋，互联网发展对实体经济影响较大。网络营销降价空间大，服务更人性化，使传统市场缺乏竞争优势，实体商铺受网络经济冲击明显，原来的传统行业已经很难跟上网络时代的发展需求，只有好的商业模式才能更适应市场的发展需要。

高级商科专业人才严重短缺，严重制约了浙商企业的快速发展。在当前情况下，浙商企业人才瓶颈的问题日益凸显。浙商企业要获得更好的发展，需要有相对科学的、规范的管理方式，需要拥有大批有商科背景、管理水平相对较高、经验比较丰富，而且在国际投资和国际贸易、国际法律等方面有一定水平的商科类高级人才。而当前情况下，浙商企业因各种原因在此方面人才严重短缺，特别是中高级的商科管理人才，比如和商科相关的金融、企管、法律等方面的人才非常短缺。再加上民营企业的人才观相对淡薄，无法为优秀人才创造良好的发展环境，这些问题使得浙商企业的发展举步维艰。

推动现有的资源整合，为浙商发展提供人财物保障。面对日益严峻的国内外市场竞争的挑战，浙商需要积极整合资源，借助外部的力量共渡难关。选择与央企或国外大企业合作，可以保证合作项目的成功，降低合作项目的风险，从而有助于救活其他项目：如与政府合作成立混合所有制公司，积极参与公共服务项目如棚户区改造，规避纯商业项目的高风险。还可以利用高校科技力量进行前期研发，同时根据自身商业经验积累和社会资本网络以及资金优势，进行产学研的深度结合。

积极拓展浙商企业的融资渠道。加快发展小金融机构以及信用担保服务，优先支持符合条件的商业银行发行用于企业贷款的专项金融债。争取浙商企业属地政府对浙商企业的财税支持力度，通过完善和落实支持浙商企业发展的各项税收优惠政策，减免部分涉企收费并清理取消各种不合规收费，帮助浙商企业提振信心，缓解成本压力，稳健经营，提高盈利水平和发展后劲，增强企业的可持续发展动力。

1.2.3 新浙商的使命与浙商精神传承

新浙商是相对改革开放初期创业的老一代浙商而言，他们成长于二次创业时期，大都接受了正规的高等教育，是善学习、勇创新、守诚信、重担当的一代。伴随浙商群体的发展壮大，浙商精神的内涵亦不断丰富创新。为使新一代浙商集聚后发优势，商科教育依然具有不可替代性，但商科教育面临的挑战是前所未有的。

从传统产业向新型产业的转型升级成为必然的选择。谋划转型升级是新一代浙商面临的主要任务和历史使命。当前，"互联网＋"已经成为必然的趋势，互联网融入传统各行各业的大势已然形成。大多数浙商企业能本着与时俱进的要求，响应信息化和工业化深度融合的号召，积极拥抱互联网，将互联网思维和技术在产品和企业的全生命周期中加以推广应用。① 在转型方面需要当机立断，只有及时地转变经营模式和思维才能立于不败之地。利用多种渠道转型升级，守住现有的重资产项目，千方百计转动起来就有出路。转型一要稳，二要快，三要把握方向。要着眼于企业的长远和个性发展，努力提升企业的核心竞争力。浙商企业在做大做强的同时，要将培育企业的长远发展目标和个性作为努力的方向。浙商企业要沉下心来提高运营能力，靠自己的创新思维逐渐走出困境。浙商的转型升级已经成为大势所趋。

培养国际化思维，积极拓展国际化的发展平台。浙商企业应在原有的基础上大胆创新，走国际化的发展道路。全球化生存是浙商的一个重要特点。浙商已经成为一种世界现象，成为中国经济发展的缩影。国际化是浙商转型升级的重要方向，是符合比较利益原则的必然选择。现阶段浙商的转型升级可以扩大国际商流为突破口，在做大做强有形市场的同时，发挥其资源整合的优势，改革传统交易方式和经营方式，培育现代化的市场经营主体，积极探索发展网上平台和国际分销网络建设，配合我国"一带一路"倡议实施，积极探索建立境外连锁市场的有效途径，最终形成国际采购型市场体系。顺应全球经济一体化的潮流，到国外去开发以中国商品为主的专业市场。中国商品早已进入世界各地，每年的出口量不断攀升；世界各国的采购商都十分看好中国商品的国际竞争力。而国内厂家和商家面临的竞争已趋白热化，亟须寻找产品的出路。把生意做到国外去，是众多浙商的出路之一。

集聚商科人才，努力提升企业管理水准。重点是推行现代企业管理，建立高效执行团队。做企业还要做到专业，管理的水平一定要跟上去，大的企业中层以上管理人员就有数百人，企业成功50%靠行业，30%依赖宏观经济，20%依靠内部管理，就是依靠专业的人去做专业的事。

---

① 刘亭：《"互联网+"：浙商转型升级路向》，《浙江经济》2017年第4期。

在转型过程中要有核心团队，要寻找好的团队，用股份吸引人才，通过企业家合作、共享资源、众筹模式实现转型。团队建设至关重要，需要商业通才、技术专才和商业消费体验的高级商科人才。做得好的企业都拥有好的团队，强有力的幕僚机构才能有针对性地提供专业服务。目前企业获得的信息大多碎片化，只有找有解决方案的专家才能解决。要把握好机遇，家族企业短期内可行，但是作为一个团队集体长期如此是不行的；团队需要运行，需要细化各个部门各自的职责。既要引进人才培养人才，又要善用人才留住人才。同时，要降低企业各项费用，拓展利润空间。

积极进行浙商品牌的营销和塑造。打造浙商共同品牌，塑造企业自主品牌。为使自主品牌不断提升并持续发展，要树立一种自主品牌的经营理念并一以贯之，品牌的知名度与美誉度才能不断提升。应该说，企业的发展壮大与坚持品牌塑造有密不可分的关系。浙商企业抱团形成品牌，或者"傍大款"——做大品牌的老二老三，都可以大大增加产品附加值。此外，企业转型升级，包括设施、产品、服务乃至战略和盈利模式的升级，都不失为品牌塑造的手段，从而提升企业的核心竞争力。

夯实企业内部管理基础，完善现代企业制度。发展好的企业，往往其企业家具有前瞻性的眼光，注重战略规划。做好顶层规划设计，是企业持续健康发展的重要基础。第一，面对现实，研究对接地区和区域规划，做好企业内部的商业规划，项目要合理布局。要研究透当地的商业规划，最好要上升到政府层面，这可以降低开发风险。第二，现在是法治社会、法治经济，要注重制度建设，而且是真正可以执行的制度。第三，股权结构要设计好。股权投资时代要在整合、投资、转型、升级的过程中参与到新的行业，在上规模、上层次的孵化中实现转型。企业内部管理的重点是推行现代企业管理，建立高效执行团队。

积极推进科技创新，实现浙商企业的脱胎换骨。没有技术创新支撑的商业模式创新是不可持续的。商业模式的创新必须建立在技术创新的基础之上，注重技术创新，把它作为主要的创新支撑。同时，以新的思维和理念创新从事企业的技术。浙商企业在注重内生增长的同时，要充分运用一切合法和手段，提升基础设施的总体水平。同时要加强产学研结合发展。利用大专院校雄厚的基础实力和大量的创新资源，针对现实市场需求，进行科研立项，促进成果转化。尽管浙商在当前的经济形势下遇到了发展乃至生存的困难，但浙商的创业精神、前期商业经验积累等优势依然存在。浙商可以深入挖掘现有市场中的痛点和现实需求，寻找新的科技方法的手段。在此过程中，利用高校、科研院所的科技力量进行前期研发，同时根据自身商业经验积累和社会资本网络以及资金优势，进行产学研的深度结合，积极创建企业发展的大平台。"以开放的思路把大量社会资源集结到这个平台上来，助力企业技术创新。这种以大企业为依托和有产业背景支撑的众创平台模式，浙江很多企业可以去尝试。"①

塑造新生代战略型的企业家，实现创新精神的传承。浙商的"草根性"、务实性在相对封闭的国内产业竞争环境下，在短缺经济条件下，在制度不均衡的改革开放之初，使得浙商实现了超常规的发展。但是随着这些环境与条件的逐步丧失，这种优势也越来越难适应发展的需要，新生代浙商企业家必须整体性地提升自身素质，培养适应二次创业的、具有新战略眼光的战略型企业家，突破地理文化与工商文化传统所决定的"草根性"，实现企业家素质与企业发展层次的战略性跨越。

积极响应国家倡议，既要参与进来，又要走出去。2013年9月和10月，习近平主席在出访中亚和东南亚国家期间，先后提出了共建"丝绸之路经济带"和"21世纪海上丝绸之路"的重大倡议，得到国际社会的高度关注。"丝绸之路经济带"和"21世纪海上丝绸之路"简称"一带一路"。

"一带一路"倡议涉及财税政策、金融政策、海关支持政策、交通运输支持政策等方面，还涉及文化部、商务部、教育部以及国务院和各省的相关政策。浙商企业应该抓住这个发展的大好机遇，紧密结合国家

---

① 汪力成：《浙商的创新思维与转型发展之路》,《中国科技产业》2017年第1期。

倡议，积极参与"一带一路"的相关活动。在经济全球化、市场化的今天，积极寻求海外市场，加强与"一带一路"沿线国家的交流对话，开展一系列贸易投资促进活动。大力开拓"一带一路"沿线国家市场，积极发展运输、建筑等服务贸易，大力发展跨境电子商务，以工程承包为先导，以金融服务为支持，带动装备产品、技术、标准、服务联合"走出去"，推进国际产能和装备制造合作，推动制造业和配套服务业企业抱团"走出去"并形成产业聚集。

还要实现浙商从"走出去"到"走回来"，积极促成浙商回归，实现报效祖国，反哺家乡，传承社会责任感和使命感。浙商回归作为推进浙江经济转型升级的重要举措，正成为浙江实施创新发展战略和推进浙江高水平全面建成小康社会的动力源泉。也是对李克强总理在政府工作报告中指出的"加快创新发展，培育壮大新动能、改造提升传统动能，推动经济保持中高速增长、产业迈向中高端水平"的有力回应。

现阶段浙商回归已经成为一种热潮，浙江省各级政府积极为浙商回归创造良好的投资环境和提供各种政策制度保障。最新数据显示，2017年"前十个月浙商回归到位资金达3849亿元，同比增长32.3%，创历史同期新高。后在不久前的第四届世界浙商大会上，总投资1548亿元的48个项目现场签约，刷新大会签约项目投资总额纪录。该数字甚至高出2012年浙商回归全年1300亿元的成绩"[1]。浙商回归极大地带动了浙江八大万亿产业的快速发展，同时，也加快了浙商企业转型升级的步伐。"培育壮大新动能、改造提升传统动能"[2]，必须坚定不移地沿着这个方向将浙商回归深入推进下去。

1.2.4 创新创业教育助力新浙商成长

2015年，在全国"两会"上，李克强总理在政府工作报告中将"大众创业、万众创新"列为我国经济增长的"双引擎"之一。2015年3月

① 王逸飞：《浙江浙商回归成绩创新高：营商环境成"幕后功臣"》，中国新闻网，2017年12月13日。
② 吕苏娟：《浙商回归，厚植发展新动能》，《浙江日报》，2017年3月17日第8版。

11 日，国务院办公厅印发《国务院办公厅关于发展众创空间推进大众创新创业的指导意见》，其中明确提出鼓励科技人员和大学生创业。当前，创新创业教育已经成为经济增长的引擎之一，成为推进高等教育综合改革的重要工具，在各大学全面展开创新创业教育，对促进高等教育的健康发展、经济进步与社会就业具有重大的现实意义。

创新创业教育也是世界高等教育发展的重大趋势。1989 年联合国教科文组织在北京召开"面向 21 世纪教育国际研讨会"，自此创业教育被誉为"第三本护照"逐渐频繁出现在人们的视野中。[①] 近年来，随着《美国创新法》《欧洲创业绿皮书》等一系列法案和报告的出台，创新创业教育已经成为欧美等发达国家和地区促进经济社会发展、提升人才培养质量的重要驱动力。培养人的创业意识、创业思维、创业技能等各种创业综合素质，并最终使学习者具有一定创业能力的创业教育自然成为各国提升大学人才培养质量，促进区域和国家经济竞争力的关键。因此，创业教育被赋予了与学术教育、职业教育同等重要的地位。

创新创业教育有其深刻的内涵。创新创业教育并非简单地培养能够自主开办公司或者开拓市场的人才，而是使学生具备一种综合性的融合特定的价值观、知识结构、想象力、创造力、进取心、实践能力、领导能力的综合素质。[②] 因此，创新创业教育是素质教育的重要体现，高校创新创业教育的核心在于培养学生的创新创业思维、创新创业意识和创新创业能力。

从当前国内的创新创业教育实践来看，我国高校创新创业教育还不成熟，主要存在三大方面的问题：一是创新创业教育的校内辐射面较小。我国高校大多采取"圈养"模式实施创新创业教育，即在校内全体学生中选拔一批资质优秀的学生，投入专门的优秀师资和教学资源实施重点培养。这些学生一般都集中在一些实验班和创新创业学院中，和其他学院和学生隔绝开来，创新创业教育只能辐射到校内一小部分人，其

---

① 曾尔雷、黄新敏：《创业教育融入专业教育的发展模式及其策略研究》，《中国高教研究》2010 年第 12 期。

② 黄兆信、王志强：《论高校创业教育与专业教育的融合》，《教育研究》2013 年第 12 期。

他的学生仍然按照传统模式培养。二是创新创业教育与专业教育脱节较严重。由于实践经验还不成熟，我国高校的创新创业教育人才培养模式还处于探索阶段，创新创业课程的开发严重不足，一般只是简单依托校内商学院和经管类学院开设相关课程，课程形式主要以公共选修或必修课为主，不同学院和专业的学生学的都是一样的创新创业课程，不能适应不同学科、专业学生的个性化需要，导致创新创业教育与专业教育出现"两张皮"的现象。三是创新创业教育的运行机制不健全。由于创新创业教育在我国发展还不成熟，导致很多高校组织实施创新创业教育的机构分散，缺乏全校层面上的顶层设计，相关配套制度、管理办法和实施细则也不完善，进而使创新创业教育资源分散，难以形成工作合力去推动创新创业教育改革的进程。而这也是高校创新创业型人才培养模式改革中最不顺畅的环节。许多高校创新创业教育的实施只是依托于某个教学单位（如商学院）或行政部门（如团委、就业处），这就容易造成创新创业教育的覆盖面难以扩大、卷入度难以保证。同时，现行的创新创业教育运行体系在整合不同专业教师资源、校内外资源等方面也存在着一定缺陷。

《浙江省高等教育"十三五"发展规划》指出，把深化高校创新创业教育改革作为推进高等教育综合改革的突破口，将创新精神、创业意识和创新创业能力作为评价人才培养质量的重要指标。推动创业学院建设，创新办学体制机制，联合地方政府、行业企业，建设创业基地、创客中心、创新工场等众创空间，建成一批在全国有影响的创业学院。加强大学生创新创业教育，开设创新创业课程，举办创业大赛。建立创新创业学分积累和转换制度，实施"创业导师培育工程"。实施大学生创新创业能力提升行动计划，在全省高校普遍建立创业学院的基础上，开展新型创新创业骨干人才培养试点，每年重点培训2万名有创业意向的大学生；鼓励支持大学生创业团队，到2020年，建设30所省级示范性创业学院。这说明浙江省政府对于创新创业教育的理解已经突破了单纯地将其作为解决大学生就业的辅助政策，而是将创新创业教育体系的构建作为高等教育综合改革的突破口，推进整个社会创新创业文化塑造、创新创业活动繁荣的基础性工程。

1.3 商科教育的国际化与本土化

商科是现代高等教育的学科之一，与理工文法、农医、艺术等学科并列存在。

最早涉及商业的研究可以追溯到 11 世纪商贸业较为发达的中东地区，古代阿拉伯学者 Dimashqī 提出了关于商业和贸易的基本思考。到了 18 世纪，德国学者 Carl G. Ludovici 将前人对商贸业的研究完善成理论，逐渐形成了独立的商学理论体系并冠以"商学"的名称。[①] 由此可见，商学比其他社会学科的起源要早很多。

联合国教科文组织制定的国际教育标准分类中，商科（商学）被表述为"Commercial and Business Administration"，是指研究市场交易以及商业运行机理的学科专业和学问。1978 年出版的《国际教育词典》中，"商科教育"被表述为"Business Education"；美国教育部全国教育统计中心 (NCES) 在 1991 年前所用的学科分类中将"商科"被表述为"Business and Management"。这种词语上的区别反映了"商科"是一个随着商业活动发展而变化的概念[②]，也反映了商科与其他学科的关系演变。

商科是研究企业经营及其管理的学科，所有具有营利性目的的企业活动均属商科范畴。作为专门研究营利性经营活动及其管理的学科是适应市场经济需要的重要学科，理应与理、工、农、医、法等并列，是一个较为重要的学科门类[③]。

---

① 申作青、李靖华、张绪忠：《财经类高校的大商科办学特色分析——以浙江工商大学为例》，《浙江工商大学学报》2015 年第 6 期。

② 国内贸易部国际高等商科教育比较研究课题组、中国商业高等教育学会：《国际高等商科教育比较研究》，中国财政经济出版社 1998 年版，第 5—6 页。

③ 王晓东：《关于我国高等商科教育发展的思考》，《商业经济与管理》2002 年第 12 期。

因与经济社会发展高度适应，高等商科教育现已成为国内高教体系中发展最快的领域。因此，必须合理地规划高等商科教育的发展。我国商科教育既要重视国际共性，又要立足中国国情，同时更应突出商科教育的交叉融合性。高等商科教育应朝着国际化、本土化的方向发展，并应紧密结合和服务于地方经济和社会发展。

1.3.1 商科教育的国际化经验

随着我国经济全球化和市场化趋势的加强，商科教育的国际化势在必行。当前，我国商科教育正面临着发展的困境期和机遇期，一个重要的方向就是不断地深入推进国际化发展的步伐。商科教育的国际化，不仅仅是教学科研的国际化，更是管理体制和机制的国际化。

现就世界主要发达国家包括美国、英国、法国、德国和日本等国的商科教育的发展情况简单介绍如下。

美国的商科教育分为中等层次和大学层次。美国的工业革命促使商品生产和交换达到了一定的规模从而产生了对高层次商业人才的需求。美国商科教育的培养目标是培养具备商业活动专业层面的活动能力、领导能力以及具备一定文化修养的有才干的专业经理人才和企业家。其在专业设置方面，有商务管理与管理服务学科类下属专业 49 个，营销运作/营销与分销学科类下属专业 14 个，主要包括会计学、财务学、统计学、营销学、组织中的人力资源关系、生产管理、经济学、商业政策。美国高等商科教育可分为三种类型：二年制学院、四年制学院和大学。美国商科教育比较强调基础教育，普遍实行通才教育，也较为强调创新兼容，强调商业理论与商业实践的有机结合，教学计划上比较富有弹性，能够对社会上商业人才知识构成需求的变化做出迅速反应。在美国，研究生教育与本科教育的显著区别之一是：本科教育强调通才教育，研究生教育是专才教育。MBA 的培养目标是培养适应迅速发展和变化的社会经济，竞争激烈和复杂的外部环境，具有宽厚、扎实的基础，并精通某一专门领域的优秀的高级管理人才。

英国的现代教育体制起源于公元6世纪末。在英国的大学里，通常设有商学院。其中较为著名的商学院有伦敦商学院、伦敦经济学院、曼彻斯特商学院等。

英国的大学在法律上是独立的组织，可以自行决定其专业设置。英国商科院校通常按文科设置专业。目前，绝大多数商学院本科生都以经济学、行为科学、定量方法、会计学、法学为基础课程，许多院校还设市场营销学、财务金融、人力资源、经营管理。越来越多的院校要求学生至少选择一门现代外语，并要求在工商企业界或国外实习。商学院专业都有自己的核心课程与选修课程。近20年来，英国商科教育中一个新的发展方向，是各院校都普遍向学生提供跨学科或跨专业的课程。这种跨专业的课程突破了传统的专业设置，将理工文商农医等各种专业的课程根据学生的意愿自由地组合在一起。英国高等商科教育比较注重加强与工商企业界的密切联系，政府明确地鼓励高校加强与工商企业界的联系，并设立教育基金；在课堂教学上广泛采用课堂讲授、辅导、案例分析、企业实习、计算机模拟、研讨等各种先进的教学方法；采取宽进严出的教学体制，在商科教育上更加重视国际化。政府积极倡导"教育出口"，各高校每年都接收大量的外国留学生；政府还鼓励高校与国外的高校建立联系，开展建立分校、合作办学等各种形式的学术交流。

德国的商科教育从诞生之日起，就与工商企业界有着密切的联系。德国商科教育深受哲学思辨传统的深刻影响。为使商学真正成为一门学科，德国的学者们做了大量的工作，工商企业界也积极介入商科高教改革，企业家对现代商科的发展起到了积极的推动和促进作用。德国商科教育专业导向向通用和专业相结合的方向转变。德国的商科教育的初期阶段基本上是专业导向的，但随着社会分工日益深化，企业面临的经营环境日趋复杂，就业市场的被动性增大，商科教育才逐渐由英才教育向普通教育转化。这种专业导向的商科教育模式已经难以适应经济发展的需要，只有对商科教学内容进行系统的改革，才能使德国商科教育实现通用和专业相结合。

日本近代商科教育是从明治维新开始的。其办学主要采取国立、公立和私立三种形式。商科教育在私立学校所占的比重要比国立学校大得多。日本的高等商科教育有三个层次，即专科、本科和研究生层次。商科教育的培养目标：一是造就高级商业管理和研究人员，为政府机关输送干部；二是适应社会需要，为企业培养经营管理人才；三是为商科教育培养师资。日本商科教育在很长一段时间内采用一个学部一个专业的做法，也就是说，商学部只有商业专业，不再细分若干专业。商学部一般把商业活动的所有课程都纳入教学中去，以扩展学生的专业知识面。在课程结构的安排上，日本的商科教育专业理论基础和应用并重，以体现其科学性、规范性、超前性和连续性的特点。①

在法国，公立大学设有商科专业，另外有专门的商学院。相对来说，公立大学的商科专业比较偏重理论研究。商学院的老师通常都是公司里的管理人员，本身就具有丰富的经验，也使学生较容易获得更多的实践经验。商学院的培养目标是培养精英和高素质商业人才，重点培养学生的分析和决策能力、口头及文字表达能力、分工协作和团队合作能力、商业头脑和组织管理能力。法国的商学院由于是独立办学，学校享有较大的自主权，可以根据社会上对人才的需求灵活地设置专业和安排课程。法国商科教育授课方式灵活，主要包括基本的课堂讲授、研讨课、工作室、案例讲授、实践课等方式，法国商学院对学生的学业考核方式主要有考试和作业两种。总之，法国商科教育以私立学校为主，采取企业的运作模式，和公司、企业间的合作比较紧密，学生实习锻炼的机会多。②

邓小平同志提出教育要"面向现代化、面向世界、面向未来"，这"三个面向"中就包含了教育国际化的含义。商科教育的国际化就是指商科教育要具备国际理念、国际思维，开展商科的国际交流与国际合作。

无论是课程设置还是教学内容，无论是师资结构还是生源情况，无

---

① 国内贸易部国际高等商科教育比较研究课题组、中国商业高等教育学会：《国际高等商科教育比较研究》，中国财政经济出版社 1998 年版，第 147—317 页。

② 李思捷、卢灵：《中法高等商科教育比较研究》，《广西财经学院学报》2015 年第 1 期。

论是教学方法还是资源配置，都要体现国际化的特点。主要包括商科教育观念的国际化、商科师资和生源的国际化、商科教学的国际化。商科教育观念的国际化主要反映在人才培养的理念、教学目标的创新等方面。商科师资的国际化主要是指教师要来自不同的国家和地区，具有不同的文化背景。商科生源的国际化主要是指有来自不同国家和地区的留学生共同生活和学习。商科教学的国际化主要包括教学过程、教学手段、教学方法、教学内容、教学实践、教学课程安排等方面。

高等商科教育要紧跟经济全球化的步伐，将其置于经济全球化的大背景下去发展，面向世界、面向国际市场。首先商科教育要实现外语化教学。商科的不少专业特别是与商务有关的专业，比如商务谈判、商务会计等都要实现外语化教学，这样有利于培养从事国际商务活动的商务人才。其次，在课程设置上要有全球化的意识，密切跟踪国际商科教育的最新动态，尽可能让大量国际信息进入教学过程。[1]积极加强国际合作，有条件地设立国际交换课程，在海外建立分校，开展互派教师和留学生活动，积极开展国际合作交流，积极推动商科教育的国际认证。在师资结构上采取"请进来"与"走出去"并重的原则，一方面邀请国外知名学者来华讲学，另一方面以多种形式派遣中青年教师出国进修。[2]

我国商科教育国际化的目标，就是通过商科教育的国际化，培养出高质量的具有成熟心智与操作技能，富于创造和开拓精神的外向型（国际理解型）的经营管理人才，以适应国际和国内竞争的双向需要，并形成具有我国特色和适应世界标准的商科教育理论体系。[3]要推动国内商科院校在专业设置、教学内容、教学方法、教学手段、案例研究等方面开展国际合作交流，探讨和总结市场经济条件下高等商科教育的国际共性，以此提升商科教学的国际性程度。[4]

---

[1] 叶小兰：《高等商科教育发展与经济互动关系研究》，《教育理论与实践》2006年第4期。

[2] 王晓东：《关于我国高等商科教育发展的思考》，《商业经济与管理》2002年第12期。

[3] 高觉民：《论我国商科教育的国际化》，《陕西工商学院学报》（现更名为《西安财经学院学报》）1994年第3期。

[4] 纪宝成：《我国高等商科教育人才培养模式探讨》，《中国高教研究》2006年第10期。

每所高校因所处的地理环境、人文环境等不同，教育国际化的道路有所区别。但高校要发展，就必须走国际化的发展道路。特别是以财经见长的高校，要做好财经文章，在国际化的学科特区、国际化的人才引进方面都要有所倾斜。以学科性学院为依托，提升国际化办学层次和水平。探索建立独立建制的国际商学院，加快国际化进程。对海外高水平、高层次海归人才实行灵活的特殊政策。

积极创造有利条件，与海外知名大学合作建设更多项目，为学生出国学习创造条件。整合师资力量，完善培养计划，构建综合管理机制，优化留学生来源，加大力度建设全外语授课留学生专业。继续实施开放办学，提升国际交流与合作的层次和水平。积极加强国际化专业及课程群建设。努力营造学校的国际化氛围，提高师生对教育国际化的参与度。全面推进国际化财经人才培养、中外合作办学、优质教育资源引进、留学生教育、国际科研合作交流等工作。

当前高等教育国际化的浪潮推动了世界商科教育不断进行改革，商科教育的内容不断丰富，在专业设置、教学手段、教学管理等方面注入了新的活力。总之，我国的商科教育国际化在不断地推进。

1.3.2 商科教育的本土化探索

我国商科教育历史悠久，早在清光绪年间颁布的钦定《高等学堂章程》中，就有包括商学在内的八大学科（文学、格致学、医学、商学、经学、政法学、农学、工学）；民国初年颁布的《大学令》采用了当时欧美的教育模式，规定商科为"文、理、法、商、医、农、工"的七学之一，并一直延续到中华人民共和国成立。[①] 中华人民共和国成立后，由于受计划经济体制的影响，"财经"取代了商科。直到改革开放之后才将"财经"类学科修改为"经济、管理"类。1998 年再次将"管理学"独立成与"经济学"并列的学科，而"商科"则被集中调整到管理

---

① 中国第二历史档案馆：《中华民国史档案资料汇编（第三辑·教育）》，江苏古籍出版社1991 年版，第 691 页。

类下设的"工商管理"类学科中，当然在其他学科中也有商科的成分。[①]由此可见，虽然我国的现代商科教育已有百年的历史，但历经多次变故，至今仍存在学科划分模糊，设置不规范、不科学等问题。从现代商业发展的规律以及各国商科教育的现状中不难发现，以现代商业为对象的商科教育，在整个高等教育体系中占据着举足轻重的地位，必须高度重视。

商科教育在追求本土化的过程中，既要正确处理好大学商科教育与政治经济社会之间的互动关系，又要处理好国际化经验与本土化创新实践的关系。这需要我们顺应国际商科教育发展的主流和趋势，兼顾中国国情特点，实现商科教育本土化与国际化的互动。

长期以来，我国的高等商科教育不能完全满足经济社会发展的需要，商科教育仍然处于专才培养的阶段。主要体现在以下几个方面：

首先，商科教育的办学理念和办学模式跟不上时代发展的要求。培养的学生很难适应现代商贸发展的需求。商科教育培养的是能够适应现代商业竞争和国际化发展方向的现代商贸人才，其办学理念、办学模式就显得尤为重要。"很多学校的商科是从传统的财经学科发展而来，重宏观，轻微观；重国家政策，轻企业决策；重价值判断，轻实证分析。"[②]这样一来，培养的学生社会竞争力差，很难适应现代商贸发展的需求。

其次，部分专业设置不能适应社会主义市场经济发展的需求。长期以来，我国商科教育没有明显的市场导向，学科意识不强，专业设置甚至与市场需求脱节。不少商科专业调整步伐缓慢，大大限制了商科人才培养的质量。

最后，没有很好地实现课堂教学和实践教学的有机统一。商科和其他学科一样，传统的灌输式课堂教学模式依然是主流。商科是一门实践性极强的学科，但现实的情形是多数商科缺乏实践教学的环节，即便有

[①] 王裕国：《中国独立设置的财经院校综合改革问题研究与实践之一》，高等教育出版社2002年版，第3—4页。

[②] 赵新洁：《我国商科教育国际化战略与商科教育改革》，《教育教学论坛》2013年第29期。

也只是走走过场。再者师资方面，研究型的教师占大多数，实践型的教师仅仅占很小的比例。这对于实践性很强的商科来说显得尤为不利。

高等商科教育的本土意识，要体现"中国特色，中国制造"。我们所要培养的是"懂经济、善经营、会管理"的从事现代商务活动的经营管理人才，21世纪国内的商界领袖和企业领军人物，将在现在的大学生，特别是商科学生中产生，他们的素质如何，将对未来的中国经济产生重要影响。而像商科这种应用性很强的学科，吸收外国成熟的经验固然很重要，但必须立足于本国国情，因为只有自身市场发展到一定程度，才能对他国的说法和做法做出正确的理解和判断。① 所以，商科教育在强调与国际"接轨"的同时，也必须要强调本土意识，注重概括和总结改革开放的伟大实践，注重消化和吸收中国传统文化中的精华，更要注重中国特色社会主义市场经济的国情特点，在课程设置、教材编写、案例讲授等方面体现出中国高等商科教育的个性化特点，实现国际视野下的本土化。②

具体地说，高等商科教育的本土意识，就是要体现我国的商科人才培养特点。

体现一定的行业性和实践性。我国的商科教育的知识结构应该既有行业的普遍适用性，又有属于本行业特有的个性。高校商科人才的培养不应一味追求学科知识体系的完整性与系统性，而应根据行业发展的最新要求来构建知识体系，使学生既掌握相当的理论知识，又具有较强的创新创业能力。商科教育其本身就强调一定的应用性或者说实践性。商科人才与其他工科人才的培养不同，必须要付诸一定的商业实践，真正去公司、企业实习，进行实际的商务沟通。要在实际工作中运用商业理论知识指导实践，开展公司商务活动，为公司的发展出谋划策。

体现一定的社会性。商科教育的社会性主要体现在：商科教育所培养的是具有较强社会适应能力的人才，其所从事的主要是面向商贸的活

---

① 王晓东：《新世纪我国高等商科教育发展战略的思考》，《首都经济贸易大学学报》2005年第4期。

② 纪宝成：《我国高等商科教育人才培养模式探讨》，《中国高教研究》2006年第10期。

动。因此，商科人才的培养更需要政府和企业的共同参与。高校的商科人才培养单单依靠学校是很难实现的，还需要利用更多的社会资源才能达到其培养目标。① 因此，必须聘请部分政府官员、企业老总等为学校的兼职导师。加强双师型专业教学团队的建设是实现商科人才培养目标的关键所在。

1.3.3 商科教育的多科融合

狭义的商科是指在市场经济体制下，围绕商品市场，对商品、物资配给的商业机能所展开的研究。该商业机能可以有效地消除市场的社会、经济隔阂，相应的学科主要包括流通理论、企业管理以及市场营销等。广义的商科是指以商品市场为核心，针对商品市场和其他要素市场的市场行为及市场环境，进行综合性研究的学问。随着现代经济的市场主体及其功能不断分化，除了商品市场之外，还衍生出金融市场、信息市场、人才市场等辅助市场；加上现代市场的交易对象、交易方式逐渐多样化、复杂化，信息技术的充分运用，从而使商科的外延涵盖了经济学、管理学、法学等社会科学，以及信息科学等自然科学。②

商科教育已成为国内高等教育体系中最具发展潜力的领域之一。但是，在当前环境条件下，传统的商科教育模式已无法满足新浙商成长发展的诉求，多科融合的商科教育，成为具有现实价值和长远意义的选择模式。

经济的重大变革给高等商科教育带来了巨大的影响。首先，高等商科教育培养新的管理理念和商业理念。其次，高等商科教育为经济建设造就懂经济、善经营、会管理的商务管理人才。经济发展的现实对高等商科人才提出了越来越迫切的需求，也对培养高等商科人才的商科教育质量提出了更高的标准。高等商科教育在为市场经济造就人才时应注重两方面培养。一是根据现有市场进行商科缺乏人才培养，二是预测未来

① 赵海峰：《应用型本科院校的商科人才培养模式》，《高等教育研究》2012年第4期。
② 申作青、李靖华、张绪忠：《财经类高校的大商科办学特色分析——以浙江工商大学为例》，《浙江工商大学学报》2015年第6期。

市场进行商科前瞻人才培养。随着市场化程度的提高，前瞻人才培养的重要性会越来越突出。①

我们要正视商科专业内涵的扩大化问题。商科专业应该包含有关商业以及设计商业行为的各种应用型学科专业。商科教育的多科融合，不仅涉及商科专业种类的组合，更涉及大学整个学科专业的组合过程。

实现商科与经济学科、管理学科的有机融合。经济学是商学的重要理论基础，西方国家的高等商科教育是在经济学科教学的基础上产生的。商科与经济学科的关系，经历了三个阶段：经济学胚胎阶段，经济学与商学混合阶段，以及经济学与商学分立阶段。目前，在经济学院之外独立设置商学院，是中外高校建制的普遍形式。但是，分立并不意味着彼此割裂。经济学科所研究的经济形态、体制、运行、发展的规律、理论和政策等，与商科主要研究的企业商务活动的运营和操作，具有密切的联系。管理学与商学的关系，是一种交叉互渗、互融的关系。商务活动的开展，必然依托于有效的管理。因此，"Business Administration"（商务管理）的概念就产生了，商务管理既是商科概念的核心内涵之一，也是商科外延拓展的体现。与此相联系，"工商管理"作为一个学科分支得以生成，专门的"工商管理学院"、以商务管理为教研核心之一的"管理学院"，成了现代大学建制的重要方面。

实现商科与理、工、文、法等学科的有机融合。商科与这些学科之间，边界清晰、差异显著。但在同时，现代商务活动已经全方位融入社会活动的各方面。不仅现代商务的内容要素常常就是理工科技产品，而且其活动运行的全过程都紧密依托于科技的支撑；现代法治社会的环境中，商务活动必须依法运行；无论是历史上的徽商、晋商，还是现代的浙商等，商业文化、商业历史已经得以积淀并进一步发展；现代商务领域的新拓展，诸如文化产业，尤其是近年来日益活跃的创意文化产业，更成为现代商务的朝阳产业。在这样的背景中，商科与理、工、文、法

---

① 叶小兰：《高等商科教育发展与经济互动关系研究》，《教育理论与实践》2006年第4期。

等学科的交融互渗，共赢发展，乃是商科以及其他学科都必须正视且积极应对的问题。①

商科教育在经济全球化的浪潮下，承担着为知识经济培养和造就人才的重任。因此，必须建立体制科学、布局合理、规模适当、机制优化的高等商科教育体系，突出商科教育自身的特色与自我定位，实现本土化和国际化的有机结合。

中外融合、立足本土，服务国家发展战略和地方经济社会发展。深化商科教育体制改革，从制度上完善商科教育的教学、科研、社会服务和文化传承功能。

商科人才的培养，必须立足中国，面向世界；必须立足现在，面向未来。既强调国际视野，也不脱离本土意识，立足于国家战略和地方经济发展，培养高素质的复合型商科专业化人才。

随着国家高等教育政策的不断调整，特别是国家"双一流"建设高校名单的出炉，高等院校的竞争日趋激烈。浙江高等院校紧随国家战略，积极推行省重点高校建设计划，努力实施高教强省战略。

浙江是经济大省，其商业经济发达，催生了浙商这一群体。随着世界经济的不断发展，浙商正处于转型升级的重要阶段，人才短缺的弊病日益显露。作为培养商科人才的摇篮，浙江工商大学始终坚持以"立德树人"为根本任务，以"专业成才、精神成人"为人才培养理念，以培养具有大商科特色的高层次应用型、复合型、创新型人才为人才培养目标，加强"学生中心、教师发展、课堂开放"的教学文化建设，积极探索本科人才培养模式改革创新，深入开展"一体多元"的课堂教学创新与实践，提高了学校的人才培养质量，学校办学水平近年来逐渐提高。

---

① 申作青、李靖华、张绪忠：《财经类高校的大商科办学特色分析——以浙江工商大学为例》，《浙江工商大学学报》2015 年第 6 期。

第2章
商科人才社会需求的结构性转变

　　商科人才培养具有高度的环境依赖性。经济社会发展的特殊时空定位，很大程度上决定着商科人才培养的理念、战略与策略。新世纪以来，全球格局重构、我国经济社会发展变革剧烈。从全球变革、国家发展战略转型以及区域经济社会变迁等多个格局性的视角来看待商科人才培养，全面审视商科人才培养的历史成就，厘清商科人才培养的现实基础，并反思商科人才培养存在的突出问题与历史局限性，是新时代背景下商科人才培养模式重构的大格局。基于国际国内经济环境变革现状与趋势，紧扣新时代对商科人才的需求变化，前瞻性地洞察商科人才培养的使命与愿景、突破方向与创新路径，系统化商科人才培养模式创新的战略思维，是商科人才培养的必然选择。

2.1 商科人才培养的特征

　　站在历史的视角考察，商科人才培养既建立在改革开放后我国高校商科教育的深厚基础上，也面临着新时代中蕴含的变革机遇和多重挑战。经济全球化步伐进一步加深，中国强势崛起并积极参与全球治理，为商科人才培养拓展了全新的格局空间。中国特色社会主义事业步入新时代，伴随着中国经济供给侧改革，中国经济也步入新常态，商科人才培养具有全新的特征，必然面临新格局、新远景、新使命、新任务。新兴技术浪潮方兴未艾，"互联网＋"产业正在成为浙江经济转型升级的全新动力，商科人才培养具有区域经济导向的新任务和新要求。从这些时空维度来审视商科人才培养，既是商科人才培养事业发展的方向性要求，同时也是对国际国内经济社会变革的直接回应。

2.1.1 商科人才培养面临新格局

全球经济格局正在演绎着一场影响深远的剧烈重构，作为经济发展最核心要素的人才是重构的核心内容之一，本土商科人才培养必须置于全球经济格局下进行审视和探索。总体来看，近些年包括未来相当长一段时间内，全球经济格局演变呈现出几个显著特征：第一，主导全球经济演化方式的全球价值链，正经历着新一轮全局性的重大变革与影响深刻的解构与重构——高端制造业向发达国家加速回流，知识密集型服务向长三角地区加快转移，低端制造业跨国漂移性越来越强，来自东南亚与其他金砖国家的制造产业竞争日趋激烈。第二，国家"一带一路"倡议和长三角长江经济带战略的实施，为我国产业经济转型升级和经济社会发展，以及更高层次、更高水平参与国际合作和竞争带来了新空间。第三，智能制造、精益制造、柔性制造，以及工业互联等新兴制造技术快速涌现，为长三角地区乃至我国产业经济的转型升级，带来"弯道超车"的战略机遇。[①] 总之，商科人才培养需要全球视野，需要从经济全球化视角下审视。

世界经济新格局。中、美、欧、日等超大型经济体之间旷日持久的竞争角力与多边博弈背景下，中国作为新兴经济体强势崛起，成为世界经济增长新的动力枢纽。经历改革开放后近40年的高速成长，我国的综合国力在世界上的排名逐渐上升，到2007年，已跻身世界前三名，成为世界第二大经济体。根据世界银行的测算，若按购买力平价指标，中国的经济规模已超越美国；按照汇率指标测算，中国经济将在2020年前后超越美国。中国经济崛起对其他国家甚至世界经济的影响显著增强。在过去20年，中国在世界经济中扮演的角色越来越重要，中国经

---

① 俞荣建、项丽瑶：《根植升级：全球价值链升级新路径》，《福建农林大学学报（哲学社会科学版）》2016年第5期。

济的迅速增长不仅影响了周边国家的发展，也对世界经济的发展产生了不可取代的影响。中国经济快速增长，加上贸易和金融的深入，可以通过多种渠道影响世界经济发展，其中两个比较重要的渠道是贸易渠道和金融渠道。

全球贸易新规则。美国退出 TPP 战略并实施制造业回归计划，甚至蠢蠢欲试"逆全球化"；英国脱欧等一系列世界经济大事件，重构全球经济格局，重塑全球贸易规则。手段更加隐蔽、策略更加复杂、伙伴更加多变的新兴贸易保护主义愈演愈烈，对世界经济运行方式产生深远影响，从根本上重塑全球贸易新规则。

近年来，全球贸易呈现诸多显著态势，低端制造业跨国漂移、高端制造业向北加速回流与知识密集型服务向南延展等现象同时发生。随着本土制造产业在低端制造环节的比较优势正在消失，发达国家跨国公司乃至大批本土制造企业，纷纷将劳动密集型制造环节转移到东南亚、南美以及南非等新兴经济体，低端制造业的跨国漂移属性充分释放；美国、德国等制造业先进国家，出于增加就业、政治需要、国家安全与构筑持续的国际话语权等考虑，纷纷制订重振制造计划，制造业特别是高端制造业回流现象日趋显著。与此同时，伴随着中国、印度等新兴经济体的知识型人才队伍兴起，对发达国家形成了明显的比较优势，发达国家跨国公司在中国设立研发中心，与本土企业建立研发联盟，向中国企业外包软件服务、咨询服务以及业务流程服务，知识密集型生产性服务向中国与印度的转移加速进行。

全球贸易新规则呈现如下四个特征[①]：一是服务贸易、投资取代货物贸易成为核心。服务贸易和投资在全球范围内的迅速发展已成为国际贸易的主要趋势。国际贸易规则的聚焦点也从货物贸易转变为三位一体的"货物贸易—服务贸易—投资"。二是谈判议题向边界后规则转移。随着国际贸易环境变化，信息化和电子商务得到广泛应用，贸易操作的形式发生变化，谈判中产生了许多新的交叉议题，如监管一致、国有企

---

① 盛斌：《给全球贸易新规则注入中国元素》，《上海证券报》，2016 年 8 月 18 日第 12 版。

业、电子商务、中小企业等。这些交叉议题呈现出新的规则走势，即从边境贸易壁垒议题深入国境内部，构建边界后规则。三是标准和自由度更高。新贸易投资规则的标准比 WTO 与 APEC 现行规则更高，其中很多要求都超出了发展中国家的发展水平。四是新规则更多地体现了高收入国家的意志。新规则是以美国为首的高收入国家为了促进本国经济增长与就业而推动建立的，适应发达国家的需要，但是抛弃了 WTO 对发展中国家的优惠政策，很高的标准和很广的自由度远远超出了许多发展中国家的承受能力，也与发展中国家在全球经济中的责任义务不相符，实质上成为一种变相的贸易保护主义，限制发展中国家的出口贸易。

动态演化新趋势。近年来，美欧日等西方国家集体陷入困境与新兴大国的群体强劲崛起，使国际力量对比日趋平衡，国际力量对比的深刻复杂变化引发国际秩序与规制之争，给地区的和平与稳定以及国际格局演变带来深刻长远的影响。世界经济政治格局的动态演化呈现新趋势。一是中国快速发展与美国"重返亚太"，推动亚太地区在国际格局中的地位进一步上升；随着国际力量对比"东升西降"加速发展，围绕国际秩序与规制建设，新老力量展开激烈斗争。二是世界大国纷纷陷入外交泥潭，国际政治这盘复杂的对弈，正迫切需要一些富有智慧的新思维，以出人意料的全新棋路改变全局。三是世界经济格局将受到国际贸易新规则的冲击。美国等发达国家作为规则主导国可获得丰厚利益，重新执掌国际贸易主导权；新兴经济体和发展中国家的增长潜力和发展空间受到抑制，传统经济体与新兴经济体的竞争由产品竞争转向规则竞争，南北差距可能进一步拉大。就中美而言，在中美经济双边竞合、双向融合，美国重振制造的战略背景下，制造产业由新兴经济体国家特别是中国向美国回流的趋势日渐明显；知识密集型服务业（例如研发外包、知识咨询与业务流程外包等）向新兴经济体特别是中国加速转移。

"一带一路"新空间。国家主席习近平在 2013 年 9 月 7 日于哈萨克斯坦纳扎尔巴耶夫大学的演讲上首次提出"丝绸之路经济带"的倡议，并于同年 10 月 3 日提出"21 世纪海上丝绸之路"的倡议。三年多的时间里已有 100 多个国家和国际组织参与，40 多个国家和国际组织与中国签署合作协议。"一带一路"是"丝绸之路经济带"和"21 世纪海上丝绸之路"的简称，它将充分依靠中国与有关国家既有的双、多边机制，借助既有的、行之有效的区域合作平台，旨在借用古代丝绸之路的历史符号，基于"和平合作、开放包容、互利共赢、互学互鉴"四大理念，积极发展与沿线国家的经济合作伙伴关系，共同打造政治互信、经济融合、文化包容的利益共同体、命运共同体和责任共同体。[①] 其主要内容是：政策沟通、设施联通、贸易畅通、资金融通、民心相通。主要方向是从中国沿海港口过南海到印度洋，延伸至欧洲；由中国沿海港口过南海到南太平洋。在陆地上主要依托国际大通道，以沿线中心城市为支撑，以重点经贸产业园区为合作平台，共同打造新亚欧大陆桥，中蒙俄、中国—中亚—西亚、中国—中南半岛等国际经济合作走廊。而海上是以重点港口为节点，共同建设通畅安全高效的运输通道。即中巴、孟中印缅两个经济走廊与推进"一带一路"建设关联紧密，要进一步推动合作，取得更大进展。

由此看来，全球化新格局下商科人才培养机遇与挑战并存。经济全球化与中国参与全球治理，构成商科人才培养的新格局。在这一新格局下，商科人才培养面临挑战和机遇。挑战在于：新格局下需要商科人才培养视野的全球化拓展。与传统商科人才培养主要面向本土经济不同，全球化格局下商科人才培养不仅仅面向本土经济发展，同时面向全球经济，既包括传统的本土经济以及外来经济侵染后的本土经济，同时也面向全球经济以及本土经济在全球范围的远征，是"引进来"与"走出去"双重动态过程下的全新地域范畴。此外，新格局下需要商科人才培养目标的全球化重构。简单而言，新格局下需要培养既能在本土和外商进行商业竞合的商科人才，也能走向全球，能够适应全球性商业文化和多样性人文素养的商科人才。这远不止会外语这么简单，而是要培养懂全球政治经济治理、跨国商业运作、国际商法、多国外语的复合型商科人才。

---

① 赵银平：《"一带一路"：习近平打开的"筑梦空间"》，新华网，2016 年 9 月 21 日。

还有，新格局下需要商科人才培养方法的全球化融合。如何培养面向全球化的新型商科人才？这一命题的破解，需要系统性地审视商科人才培养方法论体系，关键需要突破商科人才培养的地域边界，既要在本土构建全球化商科人才的培养体系，也要将培养体系拓展到全球，在海外构建商科人才培养基地、平台与特设机构等。

破解全球化新格局下商科人才培养的诸多关键命题，本土商科人才培养将得到全面提升。在全球经济新格局和中国参与全球治理的重大变革中，商科人才培养也迎来了广阔机遇：在全球经济的新格局、新规则与新趋势等全球化大背景下，强化中国经济的全球角色，蓄积中国经济的传统优势，驱动中国经济的全球战略变革，"一带一路"倡议的规划与实施，将为中国带来全新的复兴空间。这种空间将大大拓展商科人才的全球化需求，突破传统商科人才局限于本土的空间限制，也为本土商科人才增加需求侧市场厚度。同时，世界变小、竞合紧密、博弈激烈，为跨越国家边界、具有国际视野、能够从事国际大生意开拓与管理的国际化商科人才培养，提供了广阔的实战舞台，从而大大提高商科人才培养质量。还有，全球经济走入中国的步伐进一步加快，特别是中国在这过程中逐渐占据主导地位，将充分有效地利用全球先进人才培养资源（如高端知识、先进教育科技和领先的商业模式），为本土商科人才培养体系的国际化重构提供宝贵机遇。

2.1.2 商科人才培养具有新使命

增长放缓、持续发展，结构调整、转型升级，依法治国、契约回归，在较低增速上持续稳健、健康发展成为中国经济新常态。新常态指的是经济增长要从超高速向中高速过渡，这是结构转型的长期问题。具体来说，一是增长方式要变，要从出口导向投资加拉动型经济，向需求导向加创新驱动型经济转变；二是增长的速度要变，要从 8.5%—11.5% 的超高速增长区间向 6.5%—8.5% 的中高速增长区间过渡。新常态包含由超高速向中高速调整中可能出现阵痛的短期增长问题。中国改革开放近

40年来的超高速增长方式对经济发展起到巨大推动作用，但其增长目标过于单一。在国家层面，重点强调的产业群的快速增长会在短时间内对经济起到促进作用，但从长期来看会导致部分行业产业过剩的问题。新常态下，增长目标调整更加动态，产业宏观调控进一步加强，但是市场机制在调控中的作用更加突出。

供给侧改革新动力。从供给侧入手进行改革，破解平推式发展难题，基于科技创新、结构创新与体制机制创新，从供给侧创造质量更好的产品，提供更好的服务，为需求侧创造价值更高的产业与市场，整体促进产业升级、消费升级，提升中国经济总体的运行档位。供给侧结构性改革旨在调整经济结构，使要素实现最优配置，提升经济增长的质量和数量。需求侧改革主要有投资、消费、出口"三驾马车"，供给侧则有劳动力、土地、资本、制度、创新等要素。供给侧结构性改革，就是从提高供给质量出发，用改革的办法推进结构调整，矫正要素配置扭曲，扩大有效供给，提高供给结构对需求变化的适应性和灵活性，提高全要素生产率，更好地满足广大人民群众的需要，促进经济社会持续健康发展。供给侧结构性改革，就是用增量改革促存量调整，在增加投资的过程中优化投资结构、产业结构开源疏流，在经济可持续高速增长的基础上实现经济可持续发展与人民生活水平不断提高；就是优化产权结构，国进民进、政府宏观调控与民间活力相互促进；就是优化投融资结构，促进资源整合，实现资源优化配置与优化再生；就是优化产业结构，提高产业质量，优化产品结构，提升产品质量；就是优化分配结构，实现公平分配，使消费成为生产力；就是优化流通结构，节省交易成本，提高有效经济总量；就是优化消费结构，实现消费品不断升级，不断提高人民生活品质，实现创新、协调、绿色、开放、共享的发展。

创新驱动发展新战略。中国经济正从过去30多年重经济体量与增长速度的粗放式增长方式，向重经济质量与均衡增长的集约式增长方式转型。改革开放近40年来，我国经济快速发展主要源于发挥了劳动力和资源环境的低成本优势。进入发展新阶段，我国在国际上的低成本优势逐渐消失。与低成本优势相比，技术创新具有不易模仿、附加值高等突出特点，由此建立的创新优势持续时间长、竞争力强。实施创新驱动发展战略，加快实现由低成本优势向创新优势的转换，可以为我国经济持续发展提供强大动力。当前，经济发展的基本模式正在从政府主导、投资主导、要素投入主导，向科技创新、体制机制创新与全球化创新等创新发展模式转型。基于创新、成于创业，大众创业、万众创新，创新驱动发展成为中国经济转型升级的新战略。

党的十九大明确提出"科技创新是提高社会生产力和综合国力的战略支撑，必须摆在国家发展全局的核心位置"，强调要坚持走中国特色自主创新道路，实施创新驱动发展战略。提出营造激励创新、开放、透明的公平竞争环境，发挥市场竞争激励创新的根本性作用，建立技术创新市场导向机制，增强市场主体创新动力，促进优胜劣汰，促进企业真正成为技术创新决策、研发投入、科研组织和成果转化的主体。要完善成果转化激励政策，构建更加高效的科研体系，创新培养、吸引和用好人才机制，推动形成深度融合的开放创新局面，加强创新政策统筹协调。到 2020 年，基本形成适应创新驱动发展要求的制度环境和政策法律体系，为进入创新型国家行列提供有力保障；实行严格的知识产权保护制度，打破制约创新的行业垄断和市场分割，改进新技术新产品新商业模式的准入管理，健全产业技术政策和管理制度，形成要素价格倒逼创新机制，强化竞争政策和产业政策对创新的引导。

为此，在中国经济新常态、供给侧改革新动力、创新驱动发展新战略的背景下，商科人才培养具有新使命。传统商科人才培养是发生在中国经济快速增长的特殊历史背景中的，近 40 年的改革开放释放了巨大的增长能量，为传统商科人才的快速发展提供了宽阔轨道。然而，新常态下中国经济急剧转型，驱动既往经济增长的需求侧"三驾马车"发生巨大变化，供给侧改革正在进行，创新驱动发展战略已经确立。在这些新条件下，如何通过商科人才培养的转型与重构，为新常态下的中国经济持续不断地输送血液，实施创新驱动发展战略，蓄积供给侧改革能量？

这对商科人才培养提出新的使命要求：培养具有创造力的创新创业型商科人才，即"双创型"商科人才。

具有创造力的创新创业型商科人才培养，需要突破传统商科人才培养的诸多局限，特别是要构建政府和市场主导的人才培养系统双向融合、聚焦于创造力这一根本要素，为体制内外创新主体培养创新创业型商科人才。挑战在于，"双创型"商科人才培养需要全面地重构人才培养系统。传统商科人才培养主体局限于高等院校等由教育部门主导的教育机构，这一系统下培养的商科人才能够满足既往经济增长与商业经营的人才需求。但是，在新常态下，市场中的企业作为创新的活力源泉和主体，基于创新的供给侧改革构成经济增长的主要路径，商科人才培养系统需要由"官办"向"民办"拓展，构建政府主导与市场主导双向互动的商科人才培养系统，才能有效地培养面向企业创新主体的双创型商科人才。

"双创型"商科人才培养需要根本性地改变培养的着力点。创新创业作为现行的能力特征，是创新驱动发展战略的根本性资源要素。但是，创新创业能力并非一蹴而就，而是建立在丰富创造力基础上。传统商科人才培养关注的创新创业能力定位于能力之"末"，未能有效解决创新创业能力之"本"的问题。因此，新常态下商科人才培养需要根本性地改变着力点，由创新创业能力向创造力转变。换句话说，创造力是培养出来的，而创新创业能力是人才个体在实战中"干中学"、能动地建构起来的。

"双创型"商科人才培养需要面向体制内外和组织内外两种需求。既往创新创业型人才使用，往往局限于体制外或者组织外的创新创业，如"创立新企业"等。事实上，创新创业还具有同等重要的第二重含义，即"创造新事业"。[①]新形势下体制内或者组织内存在旺盛的创新创业需求，"双创型"人才培养不仅仅面向市场中的创新创业主体，同时也

---

① 黄扬杰、黄蕾蕾、李立国：《高校创业教育教师的创业能力：内涵、特征与提升机制》，《教育研究》2017年第2期。

面向体制中的创新创业主体，为政府机构、社会事业机构等培养具有创新创业能力的商科人才。在新一轮商科人才培养的竞争格局中，不能顺应这一基本创新战略态势的商科人才培养模式将面临危机。新常态下创新驱动的供给侧改革，为商科人才培养创造了难得机遇，特别是对善创造、能创新与勇于创业的新型商科人才的需求急剧增长，高质量的"双创型"人才需求将在未来十年、二十年全面爆发。同时，供给侧改革中的体制机制创新，特别是人才选拔使用、任用开发等一系列机制创新，将为"双创型"商科人才培养提供持续不竭的活力源泉。

2.1.3 商科人才培养接受新任务

浙江经济社会发展具有浙江特殊性与情境性。浙江经济发展的民营企业主导、草根企业多、轻工业态强、经济增长较快等特征鲜明，产业集群、商贸集聚等块状经济特色显著。但企业规模小、技术层次不高、业态偏于传统，缺少大项目、大企业、大品牌，在新形势下传统优势正在削弱：浙江经济面临转型升级大考。目前，浙江经济正寻求创新发展的新模式、转型升级的新动力，积极实施双创战略、"八八战略"等重大战略举措且成效显著，积极探索新技术、新模式与新商业，基于新兴信息技术对传统产业进行信息化融合、"互联网＋"改造，基于先进制造技术对传统制造业的工艺技术与产品技术进行创新升级（例如"机器换人"、跨国技术并购等），浙江经济正处于从传统经济向新经济转型升级的蜕变过程。新兴制造业（战略型新兴制造产业，如生物医药、高端装备、新能源汽车、绿色环保设备，以及船舶制造等）、以电子商务为主的新兴商贸流通产业等新兴业态的发展态势蓬勃发达、增长快速，浙江经济将迎来脱胎换骨的大变革。

新技术。把握创新、新技术革命和产业变革、数字经济的历史性机遇，浙江正在抢占未来发展先机，新技术正快速发展成为潜力巨大的新兴产业，提升浙江经济中长期增长潜力，新兴技术也有望成为浙江促进产业变革和经济转型升级的关键驱动力。一是新兴信息技术。以互联网为核心的新一轮科技和产业革命蓄势待发，移动互联网、云计算、大数据、物联网、人工智能等技术日新月异，虚拟经济与实体经济的结合给人们的生产方式和生活方式带来革命性变化。在新兴技术驱动下，浙江省正在加速与经济社会各领域深度融合，日益成为引领经济社会发展的先导力量，也成为推动浙江经济社会转型、培育经济新动能、构筑竞争新优势的重要抓手。新兴信息技术推动着产业界和全社会的数字转型，而随着互联网、智能科技与传统行业融合创新发展，智能科技更是在除制造业外的教育、医疗、农业等各个领域发挥重要作用。虚拟现实、区块链技术等新兴技术有望在未来推动数字经济持续发展。二是新兴制造技术。科技企业日益成为经济的重要组成部分和创新发展的重要推力。通过与传统的制造业企业进行融合，新技术不仅推动了制造业的数字化，还重塑了商业模式，助力新一轮产业革命。如今，浙江先进的制造业企业纷纷利用新兴技术进行数字化转型，把握新一轮产业革命机遇。"未来人工智能技术将进一步推动关联技术和新兴科技、新兴产业的深度融合，推动新一轮信息技术革命，成为经济结构转型升级的新支点。高级智能机器人、自动驾驶、3D打印、数字标识、生物识别、量子计算、再生能源等技术也可能成为未来的重要技术。"[1] 三是新能源与新材料技术。21世纪以来，新能源汽车、稀缺矿石（如石墨烯）等新能源新材料技术层出不穷，蕴含着产业技术革命无尽的创新可能。在此基础上，信息技术、生物技术、新能源技术、新材料技术等的交叉融合正在引发新一轮科技革命和产业变革。

新模式。伴随着新兴技术的快速发展，新兴的产业发展和商业模式层出不穷，给浙江省乃至我国经济转型升级提供全新动力。基于价值链的视角，新模式发生在价值链各个环节，包括技术研发、生产制造、物流供应、市场营销与服务等多个领域。例如，技术研发领域的众包模式，生产制造领域的智能制造、制造平台化与网络化模式，物流供应的智能

---

① 摘自薛群基院士在浙江自然科学基金委员会与中国科学院宁波材料所主办的"3D打印和机器人及智能制造技术高峰论坛"上的演讲。

供应链模式，市场营销领域纷呈的电子商务模式，以及服务领域的大规模服务定制模式，等等。"互联网＋"背景下，基于多企业共生的生态系统模式（如众创空间、孵化器、科技园区、创新集群），基于互联网的平台模式，以及公司治理的众创模式等正在引领浙江省产业经济转型升级。全新商业模式是企业对现有资源和营销手段的整合，充分利用互联网和电子商务等手段，结合传统的流通渠道，进行有效的资源配比，让企业的销售实现短期赢利和长期品牌发展。

新商业。改革开放以来浙江省创造了民营企业发展奇迹，草根浙商占据浙江企业总数的90%。区别于传统浙商从事的轻工产品和商贸流通等商业形态，在"互联网＋"等新兴技术和模式驱动下，近年来浙江诞生层出不穷的新兴商业，这些新兴商业潜力巨大，或者已经成为浙江经济发展的主流，譬如电子商务。浙江是全国领先的电子商务大省，电子商务产业十分发达，基于"互联网＋"的电子商务创新创业如火如荼。基于互联网的新兴流通、基于电子商务的新零售、移动电子商务等的发展也方兴未艾。新兴浙商在"互联网＋"和电子商务领域的快速兴起，从根本上改变了浙江经济发展的动力格局，从以传统制造、商贸流通和国际贸易为主的发展路径，转向以新技术、新模式、新商业为主导的新经济发展，有效破解浙江经济技术水平不高、规模小等传统弊端，开辟独特的"互联网＋"发展路径。

不难看出，"互联网＋"产业兴起与浙江经济转型，使商科人才培养接受新任务。商科人才培养需要放眼全球，同时更要植根本土，特别是地方高校商科人才培养，更要将具体任务落实到服务地方经济社会发展中。

在"互联网＋"产业兴起与浙江经济转型背景下，商科人才培养接受了新任务。第一，培养"三新"型商科人才。"三新"型商科人才，即掌握或者善于创造新技术、新模式与新商业的商科人才，区别于传统技能型商科人才。"三新"商科人才立足技术前沿、充分掌握先进技术概念，并将技术运用到商业中，立足新兴商业模式潮头。第二，培养

"互联网＋"型的商科人才。"互联网＋"产业是浙江省未来经济发展的主导动力，以这一地方经济发展需求为导向，培养"互联网＋"型商科人才，服务浙江经济转型升级，是商科人才培养的重要任务。第三，培养新浙商。基于"四千"精神的浙商规模庞大、蜚声海内外，构成浙江经济的主体，是现代中国第一大商帮。新形势下传统浙商正在蜕变，新兴浙商正在成长。商科人才培养需要面向浙商、服务浙商，秉承浙商精神，凝练新浙商精神，培养新浙商。新浙商的独特特征在于：具有天生的全球化基因和以创造力为核心的创新创业精神，勇于承担社会责任并遵循商业伦理，是年轻化、数字化、资本化的商业群体。

"互联网＋"产业兴起与浙江经济转型背景下，商科人才培养的全新任务带来挑战：第一，新型商科人才培养规模和效率亟待突破。眼下，相比于浙江省如火如荼的"互联网＋"产业发展，具有创造力的创新创业人才，兼具新兴技术、新兴模式与新兴商业等综合知识和能力的人才短缺严重。如何融合商科与工科，如何融合创新能力培养与创业能力教育，以较快速度培养出这类新型的商科人才，是当下亟待破解的首要命题。第二，商科人才培养的供给侧亟待系统创新。新型商科人才培养不是无源之水，需要商科人才培养系统支撑，包括体制机制、资源基础和一系列质量保障。短期内，资源基础是新型商科人才培养的瓶颈，如面向"互联网＋"的商科师资力量，新型商科人才培养的"互联网＋"方法，以及如何打通人才培养主体和企业主体之间的组织鸿沟等一系列问题。

2.2 商科人才培养的基础

改革开放以来，我国商科人才培养取得瞩目成就，人才数量不断突破，人才类型不断完善，为30多年经济快速增长提供源源不断的商科人才资本，成为我国经济腾飞奇迹的强力支撑。商科人才培养的主体日趋多元，从改革开放初期以商校为主的单一主体，向多元化、成梯队的培养主体结构快速转型；商科人才培养的关键理念实现蜕变，从技能教育向能力教育的转型已经取得显著进展，商业伦理、社会责任与人文情怀的培养成效正在凸显，商科人才培养目标中，能力培养更加全面、素质培养更加立体、精神培养更加深入；商科人才培养的市场化导向初步确立，人才培养方法不断创新。改革开放以来，商科人才培养成果、商科人才培养的体制与机制，为后续的商科人才培养模式创新奠定了坚实基础。

2.2.1 商科人才培养成效逐步彰显

改革开放以来，随着国外商科教育的大幅引进和国内商科教育的自主发展，商科人才培养取得了突飞猛进的巨大进展，培养了一大批商科人才，数量丰富、种类多样，为我国市场经济发展提供了丰富的商科人才资源。改革开放近 40 年来，所有专业中招生规模最大的莫过于经济管理类专业，20 世纪 90 年代的经管类专业甚至成为高考志愿中最为热门的专业。大批商科毕业生走向市场，在国有或民营企业、政府机关及事业单位承担经济管理与商务管理工作，成为改革开放以来促进市场经济快速发展的十分重要的人才队伍。商科人才培养历经多个历史阶段和动态演化，商科人才种类不断丰富，商科人才类型日趋完善，每一类型商科人才的培养目标定位、培养思路和实践方法等都具有相应的特点。

技能型商科人才。早期商科人才培养特别是 20 世纪末以前，以商业职业技术学院和部分本科高校为主，面向商贸流通等商业活动，培养了数量十分丰富的具有商业技能的商科专业人才。这一阶段的商科人才培养模式，为国家培养了一大批具有实战技能的商科人才，在中国商业发展历史上做出了重要贡献。但是不可否认，早期商科人才培养模式在目标定位上较为狭隘，只关注人才的商业技能和应用能力。随着经济社会的快速发展，早期商科人才培养模式已经难以满足新形势对商科人才综合素养的系统要求。

知识型商科人才。20 世纪 90 年代，国内众多普通本科高校顺应商業時代發展潮流，紛紛開設商科類專業，如企業管理、技術及經濟管理、財務會計等等，這些"熱門"專業一時令國內高校趨之若鶩。這一階段高校商科人才培養，以商科知識教育為主，特別是引進了國外先進商科教育理念和國際上主流的商科知識，在道的層面東西方融合，在術的層面由經驗性步入科學性，培養內容方面由技能教育轉向知識教育。相比於早期的商科人才培養，這一時期的商科人才培養取得了更加顯著的成效，特別是在人才知識結構方面具有明顯突破。但是，隨著大環境變化加快，以知識教育為主的商科人才培養面臨著和市場需求脫節嚴重、商科知識特別是本土原創的商科知識創新滯後、培養方法和培養手段過於單一等突出問題。

研究型商科人才。隨著近 30 年來我國高校研究生培養事業的發展，商科類研究型人才培養取得長足進展。20 世紀 90 年代以來，培養了大批經濟管理類研究生，包括普通碩士研究生和博士研究生。研究生商科教育，將商科人才培養推向知識密集型的教育模式，一大批經濟管理類碩士博士走上商科研究道路，大大推動了我國商科領域的學術研究。同時，具備相當科學研究能力的商科人才，也在經濟管理的各個實戰領域發揮日益突出的作用。特別是近些年來，隨著對經濟社會管理的科學發展要求，從黨和政府等國家智力層面，到非公有制經濟、社會管理等多種經濟領域，越來越多研究型商科人才走上管理前沿，發揮研究型商科人才在經濟社會和國家管理領域的重要作用。

能力型商科人才。科學研究型商科人才之外，近 30 年來更培養了大批面向企事業單位實戰的商科人才。據不完全統計，全國所有高校經濟管理類專科和本科畢業生，有 70% 在畢業之時便走上工作崗位，在企事業單位從事經濟管理等工作。30 年來，此類商科人才在工作中學習、在實踐中摸索，在商科知識教育基礎上積累了豐富的實踐管理經驗，經濟與商業管理的能力得到大大提升，這些隱形的商科經驗和知識在經濟快速發展中起著十分重要的作用。20 世紀 90 年代以來，工商管理碩士（MBA）、金融學碩士、項目管理碩士以及旅遊管理碩士等專業碩士人才的培养得到大幅度发展，知识系统、立足前沿，在国际先进的商科理论引进基础上，商科人才培养本土化趋势越来越明显。①

创造型商科人才。21 世纪特别是最近 10 年以来，随着我国经济发展的全面转型，创新发展、创业富民，大众创业、万众创新，创业创新成为我国经济转型升级的新动力和新路线。在此背景下，一大批创新创业型商科人才应运而生，在经济转型升级中承担重任，发挥越来越突出的作用。顺应这一时代背景和发展主题，商科人才的创造力得到前所未有的重视和开发。创新，指采用新的技术或者方式完成新的价值创造任务，外延上表现为产品、技术、管理或商业模式的创新；创业，则基于创业精神进行新的事业开拓，外延上表现为创办新的企业，在既有的企业内进行内创业，等等。不论是创新还是创业，二者内在的核心是"新"字。新，源于创造；创新创业，源于创造力。近年来，我国在创造型商科人才培养上，不遗余力、全面发展，商科人才培养的理念、机制与方法，都得到巨大突破和跨越。

如上所述，改革开放以来商科人才培养如雨后春笋全面发展，无论是人才数量还是人才种类，都得到了前所未有的丰富和完善，商科人才培养在人才培养中占据重要地位，商科人才培养的产出结构得到系统性的突破和拓展。

2.2.2 商科人才培养主体日趋多元

新世纪以来，国际国内环境发生巨大变化，国际经济格局重构加速、全球化程度大幅提高，中国改革开放成效已经凸显，新兴技术与经济发展十分繁荣。在国内外环境倒逼下，国内高校商科人才培养模式开始分化，呈现多元化的发展方向，主要包括：

财经类高校。以部分经济管理为优势学科的财经类高校为主，在传统经济类优势学科基础上，以经济学、管理学、会计学等经济管理学科

---

① 中国学位与研究生教育发展年度报告课题组、全国学位与研究生教育数据中心：《中国学位与研究生教育发展年度报告 2015》，高等教育出版社 2016 年版，第 65—70 页。

为基点的商科人才培养主体。这类主体的第一个特点是学科引领,商科人才培养中同时注重知识型和研究型,培养了大量的具有现代科学研究精神和系统知识素养的学术型商科人才。根据近年社会评价,这一类高校主要包括两个梯队,以上海财经大学等教育部部署院校为第一梯队,以众多地方性财经院校为第二梯队。

综合性高校的商科学院。以部分综合性高校特别是"985"、"211"等高校为典型,在工科、理科为主的发展格局中,商科处于功能性的学科地位与专业定位,是高校发展战略中相对次要的学科门类,其主要以该类高校的工科或理科特色优势专业为基础,面向特定产业或行业,基于工科专业优势,培养具有相应工科特色和工科知识背景的商科人才,如海洋经济管理、煤炭经济管理、林业经济管理等。

商业职业技术学院。改革开放以来,商业职业技术学院在商科人才培养体系中起着十分重要的作用,为我国商业活动培养了大量的技能型人才。这类地方性职业技术学院,面向企业经济管理与商务活动的实际操作,进行技能培养和必要的理论知识储备。在系统化的行业划分中,不少系统的高层管理者甚至领导者中,商业职业技术学院毕业的人才占据着主流地位,一大批早期毕业的商科类人才成为系统骨干和行业领军人才。如浙江金融职业技术学院被称为浙江金融界的"黄埔军校",浙江工商大学的前身杭州商学院培养的大批商业管理人才,也在浙江省商业界具有相当的影响力和领导力。

市场化商科人才培训机构。20世纪90年代以来,随着市场经济特别是民营经济的兴起,企业界对于知识和人才培养的重视前所未有。以企业作为培养主体的商科人才培养,在我国市场经济发展历程中发挥着重要作用。企业提出商科人才培养需求,大批经济管理类培训机构应运而生,一时间成为国内商科人才实战领域的主要阵地,十分繁荣、发展快速,催生经济管理类咨询培训这一知识密集型服务产业,通过商科人才培养为企业成长、行业发展和经济转型升级做出了巨大贡献。

海外留学与国际化人才培养主体。随着改革开放,特别是我国加入

WTO 以来，我国人才培养的开放步伐日益加快，商科人才培养也不例外。和商科发展十分发达的西方国家交互交融，东西融合，这一过程中一大批有志青年赴英美澳等商科发达国家留学、访学、进修，采撷商科领域先进理念和知识体系，吸收世界顶尖水平的商业管理思想与最佳实践经验，在此基础上与本土管理实践结合，完成东西方管理知识的跨国融合和本土创造，成为我国商科人才培养特色鲜明的一条重要路径。

2.2.3 商科人才培养目标逐步转型

随着近 40 年的改革开放，我国各项事业的发展理念逐渐回归科学，商科人才培养也不例外，甚至一定程度上成为其他领域科学发展的先行者。改革开放特别是 20 世纪 90 年代以来，商科人才培养的环境发生剧烈变化：市场经济作为配置资源的核心机制正在确立，市场经济发展如火如荼。在这一大环境下，商科人才培养的战略理念发生显著变迁，目标取向得以逐步转型，内容范畴得到大幅拓展，以及跨界融合正在成为趋势，等等，涉及商科人才培养的关键理念发生根本变化。

商科人才培养的战略理念变迁。改革开放以来，商科人才培养理念最显著的变化，莫过于由早期的技能教育向人才资源、由人力资源向人力资本的双重转变。早期商科人才培养中，技能教育占据主体。随着人力资源和人力资本理念在国内成为人口发展和教育领域的主流理念，商科人才培养突破传统的技能教育概念，社会各界普遍认识到商科人才是计划经济向市场经济转型过程中，具有先发军和排头兵作用的人力资源队伍。商科人才系统学习市场经济运行机制，掌握市场经济体系中的企业管理和商业运作方式，理所当然在社会主义市场经济构建过程中承担规则探索者和布道者角色。社会主义市场经济的资本属性，决定了高端商科人才同样具有资本属性。来自企业前沿的股权改造和资本化，为商科人才资本进入资本分享提供了充分条件。不少优秀商科人才进入企业股权结构，运用其丰富的职业经理人经验、知识和能力，参与到企业经营决策中，为其商科人才资本获得股权份额。正是在这一背景下，商科人才培养资本化成为必然选择。国内部分具有领先地位的商学院，如中欧国际商学院、长江商学院等，采用人才资本化运作的方式，培养高端商科人才，高昂的学费投入、丰硕的投资回报、杰出商业人才构成的校友资源，为社会贡献卓越力量积累了深远影响力。因此，商科人才培养的资本化理念成为改革开放以来最为显著的理念变迁。

商科人才培养的目标取向转型。随着商科人才战略理念的根本变迁，商科人才培养的目标取向也随之发生显著变化，具体表现为如下三个方面：第一，由社会型人才培养向价值型人才培养转变。相比于改革开放早期商科人才培养主要关注计划经济体制下社会型人才培养，现代商科人才培养的目标取向更加贴近市场经济需求，注重价值型人才培养。在计划经济体制背景下，社会型人才培养的出发点主要在于为承担经济和工商管理等党政机关或事业单位服务，商科毕业生由教育部门和地方人事部门统一分配工作岗位，商科人才毕业后承担的主要是面向社会的工商管理等职能工作，具有公共属性和社会属性。相比之下，价值型商科人才则主要面向市场经济，主要提供给市场经济主体即各类企业组织，从事实际的工商管理活动，以创造市场价值为主要职能。第二，由应用型人才培养向创新型人才培养转变。传统商科人才培养，主要面向应用型人才（如商场职员、银行职员以及企业事业单位的财会管理等职员）。现代商科人才培养目标，则在应用型人才培养基础上，更加注重知识型、能力型和创造型商科人才，不仅仅掌握应用技能，同时更加密集地传授商业前沿的高端知识和能力，以及使其具有创新精神和创业素养。第三，由本土型人才培养向国际型人才培养转变。受制于开放程度和改革进度，传统商科人才知识体系主要源于本土知识积累。随着改革开放步伐加大，中国经济发展置身于全球体系之中，且在近些年与全球经济的融合大大加深。这一背景下，商科人才培养不再局限于本土商业情境，而是更加注重具有国际视野、在全球框架下思考问题的新型国际化人才。国内高校在商科人才国际化领域，做出了诸多努力，不仅在传授知识上引进国际先进理论和知识，而且在办学主体上也纷纷与西方发达国家合作办学，诞生了诸多具有相当影响力和贡献力的国际化商学院，为国际型人才培养奠定了坚实基础。

商科人才培养的内容范畴拓展。传统商科人才更多地关注商业技能教育，注重商业操作、商业管理技能等应用。与此显著不同的是，现代商科人才在培养的内容范畴上，具有三个方面显著的拓展和推进：一是将技能为主的才干教育，拓展到知识为主的才干教育。商业技能型人才能够操作，善于"正确地做事"；而商业知识型人才不仅能够操作，更深谙做事背后的系统性知识，能够"做正确的事"。二是将知识型教育为主的才干教育，拓展到能力型乃至创造型商业才干教育。如上文所述，能力型和创造型是知识型基础上的更进一步推进和深化，不仅仅学会知识、应用知识，更能够整合现有知识、经验、常识和信息，创造性地解决"新的、复杂的和充满不确定性"的重大现实问题，如核心技术问题、关键模式问题以及各种实践中的"疑难杂症"。三是将才干教育拓展到品格教育。近20年来，商科人才培养的科学化，首要地体现在突破教育的功能性和价值性局限，重新回到"人"的本位，注重人的本质教育。因此，现代商科人才培养非常突出地注重商业伦理、人格品质、职业操守等人格层面的培养，在某些情境下这种人格层面的培养和重塑甚至比才干教育更加重要。

商科人才培养的跨界融合趋势。在商科人才培养战略理念、关键目标和内容范畴等重构趋势明显的背景下，商科人才培养必然体现复合融合和交叉整合的趋势，主要体现在三个方面：一是培养主体融合。商科人才培养各主体之间的合作更加密切，互动更加频繁，交融更加深刻，突破传统各办学主体相互隔离、各办学系统相互屏蔽的分立状况。现代商科教育的办学主体如国内外高校、职业技术学院、市场化培训机构等，在知识开发、课程授课以及实战训练等领域开展合作。这些不同主体的合作和融合，有效地整合了商科教育系统内的分散资源，大大提高了商科人才培养的客户化成效，为商科人才提供一揽子知识教育服务。二是培养格局融合。相比于传统商科人才培养关注技能与专业知识教育，现代商科教育同样注重通识教育，特别是近些年来还系统性地强化了创新创业教育。专业知识教育、通识教育和创新创业教育正在逐步融合，通过在人才培养中发生"化学反应"，实现复合型人才培养。但是，培养格局的融合也面临着诸多难题和困境，亟待破解。三是知识领域融合。现代商科的复杂性知识系统特征，决定了任何一个单一学科或者专业领域，都难以满足商科人才的系统性知识需求，难以提供全面的知识和教育服务供应。这一背景下，不同领域的知识相互交融整合，创造新的复杂知识系统，通过融合和再创造为商科人才培养提供可能。

2.2.4 商科人才培养方法不断创新

商科人才培养的市场导向机制初步确立。经过数十年的市场经济发展，市场作为配置资源的核心机制，正在各个行业领域发挥越来越重要的作用。结合商科人才培养中人力资本投资战略理念的确立，商科人才培养的市场导向机制初步确立。商科人才市场导向机制，主要体现在如下三个方面：一是高校商科培养主体以市场为导向培养商科人才。在国内外环境巨变、教育改革日趋深化的背景下，高校作为商科人才培养的主要阵地，改变传统商科人才培养的社会化属性，逐步确立市场需求作为人才培养的基本导向，并建立起了一系列确保市场导向的商科人才培养机制。在专业设置上，各高校前所未有地从市场需求角度审视自身学科建设和专业设置的市场价值，并对学科和专业格局进行重构；在学生就读和毕业生就业上，通过第三方专业调查和评价机构的学情调查、用人单位调查和办学社会影响力调查，基于来自商科人才、商科人才就业单位的客观数据，衡量和评估办学策略与质量，从而确保商科人才培养的市场导向机制。二是教育产业化背景下高级商科人才培养率先实现市场化。人才培养不能闭门造车，要把握社会发展和经济发展的脉搏，高校要多加强与政府和企业的联系，让人才在培养过程中就参与到经济和社会活动中，学以致用，利用市场的动力来反向刺激学生的活力和教育的创新。国内高端商科人才培养主体主要包括知名商科高校、独立（国际）建制的商学院以及高端培训机构。这类面向企业家、高管、高端商务人才的诸多培养主体，聚集学界具有相当影响力的专家学者，企业界具有相当分量和实战经验的企业家与高管等商界精英，开发业界领先、独树一帜的商科知识体系，虽然收费高昂但是成效显著，体现人力资本投资与价值回报的市场机制理念，成为商科人才培养市场化的第一阵营。三是商科人才选聘、任用与选拔实现市场化配置。如果没有形成一套合理利用优秀商科人才的体制，无法对其做到尊重和重用，就不能起到引导经济发展的作用。不同企业，根据其所处类别和不同层级，对商科人才实行了一系列选任制、委任制、聘任制等不同选人用人方式。上市公司董事会则按市场化方式选聘和管理职业经理人，合理增加市场化选聘比例，市场化选聘的职业经理人实行市场化薪酬分配机制。通过增加市场化选聘比例，合理确定基本薪酬收入，营造更加宽松的用人环境，引入市场化的竞争模式等有效措施，大大提升了商科人才发展的市场环境。

课堂教学改革与创新取得显著进展。作为商科人才培养的传统方法、未来仍然是主流方法的课堂教学，近些年来改革成效显著，效应正在发挥，为商科人才培养中的课堂创造新的活力。不论是公共性质的高等院校还是作为市场主体的培训机构，均探索出了层出不穷的课堂改革和创新模式。这些模式中，具有相当影响力和主流引导性的主要包括翻转课堂、开放课堂、小班课堂等。可编码知识在商科知识体系中占据主导地位，课堂教学是可编码知识传播的最有效方式。但是传统商科人才培养中，课堂教学日渐流于形而上知识、教材知识和脱离实际的理论知识的教授，大大制约了课堂教学效果。面对新形势对商科人才培养的高要求，商科课堂改革从教师和学生的基本关系入手，突破知识单向传播模式，转向学生与教师共创；突破教材知识传授模式，转向实践知识挖掘与知识再创造；突破学生被动接受模式，转向研究型课堂、创造性课堂等。这些商科课堂模式的改革和创新，大大激发了学生的学习热情，显著优化了课堂知识元素，采用全新的互动和探索方式，为商科课堂注入了活力。

新兴信息技术在商科人才培养中的应用不断创新。信息技术的飞速发展对教育提出了前所未有的挑战，但同时提供了应对这些挑战的模式和方法，信息技术为教育的变革提供了前所未有的可能性。正是因为这样，各国把发展信息化教育作为国家发展的战略来抓，比如美国启动了"国家教育技术工程"，欧盟发布了"信息社会中的学习：欧洲教育创新行动规划"，新加坡推出全国教育信息化计划，马来西亚启动了多媒体走廊计划。我国则启动了现代远程教育工程、"校校通"工程、新基础教育课程改革工程等等。近年来，随着互联网技术、物联网技术、人工智能、视听技术、计算机技术、整合技术以及智能型终端设备的快速发展，大规模在线开放课程（MOOC）、在线视频课程等信息技术在商科人才培养中的应用形式得到快速普及，蕴含着革命性的商科人才培养机遇。可以说，我国的信息技术在商科人才培养中的应用，已经取得良好开局，开启创造信息技术与人才培养的全新模式。

2.3 商科人才培养的反思

伴随我国经济社会快速转型，新商业环境变革日趋加剧，商科人才培养面临全新情境，充满挑战与机遇。在商科人才面临大考的关口，理性审视商科人才发展路径与模式，寻找短板、谋求突破口，是商科人才培养系统重构的必然选择。十多年前，科学家钱学森振聋发聩地提问："这么多年培养的学生，还没有哪一个的学术成就，能够跟民国时期培养的大师相比。……为什么我们的学校总是培养不出杰出的人才？"[①] "钱学森之问"是关于中国教育事业发展的一道艰深命题，需要整个教育界乃至社会各界共同破解。商科人才培养作为我国高等教育的重要组成部分，"钱学森之问"同样也是"为什么中国高校工商管理类人才培养成效不显著"的问题。反思商科人才培养的得与失、成就与

---

① 2005年，温家宝总理在看望钱学森的时候，钱老感慨："这么多年培养的学生，还没有哪一个的学术成就，能够跟民国时期培养的大师相比。"钱老又发问："为什么我们的学校总是培养不出杰出的人才？"此后，这一追问成为中国高等教育亟待破解的重大命题。

局限，是寻求突破与重构的先决条件。纵观我国商科人才培养总体情况，结合地方性商科人才培养高校，可以总结出商科人才培养存在理念滞后、定位偏差和缺少特色等首要命题，同时面临培养机制不力与资源短缺的现实困境，导致商科人才培养成效不够突出等主要问题。

2.3.1 商科人才培养特色有待凝练

商科人才培养理念滞后于快速发展的国际国内商业环境，表现在商科人才培养对动态需求反馈不够、空间视阈局限在本土地域等诸多方面。众所周知，经济全球化与中国经济参与全球治理的程度不断加深，基于"一带一路"的中国全球价值链影响日趋突出，国内供给侧改革与创新驱动发展战略快速推进，新技术、新模式、新商业等多个层面的创新日新月异。这些全新情境下，既往商科人才培养理念相对滞后，目标定位存在偏差，特色不够显著。

其一，理念滞后，商科人才培养与现实需求脱节严重。虽然改革开放以来商科人才培养规模与成就取得巨大进步，但特别值得反思与突破的是，商科人才培养与现实需求之间存在巨大鸿沟，商科人才培养与经济社会发展脱节严重，甚至一定程度上变成"万金油"，饱受社会诟病。具体表现为理念均衡问题，即功用主义培养理念处于主导，人文精神与商业伦理被严重忽视；理念融合问题，即商科人才的实用性与文化性如何融合定位，迫切需要理论突破；理念统领问题，即商科人才培养的理念统领作用发挥不够，迫切需要实践探索。

其二，定位偏差，商科人才培养目标的针对性和层次性不够。审视商科人才培养定位命题，商科人才培养的目标定位存在偏差，表现为人才培养类型与标准缺少差异，地方或行业等的针对性不足，人才培养目标缺乏层次性。因此，迫切需要重构理念系统，寻求特色发展模式，确立目标定位，为商科人才培养系统重构奠定理念基础。管理知识教学存在注重管理知识传授，忽视创造力开发，本科教学基本理念错位等问题，甚至"刚出版的管理学教材，其知识就已经落后现实 10 年以上"。管理知识发展非常快，或者说根本就没有定论性的知识。所以，以知识传授为主要方式的本科教学，是最大的问题。创造力才是大商科人才综合能力的内核。大商科人才的根本能力，不在于书本知识、课堂知识、老师教给的知识，而在于创造力。人才培养中，"授人以渔"至关重要，"授人以鱼"只能作为最初级的教学定位，这在大商科人才培养中体现得尤为突出。大商科人才将来所从事的工商管理事业、需要解决的现实问题，具有高度不确定性、高度复杂性、高度情境性，甚至绝大部分有价值的问题是没有先例的，解决这些问题所需要的并不是书本知识，而是创造性地解决问题的能力。所以，创造力是大商科人才综合能力的内核。

其三，特色缺失，商科人才培养体系核心能力欠缺。这是理念滞后与定位偏差导致的不良后果，商科人才培养主体大多局限于公办性质的高等院校，且专业设置、教学方法与人才培养路径大同小异，缺少地方性、行业性的人才培养特色，从而导致本土商科人才的模板化、平面化与同质化；商科人才培养缺少特色，迫切需要构思特色发展路径。要重视创新创业教育。忽视创造力培养，双创教育着力点错位；创造力是大商科人才创新创业能力的根源。不论创新还是创业，其根源都是创造。基于创造力，才能在特定的外在条件下转化为创新和创业的具体能力。大学生在创新与创业上的外在条件并不成熟，大学生的创新创业教育要更多地关注其背后的创造力培养。只关注创新创业教育，忽视创造力培养，是拔苗助长、本末倒置。

2.3.2 商科人才培养体制期待创新

一个突出的问题是，多元主体分立、各自为战的商科人才培养知识链条治理方式，导致商科人才培养缺乏协同效应。人才培养知识链条，由"高校及其内部培养机构之间—研究院所—市场培养机构"等环节构成。人才培养整个过程，大体上可以分解为知识创造、知识转移、知识应用等关键环节。知识是结构性的，具有不同层面。结构方面，包括商科知识、法科知识、工科知识以及通识等；层次方面，包括基础理论知识、系统应用知识和各种隐性能力（如智慧）等。高校、研究院所与各种市场培养机构之间，在人才培养链的切入环节，理论上讲内容要全覆盖，各自有所侧重和分工，要相互密切协作和融合，作为一个整体完成人才培养目标和再培养。但是，实际上目前各主体各自为战、相互分立，融合、协同和整体指向都离人才培养要求差距甚远。

人才培养体制与市场体制相互分立，缺乏协同与融合的人才培养价值链条治理方式，导致人才培养大循环断裂，这一问题也不容忽视。人才培养价值的主干链条为：人才培养各主体⇄人才使用各主体。人才培养和使用的整个过程，是一个人力资本投资、人力资本开发与人力资本使用等围绕人力资本所有权的配置过程，也是人才培养各主体和人才使用各主体之间融合互动的双向过程。[1] 理论上，各个主体进行的人力资本投资，都应该获取相应的人力资本投资回报。但是现实中，人力资本投入（各人才培养主体）的所有权与使用人才的人力资本使用权，在投资回报的价值分配上不均等，导致人才培养各主体激励约束机制失灵，高校不愿意投入企业所需，企业不愿意向非所需的人力资本付出，整个人力资本的投资与回报循环是断裂的，人才培养与使用的大循环是断裂的。

2.3.3 商科人才培养机制亟待确立

商科人才培养的市场机制尚未真正确立。商科人才培养有别于基础科学领域的科学研究型人才，商科人才培养具有显著的市场导向性和商业应用性。商科人才培养的市场机制，由市场需求、人才供给和人才流动等三个基于价值交换的环节构成。一是市场对商科人才的需求缺乏理论建构、科学方法和实践挖掘。20 世纪 90 年代以来特别是新世纪以来，市场环境变化剧烈，新技术、新模式和新经济层出不穷、纷繁涌现，针对新的市场变化对人才培养提出的新需求，商科人才培养机制还缺乏系统深入、科学前瞻的研究。二是人才供给端，人才培养的市场导向理念

---

[1] 俞荣建：《人力资本概念的重新界定及其含义》，《人才开发》2005 年第 10 期。

还未确立。由于对市场需求反应的滞后，高校商科人才培养的目标导向往往离市场需求远，与市场需求脱节。三是人才流转机制运行不畅，既包括高校商科人才毕业向市场的初次就业，也包括商科人才在市场中的二次就业，以及在人才市场中的自由流动。因此，商科人才的市场机制是人才配置的核心方式，商科人才培养的市场机制的确立仍然任重道远。

教学中心地位缺少切实的实现机制。学科建设与科研发展，是大学战略。重视科研、突出科研导向，战略和策略上都值得进一步凸显和加强。但是，在注重科研的同时，大学之所以成为大学的根本立足点——人才培养与教学不能忽视。重视科学研究没错，忽视教学创新有错，教学管理机制错位。教学管理机制出问题，导致教师工作的基本导向不是在科研和教学中平衡，而是"二选一"，教学被置于鸡肋的位置。在这一基本的心理认知条件下，教育部、教育厅和高校，呼吁重视教学、进行教学管理。但是在大商科人才培养中，本科教学问题仍然较为突出：一是教师不重视教学。科研压力大，科研几乎是专业技术职务晋升、岗位评聘的唯一通道；青年教师将教学视为累赘，带着"上工地"的心情去上课。二是教授不愿意教学。科研水平越高，职业地位越稳固，越不愿意教学。三是教学方式陈旧。前述两种原因，导致"满堂灌"成为本科教学的主导教学方式，教师是复读机，学生是录音笔，这种陈旧管理知识的单向灌输，必然导致教学效果差，学生满意度低，甚至人才培养质量低，缺乏核心竞争力。

本科教学创新机制有待进一步发掘完善。商科人才培养中的本科教学，是人才培养的原动力，是商科人才培养事业的"初心"。然而，在我国高等教育快速发展，特别是学科发展压力与日俱增的情况下，商科人才本科教学遭遇尴尬：一方面，本科教学创新缺能力。各高校普遍重视教学研究成果而忽视教学创新过程，教师的教学创新能力的开发机制实际上是缺位的。另一方面，教学创新业绩缺标准。普遍重视教学工作量评价，而忽视教学创新业绩评价，教学创新业绩评价缺位。可以说，教师搞教学创新没有多少发展空间。普遍重视喊口号呼吁教学重要性，忽视教学发展通道，教师的教学利益机制缺位。事实上，商科人才培养中教师的教学创新能力及其开发，是商科人才培养的根本要素，创新型教师才可以培养出创新型商科人才。在此根本的原动力基础上，教学创新业绩评价机制和教师职业发展机制，分别构成创新型商科人才培养的"任督二脉"。商科人才培养中的诸多现实问题，都可以从"任督二脉"中找到问题的根源。

2.4 商科人才培养的突破方向

商科人才培养市场化导向的理念初步确立，商科人才培养目标在能力结构化、素质多元化、视野国际化方面，也取得显著进展。但是，反思商科人才培养，仍然存在诸多难题，迫切需要强化特色、创新体制、疏通机制。强化特色方面，发挥培养主体的传统优势，基于优势学科和市场需求的结合，提炼鲜明的商科人才培养理念与目标，在人才类型、能力结构、综合素养等方面打上专属性的烙印；创新体制方面，进一步下放二级培养单位在人才培养中的自主权，打破传统二级学院"向上看"的体制弊端，发挥二级学院在人才培养中的主观能动性和市场导向性。这需要重构各级培养机构的培养任务、责任承担和决策权力等管理体制。在此基础上，特别需要强化商科人才培养的多元融合机制，包括多元培养内容的融合、多种培养方法的协同、多重培养空间的交互等，需要进一步理论探索和实践创新。

2.4.1 促进多元培养进路的有机融合

在专业教育基础上，通识教育与双创教育等商科人才培养的新进路正在形成并快速发展。专业教育、通识教育和双创教育等不同的培养进路，存在知识异质性问题，不同进路之间需要围绕人才培养目标进行融合。然而，目前多个进路之间的融合远不充分，知识体系之间的内在关联、不同进路与人才培养目标之间的内在关联都不够清晰。如何融合不同专业培养复合型人才？如何融合专业教育与双创教育？如何将传统较为僵化的专业培养机制进行柔化，在专业培养的主导机制中，植入通识教育与双创教育这两翼，为学生开发具有多种发展通道的自主选择和自由发展机制？

2.4.2 促进多种培养方法的深度协同

商科人才培养方法多样，特别是随着互联网和新兴信息技术在教育领域的应用越来越广泛，商科人才培养的新技术和新方法层出不穷，除了传统课堂教学之外，实验实训、实践基地以及在线教育等，与学生素养和能力直接相关的培养方法正在扮演着越来越重要的角色。每一种人才培养方法，都有其特定的人才培养内容和功效，在此基础上整合后实现人才培养目标。围绕人才培养目标，不同的融合模式具有何种效应，如何融合这些方法，都需要在理论上探索，从实践中去检验。

2.4.3 促进多重培养空间的密切交互

随着商科人才培养主体多元化，各主体之间的整合协同成为突出问题。基于不同学科的不同学院，如何在商科人才培养中实现交互，为复合型商科人才打通学院壁垒？具有不同学科专长的各高等院校，如何在商科人才培养中实现协同，打造商科人才培养的跨学校大平台？高等院校与市场化商科人才培养机制之间又如何协同，如何突破高校围墙真正实现"高校—市场"的一体化融通？在全球化视野下，如何基于国际化理念，与国际先进商科教育机构进行国际化商科人才培养？多重培养空间的融合与协同，整合零散的商科人才培养资源，构筑有机融合、相互协同的商科人才培养大系统，是摆在商科人才培养中的重大现实命题。

商科人才培养模式重建，突破口在于商科人才培养理念与特色的提炼，重建商科人才培养的战略理念、心智共识和富有特色的人才培养目标。商科人才培养模式重建，重点在于融合专业教育、通识教育与双创教育等三大人才培养进路，重建商科人才培养的基本格局；关键在于课堂教学的多元化，重建以课堂教学为本体、多元课堂协同的人才培养机制。商科人才培养模式重建，是一项系统性的重建工程，需要多重的保障措施，确保商科人才培养的预期成效。基于这些基本认识，作为财经类院校，浙江工商大学传承百年商科的历史积淀和历代商科人才培养的努力与探索，在自发演化中解构，在高瞻远瞩中重建，逐步探索出了特色鲜明、体系完善、机制通畅，人才培养成效日渐显现的大商科人才培养模式。

第3章
大商科人才培养模式重建

　　在新的历史条件下，如何推进当代中国高水平大学建设，成为一个新的课题和挑战。2015年11月，自国务院正式印发《统筹推进世界一流大学和一流学科建设总体方案》起，"双一流"建设已经成为高教界的焦点话题，也在根本上推动着中国高等教育的改革步伐。高等学校的教育教学改革的根本目的是提高人才培养质量，当历史的发展对高等学校的人才培养提出了更高要求时，就必须对现行的人才培养模式进行改革。未来很长一段时间内，如何全面深化教学改革，积极整合教育资源，加快优化教育结构，将会成为高水平大学建设一个不可回避的时代命题。21世纪以来，浙江区域经济快速发展，作为中国最早和最成熟的长三角经济圈中的生力军，浙江境内涌现出多种新型商业模式。随着"一带一路"倡议的快速推进，沿海乃至内陆经济的发展，都急需大批能适应复杂多变市场环境的、具有商科背景的高级人才，急需具有国际视野、创新思维和创业能力的"新浙商"。针对这一战略性重大命题，多年来，作为浙江省人民政府、商务部和教育部共建的重点大学，也是省内唯一所有着悠久商科办学传统的本科高校，浙江工商大学面向全球经济的空间范畴，依据中国经济转型升级对商科人才需求的时代属性，基于浙江经济的战略蜕变对商科人才需求的本土情境，从"十一五"开始进行系统的商科人才培养体系创新，提出大商科人才培养新理念，全面重建基于"一体多元"的大商科人才培养模式。

3.1 大商科人才培养模式重建的战略导向

"一体多元"的大商科人才培养模式，是在国际国内宏观环境变化与浙江省经济转型升级背景下，从经济社会对商科人才现实需求和未来发展趋势的视角，基于高校商科人才培养发展历史进程和国内外高校商科人才培养存在的核心问题，通过多年实践探索与人才培养理论突破，在传统商科人才培养模式解构的基础上重建的新模式。"一体多元"的大商科人才培养模式，其创新价值和实践意义，主要体现在基于大商科的特色人才培养范式重建，集中体现在基于区域环境特征和学校现实优势与基础上，"一体多元"课堂协同模式及其实现的一系列核心理念和系统机制。

3.1.1 突破传统重建大商科人才培养新模式

"一体多元"的大商科人才培养模式具有范式创新意义。人才培养与商科人才培养是我国高校一直在实践中探索的重要议题，这种探索在国内外环境巨变特别是互联网和新兴信息技术快速发展的背景下，遭遇前所未有的挑战和困境。如何破解商科知识教育与经济社会需求相距甚远的老难题？如何破解知识教育、通识教育乃至创新创业教育等相互分立、缺少化学交融的现状？如何破解课堂教学创新与多种新兴教学模式之间的融合匹配问题？如何破解高校商科人才教育的特色发展问题？诸多商科人才培养的关键问题，迫切需要系统重建商科人才培养模式。"一体多元"的大商科人才培养，具有商科人才培养的范式创新意义：第一，基于学校商科人才培养既有优势和未来趋势，聚焦大商科特色，凝练大商科人才培养核心理念，包括培养特色、使命、愿景和目标，作为大商科人才培养模式的灵魂和统领，形成范式层面的根本创新；第二，基于大商科人才培养的核心理念，探索构建一整套以"一体多元"为核心的培养体系，包括培养格局、机制和标准等完整系统构件，作为大商科人才培养模式的实践系统，形成范式层面的模式创新。

3.1.2 着眼未来重建大商科人才培养新理念

前瞻性地看待经济社会发展对大商科人才培养的需求演化，作为地方高校的商科人才培养实践者和探索者，浙江工商大学在发掘既往商科人才培养优势和经验的基础上，凝练了一整套面向未来的大商科人才培养理念，并形成直接统领人才培养模式实践，能够穿越相当长的历史时空去证明培养成效的核心理念系统，这包括：第一，大商科人才培养特色的新模式。集中体现学校传统优势的大商科概念，突破传统商科边界，拓展传统商科的专业范畴；突破传统商科人才培养的结构局限，将商科人才培养拓展到国际化和人文化境阈；大商科的提出，系统整合了学校具有丰富多样性的学科门类，将其统一纳入商科框架下进行人才培养模式设计，是符合学校实际情况、面向未来的战略举措。第二，"一体多元"的大商科人才培养的新使命与新目标。大商科人才培养使命出发于现代大学的功能担当，包括社会责任、文化传承责任和科技教育责任等多维责任的担当，既有前瞻性、面向未来的属性，也有立足当下、寻求突破的属性。因此，"一体多元"的大商科人才培养，突出商科学校的特色发展，同时以浙江区域经济与我国经济社会发展转型的需要为使命范畴，提炼出要培养具有"国际视野、人文情怀与专业素养的创新型、复合型、应用型一流大商科人才"，集中地体现为"培养新浙商"的关键使命和目标。

3.1.3 整合资源重建大商科人才培养新格局

人才培养理念需要系统化格局来落地。践行大商科人才培养理念，从人才培养系统观的视角，拓展人才培养格局——包括实体和虚拟的空间格局、多维融合的进路格局，形成大商科人才培养的立体架构。实体空间方面，围绕创新创业教育，拓展传统双创教育空间，按照浙江工商大学不同校区地理区位的特色和优势，发挥三大校区功能，构建"一点多核"的双创教育格局，由下沙校区到教工路校区，分别承担"双创人才培养主要基地""创新创业项目培育基地（众创空间与浙商大创业园）"，从而构建面向杭州城西科创大走廊的创新创业双创教育通道。虚拟方面，突破高校传统围墙，构建社会人才培养资源网络，大大拓展人才培养社会空间，包括实习实践基地、第二校园求学等。同时，充分利用新兴信息技术、互联网在教育技术领域的应用，拓展人才培养的网络空间，利用在线精品课程平台、学生网络社区等，为人才培养构建无边界、生态型的互动空间。在此基础上，以专业教育、通识教育和双创教育为三大进路，破解人才培养的知识樊篱和传统难题，构建大商科人才培养大系统，为大商科人才培养奠定格局基础。

3.1.4 破解难题重建大商科人才培养新机制

以课堂教育为根本的"一体多元"课堂协同，是"一体多元"的大商科人才培养的核心枢纽和发动机，是大商科人才培养系统的最关键部分。长久以来，商科人才培养面临着拘泥于知识教育、局限于课堂教育从而导致人才在专业上缺乏解决问题能力，在综合素养上不够全面，人才培养成效不显著，与市场脱节严重的问题。基于高等教育的"育人"根本理念，以破解人才培养传统难题为使命，构建"一体多元"课堂协同的核心机制：一方面，拓展课堂方式，将传统以教室为空间的课堂，拓展到科创活动、实习实践基地、第二校园求学以及学生社区等多元课堂，在格局上破解难题；另一方面，注重多元课堂内在契合，发挥和放大多元课堂在人才成长与培养中的化学效应。通过多元课堂授课教师、教育内容、知识源泉和学生自主性激励等一系列的科学规划与设计，寻求多元课堂内在的逻辑联结，设计多元课堂的"化学反应方程式"，有效地形成合力，聚焦于人才培养的精神和才干两大培养着力点。"一体多元"的大商科人才培养核心机制，是大商科人才培养的关键基因，同时也蕴含着我国高等教育改革的长远方向和路径。

3.2 大商科人才培养模式的系统架构

　　国内外高校在人才培养上做出了十分丰富的理论积淀和实践探索，但是，高校人才培养模式在理论上缺乏系统级的整合思考。何谓人才培养模式？高校人才培养模式具有何种范式性的框架？商科人才培养模式又具有何种特殊性？大商科人才培养模式具有何种内在逻辑？重建大商科人才培养模式，首先需要破解高校人才培养模式的诸多理论难题。人才培养涉及人才培养主体——谁来培养，人才培养客体——培养谁，人才培养内容——精神、知识、才干等，人才培养手段——何种技术手段与具体方法，人才培养体制与机制——如何进行培养的组织架构与责权利配置，以及培养出何种人才等诸多方面。人才培养模式，正是对这些方面整合所形成的具有特定精神使命的一整套由"硬件（hardware）、软件（software）和心件（heartware）"[①] 所构成的复杂培养系统。本科高校人才培养模式，区别于其他教育机构的人才培养，是兼具系统全面性和功能完整性，结构复杂性和历史延续性的整体架构。将前述基本的系统要素进一步结构化，可以形成人才培养核心理念、培养目标、关键进路、枢纽机制、绩效呈现与质量保障等六大模块。健全有力的六大模块，一方面确保高校人才培养系统的系统全面性和功能完整性，另一方面六大模块之间的相互耦合和因果关联形成高校人才培养系统的总体运行逻辑。在这一高校人才培养模式基本理论认识的基础上，高校依据所处多层次环境和自身现实特征，探索形成自身独特的人才培养模式。"一体多元"的大商科人才培养模式，正是浙江工商大学基于这一逻辑自"十一五"开始全面重建，经过多年探索所形成的独特模式。

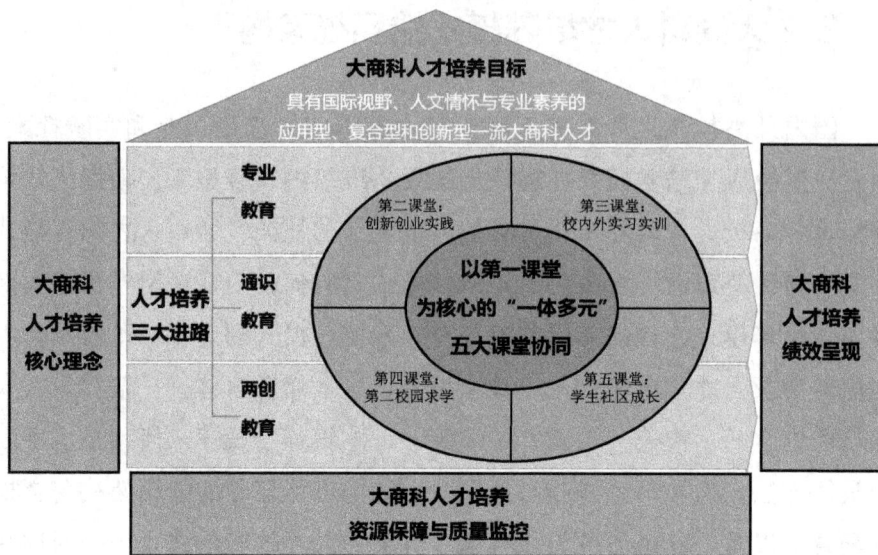

图 3-1 "一体多元"的大商科人才培养模式图示

3.2.1 大商科人才培养模式的核心理念

"一体多元"的大商科人才培养模式重建，始发于一系列商科人才培养的基本认知、实践探索和理念升华。基于"何谓大商科人才"等人才哲学与人才培养理念等基本认识，结合浙江工商大学多年来在人才培养模式改革方面的既往经验，以及对高校商科人才培养发展趋势的前瞻性洞察，以国家"双一流"高校建设战略"人才培养为中心"为思想主旨，秉承"诚毅勤朴"的校训精神，探索锤炼形成"一体多元"的大商科人才培养核心理念系统，系统阐述大商科人才培养的根本使命、发展特色、战略路径以及长期愿景，是统领"一体多元"的大商科人才培养模式硬件与软件系统的"心件"，内在高度一致。

首先，"商"字统领、重建大商科，探索人才培养特色发展模式。突破传统商科人才培养存在的诸多局限，先破后立、解构中重构，将传统商科人才培养拓展到大商科人才培养，确立大商科人才培养的核心理念。聚焦"商"字，基于商科寻求特色发展；同时拓展"商"字，寻求以商为主的多学科有机融合，确立大商科人才培养特色发展模式。就是基于商务活动的广泛社会联系、深刻社会影响与辐射作用，以开放的思维和国际化的视野，将社会营利组织的商务活动作为主要研究对象，在商科与文、法、理、工等相关学科彼此互动交融中，实现人才培养特色和一流学科发展。

由"商科"到大商科，是顺应国际国内人才培养环境与高校办学竞合特征，所提出的具有前沿性和领先性、特色鲜明的商科人才培养核心理念。"特色鲜明"体现在专业设置和学科发展上，能够结合自身办学历史和当代经济社会发展需要，有所为有所不为，形成"经管为主、工商融合、多科交叉、协调发展"的大商科特色。

相比于传统商科人才培养模式，大商科仍然以商科为主，基于商科构筑高校核心能力与竞争优势，是提供给人才的关键教育服务。同时，相比于传统狭窄的商科范畴，大商科突破传统商科边界，利用多学科优势，将多个学科融合到商科框架下，基于创新型、复合型、应用型人才培养的基本导向，大大拓展了商科人才培养的内涵与外延。可以说，由商科到大商科的根本转变，是地方性本科高校商科人才培养模式转变的必要路径，代表着未来我国地方性商科类高校人才培养模式的转型方向、发展战略和特色模式。

从学科领域上说，商科跟经济学和管理学本身就是一种近缘关系。此外，商科与理、工、文、法等其他学科也有很高的关联度。以商科与文科的关系为例，浙江工商大学专门办了一个浙商博物馆，把"浙东学派"历史与商科有效融合，打造成校园文化。商科与工科的关联也是如此，食品、环境、电子商务等工科专业与商业活动密切相关，商业活动运行的全过程都需要依托科技的支撑。法学更不用说，市场经济是法治经济，商业运行与管理必须以法律为支撑，这些学科被称为"支撑性学科"。此外还有哲学、历史、艺术等素养型学科，用于学生的人格培养。浙江省高考制度改革，2017 年起按照专业来招生，这就势必会对历史、哲学、文学等专业招生产生影响。但是浙江工商大学在推动学科建设的过程中把文、史、哲很好地保护起来。这些专业不仅仅是学校用来繁荣发展哲学社会科学，而且根本上是为了学生人文素养的培养。总结来说，就是"以商科与经济、管理为核心，以理、工、文、法这些学科为支撑，以史、哲、艺这些学科作为素质培养"的一个学科思考，称之为大商科。大商科的内涵其实就是以开放性的思维和国际化的视野，以社会营利组织商务活动为主要研究对象，基于商务活动的广泛社会联系和深刻的社会影响，在商科与文、法、理、工等相关学科的彼此互动交流中，以"重点明确，注重协同，广泛辐射"为主要特征的学科发展道路与办学理念。

其次，"经管为主、融合创新"，探索人才培养内涵发展路径。突破当下高校发展中学科林立，学科与学科之间关联度低，高校办学核心能力缺乏凝聚力，学科设置"大而全""小而散"的普遍问题，由商科到大商科的转变，在机制上需要寻求多个学科围绕"商"字的有机融合。因此，拓展"商"字、基于大商科融合创新，是大商科人才培养模式重建的枢纽机制。只有寻求有效的多学科融合机制，才能实现由商科向大商科的真正转变，为大商科人才培养探索可行路径。然而，知识之间存在壁垒，"隔行如隔山"，多个学科之间的融合由于学科存在差异而难度有所不同。经管类学科群的多个学科之间，基于经济学和管理学的学科血脉，融合难度较小，国内不少高校已经在此领域进行了有益探索并取得了显著成效；经管类学科和工科、理科、文科等远距离的有机融合，则面临学科边界的巨大挑战，需要突破知识性质的异质性、知识边界的排斥性、知识传播的方法差异等多种难题。然而，正是这种难度和挑战，确立了大商科人才培养模式中多学科有机融合路径的理念意义和战略价值。

为此，浙江工商大学基于自身现实基础和办学特征，首先确立"学生中心、教师发展、课堂开放"的教学文化，构建"体用结合、一体多元，知行统一、鱼渔兼顾"的基本范式。其次，积极实施"商＋"战略，对多个学科进行商科化：在现有管理、经济、财会、旅游等传统商科范畴的学科基础上，充分利用学校在工科、理科、法学、文史哲等学科上的优势，实施"商+工、商+理、商+法、商+文（史、哲）、商+艺"等"商+"战略，有效破解多学科有机融合难题，突破人才培养中的学科边界，为复合型人才培养探索了行之有效、成果卓然的实现路径。

以大商科作为核心引领整个学校人才培养的路径探索并非一蹴而就，而是在学校历年的发展规划中慢慢探索出来的。在"十一五"时期，浙江工商大学提出要把商科做强做大；到"十二五"时期学校提出有所为有所不为，注重发展商科特色；再到"十三五"时期明确提出要共筹大商科，打造浙江工商大学的学科优势。在此过程中，"工商融合，文以化人"的办学特色也逐渐开始显现。第一个层面是以管理学与经济学为主的核心学科，特别是工商管理与应用经济学这两个一级学科，包括目前大力推进的管理科学与工程、公共管理、理论经济学等。第二个层面是以工学、法学、文学、理学为代表的支撑性学科。第三个层面是素养型学科，具体包括历史学、哲学、艺术学等与商业活动相关的学科专业。这一学科架构为大商科人才培养内涵式发展模式探索了实现路径。

最后，"专业成才、精神成人"，致力于培养一流大商科人才。突破传统商科人才培养主要聚焦于技能教育、与人才需求脱节日趋严重的诸多弊端，需要重构人才培养的目标理念，解决"培养何种人才"的基本使命问题，为大商科人才培养模式确立核心目标，勾画人才这一特殊"产品"的基本结构和全方位参数。基于对国际国内人才需求的环境洞察和人才培养哲学，浙江工商大学逐步形成了新型的大商科人才观。

大商科人才，"人才"属性是内核。作为人才，其结构范式不仅包括传统教育所关注的知识和技能等"才"的元素，更包括处于人才结构基础层面、能够伴随人才终生成长的"人"的元素。"人"与"才"的双元人才观，是当今世界各国优秀高校秉持的普遍共识，也代表着高等教育发展的先进理念，是我国高校人才培养中需要根本性重构的首要理念。耶鲁大学校长莱文教授指出："真正的教育，是自由的精神、公民的责任、远大的志向，是批判性的独立思考、时时刻刻的自我觉知、终身学习的基础、获得幸福的能力。"浙江工商大学正是基于这一基本认识，将"精神成人"纳入人才培养使命范畴，确立"专业成才、精神成人"的基本使命，突破传统人才培养"才"字当头的长期局限，回归人才的"人"字真谛，从培养"更优秀的人"视角，重建人才培养模式。

大商科人才，具有大商科的外延规定。高校人才培养具有高校优势学科的特殊性，商科高校人才培养目标的外延，首先突出商科特色。商科特色首先体现在专业成才上，培养具有扎实的商科专业知识与技能的人才。其次，大商科高校人才培养目标，不仅仅包含商科传统知识和技能范畴，而且还拓展到工、理、法、文等多个专业领域，形成复合型、多元化的专业素养。

卓越导向的一流大商科人才培养定位。人才培养理念存在不同段位的选择和定位问题，这取决于高校办学实力、现实基础条件以及未来发展趋势。浙江工商大学全面考虑综合竞争优势和现实基础实力，洞察和把握浙江工商大学大商科人才培养未来的总体发展趋势，力求卓越、定位一流，致力于培养一流大商科人才。

3.2.2 大商科人才培养模式的目标定位

"一体多元"的大商科人才培养总体目标。"一体多元"的大商科人才培养，以"专业成才、精神成人"的理念为指导促进学生全面发展，旨在培养具有国际视野、人文情怀、专业素养的应用型、复合型、创新型的大商科人才。特别是培养一批有梦想、有才干、有韧性，并敢于创新冒险、善于整合资源的创业家、企业家等综合性人才，使学校成为新浙商的摇篮。"一体多元"的大商科人才培养的总体目标，具有三大突破。一是大商科人才的范式结构，"专业成才与精神成人"并重。不同于传统商科人才培养更多地关注知识和技能的才干教育，"一体多元"的大商科人才培养基于全面发展的人才观，在注重人才专业成才、才干教育的同时，均衡地关注人才的人格建构、品格锤炼和精神塑造，培养具有高尚人格情操与商业伦理的大商科人才，在目标中体现为国际视野、人文情怀和专业素养并重。精神成人方面，既注重人文精神的熏陶，也注重责任担当、团队合作、价值分享以及恪守底线等商业伦理和情怀培养。人文情怀的熏陶、锤炼与积淀，构成大商科人才范式的基石。二是大商科人才的才干结构，具有多元性和复合性。传统商科人才培养定位于商科知识和技能培养，具有单一性和片面性。"一体多元"的大商科人才的才干结构，存在两个方面的重要拓展：结构拓展——由知识教育到能力开发。"一体多元"的大商科人才培养不仅仅重视知识教育，而且将知识教育活性化，注重人才的学习能力和创造能力，并以此为根基全面开发人才的团队合作与管理能力、解决问题能力、创新和创业能力和作为大商科人才能力精华的领导力。知识拓展——由专业教育到跨专业融合。既具有传统商科所聚焦的商科类知识与技能，同时又涵盖支撑性的工、理、法、文、艺等多个学科范畴。三是大商科人才的类型结构，具有多样性和特殊性。基于人才为中心的培养理念，开拓人才自由发展的成长空间，"一体多元"的大商科人才培养设置了柔性的类型选择机制，提供应用型、复合型和创新型等三种基本类型的成长通道和培养模式。在开拓成长空间、提供柔性培养机制的同时，对"一体多元"的大商科人才进行特色的凝练和聚焦——培养新浙商。浙商是浙江经济乃至我国民营经济极具特色的企业家群体，蕴含丰富的区域商帮特色文化，保留了中国工商业发展的历史印迹。随着浙江经济转型升级和新兴经济的时代性变革，新浙商代表着未来力量。培养新浙商，集中体现"一体多元"的大商科人才的培养使命。技能——大商科人才培养的才干结构，基本的技能训练是必要的。这些技能包括大商科人才在经营管理活动中具备的卓越导向，是"一体多元"的大商科人才培养的目标定位。作为地方性商科高校，基于传统商科优势的长期积累和一流学科建设的阶段性成果，浙江工商大学大商科已成格局，取得相当的竞争优势。基于浙江工商大学商科人才培养的既往成就和未来发展趋势，浙江工商大学确立卓越导向，将人才培养目标定位于一流，矢志培养一流大商科人才。

"一流"具有三重内涵，指"学科一流、模式一流、人才一流"。学科是基础，模式是路径，人才是成果，三个"一流"逻辑贯通、一脉相承。"一流定位"的第一重内涵，是浙江工商大学在地域范畴中的一流地位，即巩固本校在浙江省内的大商科人才培养一流地位，争取全国范围的一流目标。浙江工商大学商科学科建设与人才培养成效，在浙江省稳定地处于一流水平。基于浙江工商大学商科人才培养的传统优势、现实基础和发展趋势，争取全国商科教育领域的一流地位是可行目标。"一流定位"的第二重内涵，是浙江工商大学"一体多元"的大商科人才培养模式一流，即在巩固浙江工商大学商科人才培养实践的一流经验基础上，重建"一体多元"的大商科人才培养模式，为全国商科类高校探索一流标杆。"一流定位"的第三重内涵，是浙江工商大学在人才培养成果上的一流影响，即巩固在传统商科范畴取得的一流人才培养成就，争取在大商科领域培养出具有全国乃至国际影响力的一流人才。

精神成人与专业成才是大商科人才培养目标的双结构性。大商科人才同时培养"人"与"才"两个内涵的双结构范式，决定了大商科人才培养目标的双结构性——精神成人与专业成才。精神成人方面，全球化背景下的大商科人才，首先要具备国际化的视野，大商科人才培养必须立足于全球化的起跑线上。具体而言，国际视野包括知识范畴的国际化和发展抱负的全球化两个子维度。其次，作为大商科人才，尊重利益相关者利益，恪守商业生态系统规则的商业伦理与现代商业精神，是新一代大商科人才的关键素质。青年学子尚未涉足商业实践，商业伦理的培养必须从精神源头配置肥沃的精神土壤，这一土壤正是人文情怀，人文情怀滋养心灵。人文情怀包含人文精神、责任担当、团队合作、善于分享和恪守底线等五个方面。专业成才方面，基于人才学视角对"才干"的基本理解和大商科人才培养的基本属性，将大商科人才的才干凝练为操作技能、专业知识、解决问题能力、创造力和领导力等五个维度。一是操作技能，是基础性模块，包括信息技术终端软硬件操作、外语、人际技能等操作性技能。二是专业知识，指各个专业的基础性理论知识和应用性实战知识。三是解决问题能力，指运用掌握的知识、信息、经验和常识，解决商业实践中具有复杂性、新颖性和不确定性等现实中重要问题和突出问题的实战能力。四是创造力，指创造性地突破既有科学技术、商业模式或者制度规则，并取得商业成就的才干，其外延正是创新能力和创业能力。创新能力和创业能力是人才在完成本科或者研究生等高等教育之后，进入科学技术创新或者创业等实践情境中，具有的显性能力，而创造力是创新创业背后的根源力。高校人才培养不同于科研院所和公司人才培养，更多地关注显性能力背后的根源力。因此，浙江工商大学在创新创业能力培养中，更加注重二者背后的创造力培养。五是领导力，这是商业世界中最为稀缺的才干与能力，是企业家和高级职业经理人等多元、复合的能力背后内核性的才干。培养具有创造力与领导力的大商科人才，才是一流商科人才培养的关键任务和核心使命。

总体目标与专业目标是大商科人才培养目标的跨层次性。大商科人才培养的复合属性，决定了学校层面的人才培养目标更多地关注人才培养的结构范畴和关键内核，给不同学科和专业留下发挥专业特征和学科优势的创造性空间。这一跨层次的人才培养目标架构，与传统商科人才培养目标的垂直一致性具有显著差异，符合大商科人才培养的基本规律：既凝练地聚焦和突出大商科特色，又共生性地涵盖多个学科的差异和优势，双层目标之间由学校统领、专业落地，双层耦合、和谐共生，形成大商科人才培养生态型的目标体系。学校层面总体目标是培养具有国际视野、人文情怀与专业素养的应用型、复合型与创新型一流大商科人才。在这一总体目标框架下各专业落地制订具有专业特色的大商科人才培养具体目标，形成学校与专业两个层次、整体共性与专业特色相统一的大商科人才培养目标体系。

"一体多元"的大商科人才培养目标的三维空间，国际视野、人文情怀和专业素养是大商科人才必备的结构性要素。在此基础上，大商科人才充分考虑人才个体发展的自由空间，从应用型、复合型和创新型三个维度和方向，定位人才培养目标，同时为人才提供多种类型发展路径，体现"一体多元"的大商科人才培养的系统柔性，充分发掘人才培养的能动性。一是应用型人才，在国际视野和人文情怀基础上，突出技能、知识和解决问题等实战能力。二是复合型人才，强调跨专业复合，培养精通商科、各有专长的跨专业复合型人才；强调品行与才干复合，培养品质优秀、才干出众、富有人文情怀、德才兼备、富有精神趣味的复合型人才。三是创新型人才，培养具有冒险精神和创造精神的创新型人才。具有科学研究专长和志趣的，开发其科学技术创新精神与能力，将其培养成研究型人才；具有创业专长和志趣的，开发其冒险精神、创业精神与能力，将其培养成创业型人才。创业不仅仅是创立新的企业，也包括在既有组织内部的创业活动，例如创业型管理、经营、服务等。这些组织包括商业性质的公司企业，也包括非商业性质的社会组织、政府机构和非营利组织。

3.2.3 大商科人才培养模式的进路选择

"一体多元"的大商科人才培养的三大进路。突破传统商科教育多关注专业教育的局限，大商科人才培养的首要之举是将通识教育和双创教育纳入人才培养系统中，形成专业教育、通识教育与双创教育等齐头并进的三个人才培养进路。三大培养进路的新格局中，以专业教育为本体，通识教育与双创教育为两翼，体翼结合、复合联动。通过发挥三大进路内在的整合效应，落地大商科人才培养理念，具有三重人才培养功效：一是均衡地支撑专业成才与精神成人的人才培养理念。通过将通识教育与双创教育纳入大商科人才培养系统，有效地解决传统专业教育难以胜任的"人"的教育问题。二是统一地作用于人才的国际视野、人文情怀与专业素养。三是为应用型、复合型和创新型人才奠定平台基础，大大拓展大商科人才培养的营养源泉。

由单一的专业教育进路向三大进路齐头并进，需要破解三大进路的异质性问题，打破三大进路在知识性质上的刚性边界，柔化三大进路的接触界面，形成相互挂钩和联动匹配的耦合机制。首先，需要以大商科为特色和灵魂，按照大商科的人才培养理念与目标，配置和规划每个进路的大商科属性，实施"商＋"战略，在大商科的框架下对专业教育商科化，对通识教育商科化，对双创教育商科化；其次，以人才培养计划为抓手，基于人才培养目标，面向培养对象，将三大进路整合，形成科学合理的人才培养计划；最后，以学生毕业学分要求为抓手，建立三大进路之间的柔性选择机制。在专业教育设置底线刚性要求的前提下，采用学分互替等制度安排，给学生发挥个体志趣留下相当的自由空间。

"一体多元"的大商科人才培养三大进路的融合战略。三大进路中的专业教育，在专业范畴与核心机制上显著区别于传统商科人才培养模式。大商科专业教育不仅关注传统商科教育，同时将多个优势学科纳入商科教育系统中，是建立在多学科融合基础上的多元复杂专业系统。如何打破专业界限，有效融合异质性的专业知识和专业教育，是大商科人才培养实施策略环节需要破解的关键命题。大商科人才培养实施的四大策略：经管为主、工商融合、多科交叉、整合创新。

经管为主。经济管理是浙江工商大学优势学科群，具有长久的历史积淀和坚实的现实基础，特色鲜明，在浙江省内和国内都具有相当的核心竞争优势。因此，立足优势学科，继续巩固和强化经济管理类学科，是大商科人才培养模式的必然选择。

工商融合。工商融合代表着支撑学科与商科的融合，支撑学科不仅仅包括工科，同时还包括理科、法科、文科和艺术类学科。大商科强调多科融合，通过实施"商＋"战略，在大商科框架下实现多个学科的商化，从而将学校办学能力聚焦到商科特色上，走大商科特色发展模式。

多科交叉。"商＋"战略之外，多个支撑学科之间，也按照学科内在关联和人才培养目标导向，进行纵横交错的交叉融合，柔性地构建人才培养的多元空间，为丰富多样的人才成长提供生态土壤。

整合创新。多学科之间存在的差异，需要从学校层面核心理念和目标出发进行整合，以形成办学合力、发挥整体效应。在此基础上，重点寻求多学科整合机制的创新，不断探索和优化多学科整合的结构、模式与机制，寻求有效的融合策略。

3.2.4 大商科人才培养模式的主要载体

大商科人才培养模式的主要载体是"一体多元"课堂协同。人才培养中最关键的一环在于构建培养系统和人才之间有效的接触界面。突破传统狭义的课堂概念，基于广义课堂的新理念，拓展人才培养的界面结构。将课堂从教室课堂拓展到多元课堂中，发挥多元课堂的耦合效应，将培养系统落地、聚焦于人才培养的着力点，探索融入"浙商"要素的"一体多元"课堂协同人才培养改革与实践，构建大商科人才培养的"一体多元"模式："一体"是以第一课堂为教学活动的基本载体；"多元"是在传统第一课堂创新的基础上，进行多元化拓展，形成第二、三、四、五等多元课堂，即创新创业实践、校内外实习实训、第二校园求学和学生社区成长等。基于"一体多元"的大课堂授受和全方位育人，以"学生中心、教师发展、课堂开放"教学文化为基础，强化第一课堂与第二、三、四、五课堂的协同，发挥叠加与耦合效应，为学生学习成长创造良好环境。并根据学生学习效果持续改进课堂教学形式。第一课堂与其他课堂相互结合、相互促进、相互渗透、相互融合，在学生素质与能力的培养中发挥叠加效应与耦合效应，增强了课堂育人的时代性、针对性和实效性。

"一体多元"课堂协同模式的动力源泉是课堂本体的创造化改造。"一体多元"模式突破了传统课堂的封闭和分散结构，通过系统完整的体系结构与多元联动的交融机制两个层面的关键安排，在培养目标与理念的高度统领下，实现一体课堂的多元化拓展、多元课堂的高度聚焦。具体而言，通过对作为本体的课堂教学创造化改造，教师角色转变为导师角色，"教"的行为转变为"创"的行为，师生关系转变为共创关系，由本体课堂作为"一体多元"的核心驱动力，驱动学生寻求创造。课堂教学由"满堂灌"向"师生共创"的创造化改造，存在三条路径：第一，"课堂本体"的原发知识突破，为学生创造充实思考原料。知识和信息是进一步创造性思考的基础材料。"兵马未动，粮草先行"，通过在课前设置必读材料和相关基础知识储备，设定相关创造性的思考任务，用知识武装学生大脑，要求学生创造性思考。第二，"课堂本体"的教材形态创新，建设多元形态的教学材料。突破传统教材一成不变，知识量和信息量都十分有限的弊端，基于移动互联网等信息技术，打通线上线下两个阅读情境，采用O2O模式拓展学生阅读空间，优化阅读行为，提升阅读质量。第三，"课堂本体"的教师角色多元化拓展，丰富多元课堂的主体生态。突破传统课堂校内常设教师的局限，将教师范围拓展到校外乃至社会上，将在实践领域和学术领域具有深厚造诣的名师名家，纳入课堂范畴，给学生注入高度异质性、鲜活生动的前沿知识和思想。

"课堂本体—多元课堂"的协同机制是"一体多元"的交融联动。在课堂本体创造化改造基础上，设置课堂本体与多元课堂的交融机制。第一，"课堂本体—双创教育"的交融机制。课堂本体中，通过方向性的问题引导、启发性的交流互动、研究性的创造任务，要求学生针对重大重要理论知识和实践框架，进行学术科技论文的写作，或者创业实践（包括创业计划书的撰写、创业项目的构建）等，从而实现课堂本体与双创教育的互动，使得双创教育成为有源之渠，存在扎实的知识根基，成为本体课堂的第一朵璀璨之花。第二，"课堂本体—双实教育"的交融机制。在课堂中将管理学理论知识转化为实习实训的课题，要求学生创造性地完成这些课题任务，包括管理情境模拟、商业运营模拟、行为实验、企业管理实践等。通过这一机制，有效激活学生将课堂知识应用到实战中，在实习实训等过程中开发解决问题的活性能力，开发潜在的巨大创造力。第三，"课堂本体—第二校园"。通过多种途径，拓展人才国际化培养的通道，将人才培养放置在国际化情境中，将课堂本体放置在全球化视野中，打通课堂本体和第二校园求学的学分互认、学籍转换、学习共享等核心机制，使得学生"学在钱塘江畔、游在异国他乡、成在国际名校"。第四，"课堂本体—学生社区"。将有形的课堂拓展到无形的学生社区，将教学与育人有机整合、无缝对接。通过学生之间课堂内部、跨课堂、跨专业、跨学院组建创造团队，在课堂上领取创造任务，在社区里完成创造活动，缔结课堂和社区的创造纽带，提供充分的对接保障，实现课上课下是一家、课堂社区融一体、学习生活共成长，达成教学育人的高度融合，营造教学育人的全新情境。

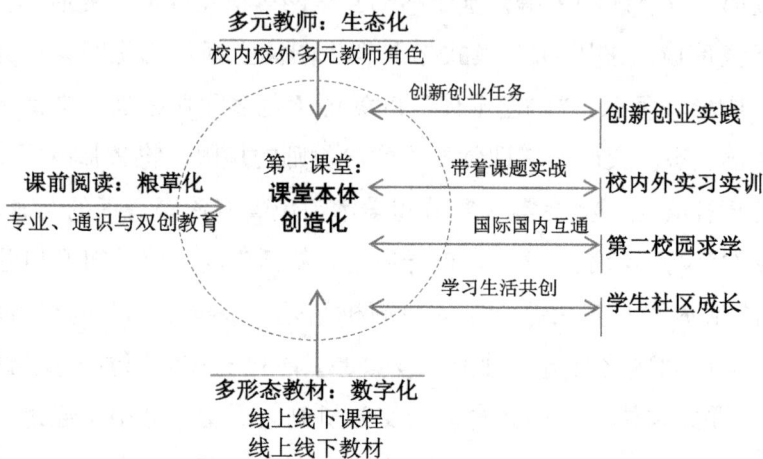

图3-2 "一体多元"课堂协同模式：本体创造、多元拓展与协同机制

3.2.5 大商科人才培养模式的保障机制

从系统论的观点来看，系统绩效取决于系统资源投入和资源利用的过程效率。大商科人才培养模式重建，投入方面需要突破资源瓶颈，过程方面需要进行全面的质量管理和有效监控，并对绩效进行系统客观的衡量，构成大商科人才培养的逻辑循环，为人才培养系统的持续优化构建多重保障机制。

大商科人才培养的资源保障基础。"一体多元"的大商科人才培养的资源需求是多方位的，由此对资源的获取、组织与管理也提出了丰富性和多样性的挑战。如何将资源更高效地整合成人才培养的动力源泉，是人才培养面临的现实命题。顺应"一体多元"的大商科人才培养的战略要求，以人才培养为中心，确保充分的资源投入，在投入层面上为人才培养持续注入多样性资源和丰富能量，初步形成大商科人才培养"立体矩阵"的新格局。大商科人才培养立体矩阵，具有"校内 / 校外""线上 / 线下"和"硬件 / 软件"等三个维度。"校内 / 校外"方面，与传统商科人才培养资源多局限于高校内部和硬件资源不同，"一体多元"的大商科人才培养一方面在学校内部挖潜，充分利用工商管理学科、统计学科、食品科学学科等优势学科资源，另一方面将资源获取的空间范畴拓展到学校外部，有效获取和集聚校友企业与社会力量，并通过浙商大创业园、众创空间、联合共建实验室等，搭建人才培养的物理空间平台；"线上 / 线下"方面，充分利用互联网技术和新一代信息技术，在传统课程资源基础上开发在线精品课程，搭建学生活动社区网络，形成线上线下互动的O2O人才培养格局；"硬件 / 软件"方面，强化和巩固学校人才培养基础设施建设之外，更加注重校园文化塑造，学科前沿知识和形态多样的文化资源吸纳，为大商科人才培养注入源源不断的精神食粮与心灵启迪。

大商科人才培养的质量监控。大商科人才培养的质量监控系统，是由质量监控组织主体、质量标准、质量保障体系以及质量监控机制等构成的系统体系。学校为确保人才培养教学质量，根据本科人才培养目标和培养方案的基本要求，依据多元课堂教学质量的关键控制点，制订和完善了五类质量标准：专业标准、课程标准、教师素质标准、实践教学质量标准、教学基本档案建设与管理标准。同时，基于持续改进理念，建立了由教学目标保障、组织保障、教学质量资源保障、日常监督子系统专项评估子系统，以及信息反馈子系统等构成的质量保障体系。人才培养质量目标根据学校的发展规划和社会需求，明确学校定位、办学思路和人才培养的总目标，负责对人才培养工作进行宏观指导与管理，审定各人才培养环节的质量标准，制订人才培养管理文件，组织协调各学院（部）、职能部门按照学校的发展定位、办学理念和人才培养目标，制订本科教学改革与发展规划和条件建设计划。教学质量资源保障从师资队伍、教学设施、信息资源、制度管理等方面进行质量保障。教学质量组织保障是校级、院级、专业的"三位一体"机构，涉及校级组织、院级组织和学生组织。

大商科人才培养的绩效呈现。人才培养系统的绩效评价，是人才培养质量不断提升的关键手段。大商科人才培养的绩效呈现在投入绩效、过程绩效与人才培养最终绩效等三个层面。基于卓越导向和人才培养全面绩效管理的前沿理念：第一，从投入、过程和成效两个层面构建七个维度的大商科人才培养绩效评价标准体系，七个维度包括学生成果（学科竞赛、论文、专利）、高质量就业（就业率、创业率、起薪水平）、升学率、学生满意度、用人单位满意度、政府教学业绩考核以及社会评价。第二，设立具有多元评价主体的绩效管理体制，包括学校、学院和专业自评，在校学生评价，第三方专业机构评价，毕业生评价，用人单位评价和社会评价。第三，设立全过程绩效管理机制，包括人才培养目标规划与设定、过程质量跟踪与全面绩效评价、绩效反馈、调整与纠偏等。通过大商科人才培养全面绩效管理，持续不断地优化和创新"一体多元"的大商科人才培养模式。

3.3 大商科人才培养模式的运行机制

"一体多元"的大商科人才培养模式的系统架构完整、关键模块完备，内在逻辑严密、高度协同耦合，是商科高等教育生态体系中的独特自组织系统。基于系统科学的理论观点，"一体多元"的大商科人才培养模式系统架构的完整性体现在系统模块的全面构成上，不仅确立了坚实有力的文化理念与目标，而且明确了格局、策略、方法等推进过程安排，还包括成效检验以及全面质量保障。

3.3.1 理念统领机制

大商科人才培养核心理念统领大商科人才培养总体格局与实践发展。

立足大商科特色，基于人本主义视角的高等教育本质功能定位，精神成人与专业成才等全方位培育人才的理念架构，决定了"一体多元"的大商科人才培养模式的总体目标、发展路径、实施策略与机制等人才培养系统。高等教育局势相对稳定，但是所处的国内外环境变化剧烈，如何前瞻性地适应人才需求趋势，站在10年、20年以后看待问题，唯有坚守核心教育理念才能够穿越时空，达成人才培养目标。

确立培养更优秀的"人"，包括将人格精神、人文情怀与品质行为教育等作为大商科人才培养的根本使命，同时将专业知识教育拓展到能力教育、创造力教育，全面提升大商科人才才干，从而形成卓越导向、特色鲜明、结构完整的人才培养总体目标；在总体目标框架下体现专业特色与优势，由总到分、由共性到特性、神聚而形展，确立各专业人才培养具体目标，从而形成大商科人才总体目标与专业人才培养目标的双层目标架构。大商科人才培养目标指导着学校全方位的办学实践和人才培养系统工作，形成全校上下一致的凝聚力与系统指向。

3.3.2 跨层融合机制

第一层融合：三大进路融合。以人才总体目标为引领，重构人才培养的专业教育、通识教育与双创教育三大进路，基于经管为主、工商融合、多科交叉、协调发展等四大策略，破解三大进路之间的异质性和边界刚性问题，践行大商科人才培养理念，支撑人才培养目标。具体而言，首先以大商科为特色和灵魂，按照大商科的人才培养理念与目标，配置和规划每个进路的大商科属性，实施"商＋"战略，在大商科的框架下对专业教育商科化，对通识教育商科化，对双创教育商科化；其次，以人才培养计划为抓手，基于人才培养目标，面向培养对象，将三大进路整合，形成科学合理的人才培养计划；最后，以学生毕业学分要求为抓手，建立三大进路之间的柔性选择机制。

第二层融合：跨专业融合。基于大商科人才培养理念和目标，实施"商＋战略"，采取四大策略，即"经管为主、工商融合、多科交叉、协调发展"，实现学校工科、理科、法科、文科以及艺术类学科等多个优势学科的商科化，并促进多个学科相互交叉、多线融合，形成纵横交错的跨专业融合拓扑结构，整合性地构筑学校大商科特色的核心能力与竞争优势。具体而言：首先，通过专门立项的方式，鼓励各学科和专业所在学院，面向全校非本专业学生，开发个性化的人才培养方案，并凝练本学科与专业知识精华，开发"微专业"，向全校学生提供客户化的学习产品与学习服务；其次，采用多位教师合作授课的新形式，开展多元课堂教学；最后，制订一系列考评机制、激励机制和约束机制，激励优秀授课教师投入跨学院的专业融合工作中，承担课程开发、学生授课以及辅导教育等工作，并通过学分认定和互换的方式，激励学生跨专业选修课程。

第三层融合："一体多元"课堂融合。"一体多元"课堂的创新之举，主旨是为人才培养提供多元融合的具体方法。不论何种进路，都采取相应的多元课堂与人才培养对象链接。"一体多元"课堂存在三大内在的融合机制：首先是理念融合，即基于大商科特色、融合浙商元素，通过"商"字将多元课堂整合成为一体。其次是内容融合，即多元课堂所输送的知识营养结构，面向人才培养目标，具有完整性。践行精神成人、专业成才的基本理念，服务于应用型、复合型和创新型人才培养目标，在营养结构上达成完整性和系统性。最后是方法融合，采用教室内外、线上线下、国际国内，以及校内校外等多种方法，实现"一体多元"课堂融合。

3.3.3 多重酵化机制

"一体多元"的大商科人才培养模式作为复杂系统，作为人才培养的多种主体、多种培养方法，特别是多种不同的知识源泉，在人才大脑和内心发生内在的发酵、内化和升华，是人才培养取得预期成效的枢纽机制。

多元知识聚合机制。为破解三大进路、跨专业和"一体多元"课堂的知识聚合难题，"一体多元"的大商科人才培养模式设计了系列机制以促进知识聚合。一是建立跨进路知识的聚合机制。不同进路的知识具有显著的差异，促进三大进路知识的聚合，需要破除差异聚合难题。打通专业知识、通用知识、创新创业知识的多重边界，实现三大进路知识的有效聚合。这是知识聚合的第一重关键。基于知识内在的逻辑关联与契合属性，选择性地进行专业架构，对通识教育模式进行再创造，开展富有特色的创新创业教育，发挥三大进路之间的聚合效应，实现多个进路的多元知识在人才培养中聚焦整合。二是建立跨专业知识的聚合机制。文科知识和理工科知识的聚合，是复合型人才培养的第二重关键。特别是"工—商"跨专业知识聚合，实现工科知识商科化、商科知识工科化，通过工商融合、双向交叉，培养复合型大商科人才，包括培养管理型工程师、懂技术的经营管理者、创新创业者等大商科人才。为此，设计大商科跨专业融合机制：商科知识工科化方面，由工商管理类专业、经济类专业、财会类专业以及旅游管理类专业，协同开发面向全校理工科乃至文史哲法等文科学生的"商科微专业"；同时，整合计算机和信息技术类专业、资源与环境类专业以及食品科学类专业的精华资源，开发面向经管类专业学生和文史哲法类专业学生的"工科微专业"，实现双向嫁接和有机融合。三是建立多元课堂知识协同机制。通过顶层战略设计和系统知识规划、多元主体交互和多元课堂协同效应的实践检验，不断对多元课堂的知识元素、优化多元课堂协同的过程和成效进行取舍，以确保"一体多元"课堂之间产生"化学反应"，对人才的知识学习具有显著作用。

全面能力开发机制。知识传授是大商科人才培养的一阶形态，在此基础上，构建大商科人才能力结构，并基于三大进路、跨专业融合和"一体多元"课堂协同，针对能力结构不同维度设计能力开发机制，开发大商科人才的全面能力。能力是面向现实问题，对知识、信息、经验和常识等进行创造性整合，以形成解决管理中的"人"和"事"等问题的才干，是知识的进一步活化。基于市场调查和多年的实践探索，以大商科人才理念为核心，以大商科人才培养总体目标为导向，形成大商科人才"能力根基、能力支柱和能力升华"的范式结构：一是能力根基，即学习能力和创造能力。大商科人才全面能力，建立在学习能力和创造能力两大根基之上。学习能力和创造能力内隐于人才能力结构的底层，是大商科人才能力开发的核心与首要任务。在学习能力和创造能力基础上，开发具有显性特征，在实践中直接创造价值的诸多能力，包括解决问题能力、团队合作能力以及领导力。二是能力支柱，即解决问题能力和团队合作能力。解决问题能力为商业实践中解决具有"复杂的、不确定性的或者没有先例的"等特征的重要现实问题的能力；团队合作能力为与他人合作情境中需要具备的沟通、协调、服从、主张等能力；解决问题能力和团队合作能力是能力结构的两大支柱。三是能力升华，即领导力和创新创业能力。大商科人才培养的最终主旨，在于培养新浙商，既包括创办企业的浙商企业家，也包括经营管理企业的浙商职业经理人。在快速变革的商业生态环境中进行创新和创业，发挥卓越的领导力，是"互联网＋"背景下新浙商精神的精髓。根据领导科学理论，领导力在于构筑商业发展的长期愿景，并用愿景来统领人才团队和商业资源，在领导商业活动的过程中洞察商业机会、表现勇敢的决策魄力、跨边界整合资源以及持续不断地创新，以战略管理能力和个体领导魅力开创事业。

伦理德行养成机制。培养学生的自主学习和探究行为，植入"诚、毅、勤、朴"的校训精髓，培养学生独立担当、承担责任的积极意识，锤炼学生共生品质。其中，特别注重学生责任担当、团队合作和乐于分享的大商科人才道德品质。责任担当方面，通过专业教育过程中知识注入和知识垂范等两个路径，进行通识教育的文化熏陶，以及双创教育的实战模拟，培养学生强烈的解决问题意识。《礼记·大学》开篇有云："大学之道，在明明德，在亲民，在止于至善。"古往今来，知识走向德行主要体现为两种基本路径：一是如柏拉图到夸美纽斯、赫尔巴特与纽曼等，重在寻求以知识的完整性来促成个体存在的完整性的路径，试图建构个体知识的完整性及其内在秩序；二是以苏格拉底、杜威为代表的教育路径，也即将知识还原于过程之中，强调学习过程本身的开放，即把知识还原成求知的过程，以对话促成个体灵魂向着更高知识的开放性，由此以生动的求知状态开启个体人生转向智慧之路，以对知识的追求与自我探究来达成个体德行。因此，"一体多元"的大商科人才培养中，寻求知识教育向德行养成，一方面通过专业结构、通识教育模式和"一体多元"课堂协同，解决知识的性质与知识的秩序；另一方面，为学生设置学习中的生命状态和特定情境，促进学生以多元课堂的方式，置身德行养成的真实情境之中，通过过程深度参与和学习体验来养成品格。

浙商精神塑造机制。浙江经济孕育浙商精神，浙商精神反哺浙江经济新的动力。[①] 浙商作为浙江、全国乃至在世界范围内都极具影响的企业家群体，其精神特质和文化基因为大商科人才培养的特色之源。通过"一体多元"模式，传承浙商精神，创造新浙商精神，是"一体多元"的大商科人才培养的使命要求、特色所在。在人才培养的三大进路方面，就专业设置的基本导向和知识架构等问题，与浙商企业家或经理人对专业设置进行双向沟通，挖掘浙商需求，体现浙商特质；在通识教育模式的架构和设计中，充分融入浙商元素和体现浙江区域文化特色（如王阳明心学）的文化类课程，利用鲜活前沿的浙商企业或企业家案例，进行通识教育；创新创业教育方面，浙商走进浙商大，浙商大学子学习浙商，促进浙商企业家、创业家与学子在创新创业中的互动，在实战的创新创业情境中沐浴浙商的创新创业精神。在"一体多元"课堂协同方面，利用规模化与个性化相结合的"一体多元"课堂体系，拓展学生学习空间，大幅度增加学生与浙商接触的机会。

3.3.4 持续优化机制

"一体多元"的大商科人才培养系统的构建与完善，是围绕人才培养目标进行的持续改进过程，具有动态性和变革性。秉持持续改进、不

---

① 俞荣建：《和谐主题下的企业诚信与"浙商"实践》，《经济管理》2007 年第 23 期。

断优化的人才培养模式建构理念，"一体多元"的大商科人才培养以人才培养质量标准的持续改进作为基本指引，以人才培养过程的持续改进作为实现路径，以人才培养力量的持续改进作为持续优化的关键保障。

人才培养质量标准持续改进。针对人才培养质量建立长效机制，构建"及时反馈、动态管理、持续改进"的质量改进模式，通过多个途径积极推进大商科人才培养质量持续改进。一是人才培养质量标准的持续改进，聘请省内外专家把脉专业建设现状，为专业结构调整和专业发展提供规划思路。通过在校内设立专业的教学督导、学生评教、过程检查以及学生满意度调查等方式，进一步完善专业人才培养各环节的要求与制度。二是改进人才培养模式和教学环节，各专业根据毕业生和用人单位的反馈，不断改进人才培养模式和教学环节，提高专业人才培养定位和目标与经济社会发展需求的契合度，促进人才培养质量保障体系的持续改进。三是开展专业认证，以认证促改进。借助行业认证与评估外部力量促进专业建设与持续改进，目前浙江工商大学已有食品科学与工程专业通过国际认证。四是建立专业动态调整机制。实施专业末位淘汰制，改造甚至淘汰那些不适应社会发展需求的专业，新增符合浙江经济社会发展需要的新专业，形成更为合理的专业布局，为大商科人才培养质量提供高水平的专业平台保障。

人才培养过程持续优化。一是开展学生评教活动，围绕课程计划、课堂组织、作业情况、课外学习等主要教学环节，将学生的学习要求和意见及时反馈给教师，加强师生间的信息互动，同时通过学生对教师和课程的满意度评价，引导教师进行教学反思和改进。二是探究教学方法改革，充分利用泛雅课程平台、"学习通"移动学习平台的教学大数据，引导教师积极开展课程教学方法改革，不断探究混合式教学、翻转课堂、形成性评价等课程教学改革。三是课堂开放周活动，教师教学发展中心组织全校性公开观摩和研讨活动，促进教师相互学习交流，提高教师教学水平。四是全过程的教学检查，每学期定期开展贯穿于教学活动的期初、期中、期末检查，加强督导监督作用。

人才培养力量持续提升。一是加强教师教学能力培训。教师教学发展中心推进青年教师导师制，充分发挥老教师指导帮助青年教师教学的功能。同时，在全校遴选骨干青年教师，开展骨干教师和卓越教师培养计划。开展"诊断课""示范课""公开课"等系列活动，提升教师教学能力。二是项目引导，提升教学改革和教学研究水平。学校以本科教学工程项目为抓手，持续鼓励和推进教师教学改革和探索，激励教师投入培养方案优化、人才模式创新、教学方法改革等研究，提高教学效果。学校专项安排100万元经费用于课堂教学创新。三是完善教师激励。学校开展课堂教学优秀教师、毕业设计（论文）指导优秀教师、学科竞赛指导优秀教师、学生最喜爱老师等评选活动，并对教师教学改革优秀成果给予奖励。设置教学为主型的高级职称晋升渠道，量身定制教学为主型教师的高级职称申报业绩条件。从2017年开始，开展"青年教师教学创新大赛""教学卓越奖"等活动，优先选拔在教学中业绩突出的教师，激发教师教学积极性。

3.4 "一体多元"的大商科人才培养模式的理念升华

我们知道，地方高水平大学的建设必须与时俱进，充分考虑到国家战略需要和社会经济发展需求。高等学校的教育教学改革的根本目的是提高人才培养质量，所以，当历史的发展对高等学校的人才培养提出了更高要求时，就必须对现行的人才培养模式进行改革。

3.4.1 破与立："一体多元"的理论建构 [①]

理论建构必然是一个破与立的过程，破与立的关系是个旧论题，先破后立，历来是一切新事物发展的基本哲学规律。破，就是解构；立，

----
① 陈寿灿：《浙商大"一体多元"的大商科人才培养模式发微》，光明网，2017年2月27日。

就是重建。众所周知，21世纪以来浙江省区域经济快速发展，作为中国最早和最成熟的长三角经济圈中的领头羊，浙江境内涌现出多种新型商业模式。同时，随着"一带一路"倡议的快速推进，沿海乃至内陆经济的发展都急需大批能适应复杂多变市场环境的、具有商科背景的高级人才，或者说急需具有国际视野、创新思维和创业能力的"新浙商"。而作为浙江省人民政府、商务部和教育部共建的重点大学，也是省内唯一一所有着悠久商科办学传统的高校，浙江工商大学正视历史现实，积极寻找改革的突破口，从"十一五"开始全面提出和构建了大商科的人才培养模式，学生不仅要充分利用课堂掌握商科知识，而且更要利用多元的学习途径和方法，通过大课程教学与学习掌握多元的素质和能力，包括心理、道德、审美、伦理等人文素质，以及通过全方位育人途径，获得团队合作、创新创业、跨文化交流等实践能力。简单说，大商科人才培养模式的核心理念是大课程授受和全方位育人，实施策略是经管为主、工商融合、多科交叉、协调发展，具体措施是探索并建构基于"一体多元"课堂协同的人才培养模式改革与实践。

3.4.2 体与用：多元课堂的精神旨归

在中国哲学中，体与用的关系始终处于辩证统一的逻辑联系中，十分微妙。现代著名哲学家熊十力认为，"体"既是"本体"同时又是"主体"；"用"既是"现象"同时又是"功用"。在"一体多元"的大商科人才培养模式中，学校始终坚持"一体为本"和"多元为用"，即积极发挥第一课堂的主渠道育人作用，确立第一课堂不可动摇的主体地位；同时，想方设法打造和促进"多元联动"育人平台，开展多类型、多层次和多途径等大课堂协同育人模式。总之，"一体"为核心，"多元"为辐射，这种多元化大课堂的精神旨归正是全面、全力和全程提升人才培养质量，扎扎实实做好本科教学，坚定不移强化内涵式教育和全方位育人。

按照"多元联动"的要求，开展多类课堂的全方位协同育人，辅助和服务于第一课堂。学校在重视第一课堂教学外，不断拓展课堂类型，实现与国内外高校、用人单位、校友企业等全方位协同育人，不断提高学生的能力和素质。一是创新创业教育，即第二课堂。二是校内外实习实训，形成了具有学校特色的校外实践基地管理制度、运行机制与开放共享机制，即第三课堂。三是第二校园求学，丰富本科生学业历程，即第四课堂。四是学生社区成长，即第五课堂。五是强化互联网思维，创新思政教育，形成了既接地气，又有内容的全员育人风气，真正做到全方位育人、全过程育人的新格局。六是利用好高校文化校园建设契机，以教养育人，以校训育人，以情怀育人，营造真、善、美的校园育人氛围。

3.4.3 知与行：育人理念的实践表现

不可否认，现代大学课堂教学不应该是简单传授知识、讲授理论，也应当将知识和理论转化为实践，并在实践中检验知识和理论的正确与否。这就涉及"知"与"行"的理论问题。在《尚书·说命》中首次提出该问题："非知之艰，行之惟艰。"思想家王阳明在历史上首先明确提出了"知行合一"的育人理念。

事实上，高等院校课堂教学的主要任务是传承方法、探究未知、培养创新，为学生的创造奠定基础。因此，"知"与"行"的辩证问题也是当代高等教育首先要重视的问题之一。浙江工商大学通过多年"一体多元"课堂教学创新与实践，以"知"为根本，以"行"为关键，以知促行、以行验知，形成了多元、开放、协同的课堂教学模式，让学生有更多的机会参加各种课堂的学习。这就要求学生在全面掌握知识、理论的基础上，不断进行社会实践，创新能力、动手能力和运用能力等综合素质得到提高，真正做到"知行合一"，本质上促进了学校内涵式发展。正是遵循了"知行合一"的教育规律，学校以专业和课程建设为工作重点，积极推进"一体多元"的大商科人才培养模式的改革与实践，不断做好创新创业教育，提高教师教学水平，实现本科教学的内涵式发展的阶段性成果。

3.4.4 鱼与渔：大课堂授受与全方位育人

教育的终极目标是教授习得，培育人文，化成天下。这就不得不提人类教育史上的两种方式：鱼与渔。

第一种：鱼。简单传授文化知识，教处于主动，学处于被动，教与学之间简化为一种纯粹的单线秩序关系。这种简单的单线秩序教授与学习关系始终处于重复状态，效能不高。正因如此，古语道："临渊羡鱼，不如退而结网。"讲的正是"退而结网"的重要性，即掌握获得鱼的工具——网。而这个"网"毫无疑问正是我们获取新知识、新理论、新技术的手段、途径和方式。这种教育尽管已然超越了原始的单线秩序教授与学习关系，是一种历史的进步，但依然停留在工具主义教育阶段。

第二种：渔。创新能力培养的复式教育要求我们掌握一种本领，而不仅仅是捕鱼的工具，还需要我们通过教授与学习的关系来掌握"渔"的技术、方法与能力。这正是"授人以鱼，不如授人以渔"。因此，综观浙江工商大学基于"一体多元"的大商科人才培养的改革与实践所取得的成绩，其在根本上与人类教育的终极目标有着天然的趋同。

2016年12月7日，习近平总书记在全国高校思想政治工作会议上发表讲话，首次点评了95后大学生，习近平认为："他们朝气蓬勃、好学上进、视野宽广、开放自信，是可爱、可信、可为的一代。"教育的根本是培养人才、成就人才，使人掌握"渔"，而不仅仅是"鱼"。因此，对于一所高水平大学而言，最直接的教育价值体现就是能够将这批"可爱、可信、可为"的青年塑造成创新型、实践型和应用型的人才，从而投身于服务社会进步、服务经济发展和服务国家建设中。作为一所教学研究型商科大学，从人才培养的角度讲，显然不能简单地落于俗套，采取仅仅以传授知识为主的适应型教学，而应当倡导以培养创新意识、创新精神和创新能力为主的创新性的应用型、实践型教学。唯其如此，在国家建设"两个一流"战略推进中，像浙商大这样极具优势和影响力的商科高校方能有的放矢培养人才，对症下药推进教改，以商科院校悠久的历史传统为文化自信的底色，树立自信，鼓足干劲，扎实稳健地创建具有世界一流地位的大学和世界一流水准的学科，为社会培养具有创新精神和创新理念的人才。从这个意义上来说，浙商大"一体多元"的大商科人才培养模式的改革与实践，不仅深刻地体现了高等教育的客观规律，体现了时代的发展潮流，与现代大学精神以及"双一流"战略一脉相承，而且符合学校自身的历史定位、区域定位、现实定位和发展定位。

第4章

通识教育：人格建构与专业素养融合

为贯彻落实"立德树人"根本任务，全面推进大学生的素质教育，促进学生全面发展，近年来国内各个本科高校在重视专业教育的同时越来越重视通识教育，强调通识教育与专业教育的融合。浙江工商大学为了培养具有人文情怀、专业素养、国际视野的应用型、复合型、创新型的大商科人才，于 2000 年开始进行通识教育，是国内较早开展通识教育改革的地方高校。随着通识教育教学工作的不断优化、改革与提升，历经 15 年，学校于 2015 年启动了新一轮通识教育教学改革，从机构设置、课程内容、师资队伍、教学方式、实践路径等方面对通识教育进行了优化。学校还成立了通识教育教学指导委员会及通识教育中心，加强对通识教育的顶层设计和教学管理，并创新性地提出了"六博雅"的通识教育实践路径，即博雅课程、博雅经典、博雅讲堂、博雅优培、博雅学会、博雅社区。

4.1 通识教育的理念与历史演变

通识教育 (general education) 是对近代高等教育有着重大影响的一种教育思想和实践。尽管通识教育在我国也已开展多年，但大家对于通识教育的理解，尤其是通识教育的侧重点、教育对象等有着不同的意见。

4.1.1 通识教育的理念

李曼丽从已有的 50 种通识教育内涵表述中提取若干共同核心概

念，从性质、目的和内容三个角度定义了通识教育的概念："就性质而言，通识教育是高等教育的组成部分，是所有大学生都应接受的非专业性教育；就其目的而言，通识教育旨在培养积极参与社会生活的、有社会责任感的、全面发展的社会的人和国家的公民；就其内容而言，通识教育是一种广泛的、非专业性的、非功利性的基本知识、技能和态度的教育。"[①] 通识教育之"通"就是要求学生能通达不同领域之识，使学生兼通于"何以为生""以何为生"两个领域，这样才能形成完整、完美的人格；而通识教育之"识"，不仅局限于"知识"之识，除了理性知识以外，还包括人的情感、意志、责任等在内，不仅局限于知识的获得，而且着力于全面人格的培养。因此，通识教育的目的在于为学生提供多学科、跨学科的知识，提供丰富多彩的文化背景，提供深入思考问题、研究问题的取向和方法，提供必要的学术规范，从而全面培养学生分析问题和解决问题的能力，为学生成人成才和人格养成服务。

通识教育不是为了学生眼前的就业，而是为了学生一生的受益；通识教育既不是为专业教育打基础，也不是为专业教育做补充；通识教育本身是为学生成人成才这个目的服务的。回顾国内外大学通识教育的历史，通识教育可归纳出三个特点：一是基础性。即通识教育不是某一专业的纵深教育，也不是为专业教育服务的，而是有重点地提升人的各方面基本素质的较高层次的基础性教育，是为了培养学生的民主法治、自由平等、公平正义的公民意识，帮助学生树立有理想、有抱负、有责任感的人生目标。二是人格性。通识教育实际上是围绕人的人格成长展开的，是为了培养学生的诚实、守信、正直、宽容的人格。通识教育融入了"人的文化视野与能力、认知头脑、价值与道德观、情感与意志"等内容，都是人格中的重要方面，这些方面的状态好了，人格的状态也就好了。三是认识性。通识教育是让学生学习自然科学、社会科学、人文科学，培养学生的批判性思维能力和沟通表达能力。四是文化性。通识

---

① 李曼丽、汪永铨：《关于"通识教育"概念内涵的讨论》，《清华大学教育研究》1999年第1期。

教育鼓励学生正确认识文化传统，尊重和学习其他文化形式，能够欣赏文学艺术作品。提高大学生的文化品味、审美情趣、人文素养和科学素质，是通识教育的主要目标。

通识教育的目的，就是要使学生有比较广阔的文化视野，了解人类文明的精髓与社会生活中的文明规则，有判断是非、自觉反省、表达沟通的理性头脑，有价值的辨别能力与正确的道德准则，有美的情感意趣与坚强意志的修炼及开放、合作、豁达的胸襟，使人的行为习惯乃至气质性格变得有教养，人格变得比较完善通达。

4.1.2 通识教育的历史演变

通识教育源于古希腊的自由教育传统，其目标是培养"完整"的人，促进人的全面发展。但通识教育的真正发展是在美国，19 世纪初美国博德学院的帕卡德教授第一次将它与大学教育联系起来，20 世纪初，哥伦比亚大学一些教师开始进行通识教育的教学实践。20 世纪三四十年代，在赫钦斯的大力倡导下，芝加哥大学进行了更全面更系统的通识教育，这被称为美国现代大学通识教育的起点。赫钦斯推行的通识教育认为整个本科四年都是通识教育，但这个目标太高，因此后来改为本科前两年通识教育，后两年专业教育。之后，哈佛大学于 1945 年发表了《自由社会中的通识教育》，后被称为《哈佛通识教育红皮书》，该书宣示通识教育之目的在于培养"完整的人"，此种人需具备四种能力：一是有效思考的能力；二是能清晰地沟通思想的能力；三是能做适切明确判断的能力；四是能辨识普遍性价值的认知能力。1978 年，哈佛大学推出一整套通识教育方案，斯坦福大学也于 1987 年实施了通识教育改革。从20 世纪末以来，通识教育已经成为美国大学本科教育的核心。美国大学通识教育的实施形式多种多样，极具特色，但最普遍的形式还是开设一组或多组通识核心课程，要求本科生必修或限制性选修，由此形成了各高校不同的通识教育风格，如哈佛大学的核心课程包括外国文化、历史研究、文学与艺术、道德思维、数量思维、科学与社会分析等；波士顿学院的核心课程包括艺术、历史、文学、写作、数学、哲学、自然科学、社会科学、神学、多元文化等；斯坦福大学的核心课程包括人文概论、自然科学、应用科学、人文与社会科学、世界文化、美国文化等。哈佛大学要求全体学生都要学习一门人文科学课程、一门社会科学课程、一门自然科学课程。麻省理工学院要求学生必须跨学科选课，本科生必须修不少于八门人文、艺术和社会科学的课程，课程计划中社会科学占27%，自然科学占33%，技术科学占40%。一般来说，美国大学都要求本科生在入校后的前两年完成通识核心课的学习，后两年完成专业课程学习。

尽管通识教育是现代美国大学的产物，但欧洲各国的大学对通识教育也相当重视，只是表现形式有所不同罢了。在英国的大学教育中，我们并不容易见到有形的专门的通识课程，但如果因此而否定其通识教育的存在，不符合英国大学教育的历史和当前的实践。在英国历史上，很多学者对通识教育秉持一种非常广泛的态度，继承了阿诺德、纽曼、赫胥黎等人的自由教育思想，关注通识教育与专业教育的结合以及探索精神培养。在德国，虽然如现代美国意义上的通识教育并不存在，但其缘由主要是德国大学课程具有很高的开放性，大部分课程是公开让学生自由参与和选读，除正规课程外，德国大学多安排不同的演讲和课程，以供学生学习，称之为 studium generale。

中国古代教育在很大程度上是通识教育，在儒家教育思想中，孔子修六经、传六艺，主张"君子不器"，培养的就是德才兼备、文武皆通的全面发展的人。清末民初，现代通识教育思想被引入中国。民国初年，蔡元培先生提出要培养"硕学闳材"，要融通文理两科之界限，其实就是一种通识教育思想。20世纪30年代，一些具有中西方教育背景的先贤注意到过于重视专业培养的弊端，大力呼吁通识教育，如潘光旦说："教育的理想是在发展整个的人格。"梅贻琦先生提出大学课程应当按"先通后专"来设置，他主张"通识为本，专识为末""本末兼赅""通重与专"的通识教育思想。

中华人民共和国成立后，教育模式一味向苏联看齐，高度专业化培养成为办学的基本形式。改革开放带来了空前的国际视野，中国大学的教育者重新更全面地认识到了西方现代大学丰富的育人理念与方法。1995 年原国家教委高教司颁发《关于开展大学生文化素质教育试点工作的通知》，要求高校使大学生在学好本专业的同时，具备专业以外的人文社会科学、自然科学以及文化艺术有关基础知识和基本修养，使专业人才具有较高的文化素质。1998 年教育部再次颁发《关于加强大学生文化素质教育的若干意见》，确定将素质教育作为高校教学改革的重要任务，并明确了加强大学生素质教育的内涵、要求和途径。在素质教育改革试点之后，中共中央和国务院于 1999 年 6 月联合发布了《中共中央国务院关于深化教育改革，全面推进素质教育的决定》。素质教育最早主要是由理工科大学推动的，教育部于 1999 年建立了最初的 32 个文化素质教育基地，推行的学校包括华中科技大学、上海交通大学、西安交通大学、南京工学院和中南大学等，这些理工科大学有一个特点，就是它们的校长很多都是院士，对文化素质教育非常重视。2016 年，国家"十三五规划"正式提出建立通识教育和专业教育相结合的培养制度，在政策层面上推进通识教育，使得通识教育更以蓬勃之势发展。近年来，北京大学、清华大学、复旦大学、中山大学、浙江大学、山东大学、四川大学等一批重点大学都进行了通识教育改革，在国内外产生一定影响。

4.2 国内高校通识教育的实践

今天我们谈论"通识教育"，更多的是在专业教育充分发展之后的反思，是高等教育现代化的一个结果，是进一步提升高等教育水平的一个必经阶段。我国从 1995 年至今实施文化素质教育和通识教育以来，不少高校都开展了丰富多样的实践探索，积累了丰富的经验，在促进大学生全面发展方面发挥了重要作用。

4.2.1 国内高校通识教育的实践路径

总结各高校的通识教育实践，主要有三大主要路径，包括第一课堂的通识教育课程、第二课堂的素质教育活动和人才培养模式改革。[①]

第一课堂的通识教育课程。国内高校通识课程建设从无到有，从少到多，从注重增加数量发展到提升质量，开始进行系统设计、政策扶持、培育精品，提升品质和地位。20世纪80年代开始，为了对过分狭窄的专业教育进行纠正，各高校在本科培养方案上普遍增设了公共选修课，1995年开展文化素质教育以来，逐渐将其改造为文化素质教育选修课或通识教育选修课。经过20多年的发展，各高校普遍开设了从几十门到数百门数量不等的通识选修课（有的称作文化素质教育选修课）。多数高校将通识选修课程根据学科性质划分为几个模块要求学生从不同领域中选修一定的学分。如北京大学要求学生选修素质教育通选课12个学分，课程分为6个领域：数学与自然科学类，社会科学类，哲学与心理学类，历史学类，语言、文学、艺术与美育类，社会可持续发展类。浙江大学要求学生共修读17学分选修课，课程分为6个课程组：文学与艺术，历史与文化，社会与经济，领导与沟通，科学与研究，技术与设计。

近年来，各高校为了解决通识选修课"内容杂、结构乱、质量差、地位低"的问题，开始加强通识选修课的顶层设计和政策支持，有的在原有通选课的基础上重点建设一批"通识核心课程"；有的将原有的通选课通过政策扶持改造为通识核心课程。一些高校还成立了通识课程委员会，聘请不同专业学者对通识课程进行总体设计和质量审核，采取多项措施如激励名师授课、配备助教、小班研讨、阅读经典等提升质量。这一系列举措使通识选修课程开始向"系统化、规范化、精品化、核心

---

① 庞海芍、郇秀红：《中国高校通识教育：回顾与展望》，《高等教育管理》2016年第1期。

化"方向发展，课程质量和地位正在不断改善和提高。另外，随着对通识教育内涵的深入理解，不少高校逐渐认识到所有公共基础课程均应发挥通识教育作用，于是开始把公共必修课（包括思想政治课、外语、计算机、军体等）也看作通识教育课程，使通识必修课、通识选修课一起承担通识教育使命。如浙江大学将本科课程体系划分为四个部分：通识课程、大类课程、专业课程、实践教学。其中，通识课程包括必修课（思政类、军体类、外语类、计算机类）和通识选修课、通识核心课等。

第二课堂的素质教育活动。所谓第二课堂，也被称为隐性课程、潜在课程、非形式化课程，是指在教学计划之外，引导和组织学生开展的各种有意义、健康的课外活动。为了营造大学文化氛围，陶冶大学生人文情操，各个高校普遍开展素质教育相关的第二课堂活动，从经费、人力、物力上予以支持，大大促进了第二课堂的繁荣与发展，使其从形式到内容和质量都得到了极大丰富、完善和提高。第二课堂一般由各高校的学生处、团委或文化素质教育基地等组织进行，主要形式有课外讲座、文化体育活动、读书活动、社团活动、科技竞赛以及社会实践、人文环境建设等。在课外讲座方面，如华中科技大学从1994年起开设"人文讲座"，到目前已举办几千场，根据讲座内容还整理出版了《中国大学人文启示录》；清华大学文化素质教育基地主办的"新人文讲座"，北京大学的"中华文明之光""世纪大讲堂"，哈尔滨工业大学的"201讲坛"，东南大学的"华英文化系列讲座"，等等，几乎每所大学都有自己的品牌活动。

作为通识教育的一种新途径和必要补充，有些高校开展"经典阅读"活动，鼓励学生广泛而深入地阅读经典，研读经典著作，拓宽知识视野，贯通古今历史，融会中外文化，改变知识结构受限于专业藩篱的状况，训练本科生的批判性思维，增强社会理解力与洞察力，培育良好阅读习惯，使其在学识、道德和人格等方面得到全面发展。如南京大学在组织开展一年一度的"读书节"活动的基础上，面向全校本科生推出"悦读经典计划"，学校组织相关学科的高水平教授，按照经典性、思想性、知识性、前沿性、可读性的遴选标准，列出了一份涵盖"文学与艺术""历史与文明""哲学与宗教""经济与社会""自然与生命""全球化与领导力"六个知识单元的书目清单，让学生养成"好读书、读好书"的良好阅读习惯，并建议学生"从经典入手，要阅读，更要'悦读'"。

为了熏陶学生的艺术修养，不少高校还开展"高雅艺术进校园"活动，使各大学的文化艺术活动、艺术节、大学生艺术团等如雨后春笋般大量涌现。在文化素质教育思想的引领下，大学生科技活动也得到了提升，"大学生挑战杯课外科技竞赛"成了一个颇富影响力的全国项目。

在开展丰富的第二课堂活动的同时，为保证学生的参与度和覆盖面，建立可持续发展机制，保障课外活动的质量，一些大学也在探索第一课堂和第二课堂相结合的路径。如哈尔滨工程大学文化素质教育基地采取了第二课堂学分化等政策，将他们创办的"启航讲坛"纳入学分计算，保证每个大学生都能参与其中。学校每年邀请文学、历史、哲学、艺术和自然科学等多个领域的专家学者进行系列讲座，丰富大学生文化。

人才培养模式改革。为了深化通识教育，国内部分高校在开设通识课程、开展第二课堂活动的基础上，创新人才培养模式，改革大学的管理体制和组织制度。目前，主要有两种途径，其一是成立"通识教育人才培养模式"改革实验班，如清华大学新雅书院、北京大学元培学院、中山大学博雅学院等。这些学院每年仅招收部分大学生进行拔尖人才培养，为学生设计了较为完善、系统的通识教育制度，如一、二年级加强通识教育，之后进行专业分流，自由选择专业、实行导师制等，对本科四年进行全程管理教育。其二是成立通识教育学院或书院式的住宿学院，力图通过组织变革加强全校的通识教育。学院负责全校一年级或一、二年级本科生的教育教学管理，之后学生进入各专业学院学习；一年级新生入学后按学科大类进行培养和管理，打下坚实宽厚基础，为二年级的专业分流工作做好准备；改革大学生住宿管理，充分发挥宿舍的育人功能。如浙江大学求是学院专门负责全校一年级新生及专业确认前学生的通识教育培养，本科生在二年级主修专业确认之后，回到各专业学院学习。西安交通大学实行了书院制的学生管理体制，将全校所有本科生从专业学院剥离出来，划分为八个书院进行统一管理，使宿舍成为育人场所，宿舍采取不同专业的学生组合住宿，加强跨专业的交流。

4.2.2 通识教育需要解决的问题

为了推进浙江工商大学的通识教育，学校成立调研小组对我国各高校通识教育情况进行了调研，特别分析了地方高校通识教育存在的问题。结合学校实际，我们认为当前地方高校通识教育主要存在以下问题[①]：

观念问题。推进通识教育是一个系统工程，需要学校领导、广大教师和学生共同努力。首先要强化领导和教师的通识意识。目前，许多领导和教师对通识教育的理念还没有达成共识，甚至有些教师对通识教育的概念还含糊不清，在这种情况下推行的通识教育不可能有较高的质量。我们必须要把推进通识教育作为实现学校本科教育发展总体目标的有效之路，我们要培养和造就知识、能力、素质具佳的具有国际视野的高级应用人才和拔尖创新人才，这就需要有全面的基础知识。一个汲汲于知识的一隅、对专业以外的事物一无所知的人，绝不可能成为拔尖创新人才，更不可能成为大师级人物。这样的事例很多，如爱因斯坦不仅是一个伟大的科学家，同时也是一个非常出色的小提琴家。其次，加大通识教育和大学生文化素质教育的舆论宣传力度，努力营造通识教育的氛围，让我们的学生认识到，在市场经济深入发展、知识创新不断加速、社会竞争日趋激烈的条件下，需要重新认识通识教育的理念及内涵，使他们明白大学教育回归本然的价值追求，是我们推进教育教学改革的基本出发点。

"通"与"专"的融合问题。学校在推进通识教育时一定需要处理好"通识教育"与"专业教育"的关系。一是要从"专"向"通"不断过渡。这体现在两个层次上：既要培养学生扎实的专业基础和全面拓展

---

① 施建祥：《基于学生综合素质提升的大学通识教育发展探索》，《人才培养与教学改革——浙江工商大学教学改革论文集（2011）》，浙江工商大学出版社 2012 年版，第 5 页。

的视野与能力，以便于适应技术与生活的日新月异，宽口径、多出口，还要以培养行业精英和国家栋梁为宗旨，这就不仅需要学生有专业能力，而且需要学生有文化关怀，从而有对国家社会的责任担当。这两个层次表现在课程体系中，就不仅需要处理好应用知识与基础知识的关系，而且要处理好科学精神与人文精神的搭配，即不仅专业内部有"专"有"通"，而且每个专业的培养都要放在人文社会的大环境中去理解和打基础。二是具体来看，"通"与"专"表现出相互依存的辩证关系。它们相互区别与补充。"专"提供扎实的专业知识与能力，为学生从事某一领域工作做准备；"通"弥补专业教育之不足，使学生具备例如深厚的基础科学理论、人文素养以至宽广的国际视野等因素，最终促进人的自由与全面发展。因此，通识教育是高等教育综合素质培养的一部分，是专业教育的必要补充。离开"通"的"专"只会日益狭隘，最终走入死胡同；而离开"专"的"通"则必将浮于表面，失去立足的根本。通识教育的目标并不是要取代或挤占专业教育，而是对有着专业背景的学生进行全视野的培养。对于文科基础薄弱的传统理工类大学而言，通识教育的目的还尤其在于促进理工科学生人文精神与科学精神的融通。它们相互依赖与转化。追求"宏阔通达"并不等同于追求"博闻强记"，而是强调在全面透彻地理解"专"的基础上，"贯通"所学，进而触类旁通、举一反三。博与约相成，如此方能指望"所见者远"；唯有"通达"，才能指望在专业上真正有"见地"。这样的通识教育与专业教育就不仅仅是相互补充，而且是相互依赖与转化。因此，专业教育本身既承载着通识教育的要求，在专业课程的设计和教学中，融入通识教育理念与方法，在"专"中揭示"通"的内涵，又透过"通"来反思"专"的意义，两者始终相互支撑、相互渗透和相互转化。

课程问题。通识教育理念和目标实现的关键因素是通识教育的课程。通识课程有广义与狭义之分，广义的通识课程应包括思想政治课（简称两课）、英语、军体、计算机、通识教育选修课等。狭义的通识课程通常是指人文社科、科学技术类选修课等。我们认为，通识课程必须符合以下四个条件：第一，这些课必须是改变学生思维方式、观察世界角度的课程，而不是立即学以致用的实用课程。因此这些课程的精髓内容应该在 20 年、40 年后学生还会记得。第二，这些课程必须以成熟学科为基础，必须有深度和系统性。第三，这些课程必须覆盖足够宽的领域，而不能是很窄的领域，特别是所谓的热点话题。第四，课程设置还须坚持"以人为本"，多广泛听取社会、教师、学生的意见，适当考虑学生的需求，根据他们的需要开设课程。

师资问题。通识课程教学师资薄弱是高校普遍存在的问题。究其原因，一是我国大学长期以来以专业教育为主，目前我国大学教师队伍的主体是 20 世纪五六十年代和 80 年代的大学毕业生，他们大都是在专才教育模式下培养出来的，知识面窄，知识结构单一，很难开出跨学科、综合性、文理交融、有深厚文化底蕴的通识课程。在教学方式上，他们也大多习惯于讲授知识为主。二是名教授参与学校通识教育的积极性不高，原因是他们承担较繁重的科研任务，加之存在"重科研轻教学、重专业轻通识"的思想观念。倒是工作量不满的青年教师尤其是年轻的辅导员较积极，他们通常把通识课当作"练手"的机会，但一旦有了专业教学与科研任务后，大多会放弃通识课。通识课是全校性的课，只有教师积极参与，才能开设出受学生欢迎的课程。三是通识课程的师资建设不够重视。要让教师认识通识教育的理念及内涵，让教师有承担通识教育的使命感；要不断完善教师的知识结构，教师除了精通所教学科的专业知识外，还要对其他学科领域进行"广、深、博"的学习，特别要培养教师的文化素养，使教师具备良好的通识教育素质，从而成为通识教育的合格教学者。学校必须要在物质上给开设通识课的教师以一定的资金资助，让教师购买教学资料、参考书和各种必备的教学工具，使教师及时了解最新的教学动态，掌握最新的资料。精神上要给予教师相应的荣誉，在评价方面应要全面、公正、客观，保护他们的教学积极性。

质量问题。通识教育要吸引学生来选修，一是必须保证课堂教学质量。尽管近几年我国高校都积极开展教学方法与手段的改革，不断推进案例式、研讨式、启发式教学，实行大班上课、小班讨论等授课方式，但"填鸭式""一言堂"的上课方式依然存在。如果不进行教学方式的彻底改革，也就不能有效落实通识教育的理念，通识教育就成为一种空谈。因此，通识教育不论在教学方法还是教学内容上都必须有新意，努力营造以学生为主体，以教师为主导的教学氛围，才能调动学生的课堂热情，吸引学生积极选修通识课程。二是学校应以课堂有效互动作为通识教育教学方法改进的突破口，加大教学内容与方式的改革，要提倡"讲授＋阅读＋讨论＋论文"的教学方式，要加大阅读量和提高阅读深度，课堂讨论能将讲授与阅读的内容引向深入，而且能训练学生的表达能力和分析问题的能力，同时还可以使学生体会不同观点及沟通方式。对于规模较大的通识课堂，可以考虑建立研究生助教制度，协助组织课堂或课外讨论。耶鲁大学校长理查德·雷文认为，对于课程与教学，总体而言，教学方式比课程设置更重要。

体制问题。建立有利于开展通识教育的管理体制是大学通识教育顺利发展的组织保证。一是改革招生体制。目前全国大部分高校通识教育与专业教育混合实施，即学生在明确专业身份之后，在选择专业课程的同时选择通识课程，这必然会导致学生不重视通识课程，通识课程往往变成"营养学分""混个学分"。如果能按大类招生，新生一年级集中进行通识教育，这有助于提高通识教育的实施效果。二是改革培养模式，包括修订本科培养方案和本科培养计划，改变学生选课体系，改革教学管理制度，实施书院制，等等。三是实行本科生导师制，真正发挥导师在通识课选课中的作用，避免学生选课随意、盲目，使学生"学会学习"。

4.3 大商科人才培养的通识教育实践

为贯彻落实"立德树人"根本任务，全面推进大学生的素质教育，促进学生全面发展，实现把学生培养成具有人文情怀、专业素养、国际视野的应用型、复合型、创新型的大商科人才培养目标，浙江工商大学和其他高校一样，在重视专业教育的同时也非常重视通识教育，也是国内较早开展通识教育改革的地方高校。根据通识教育的深度和广度，浙江工商大学的通识教育主要分为三个阶段。

4.3.1 通识教育起步阶段

2000 年至 2010 年，为了贯彻教育部《关于开展大学生文化素质教育试点工作的通知》（1995 年）、《关于加强大学生文化素质教育的若干意见》（1998 年）和《中共中央国务院关于深化教育改革全面推进素质教育的决定》（1999 年），本科生课程体系中加入了任意选修课模块。任意选修课指为了扩大学生知识面，提高学生的整体素质而设置的课程，共分为四类：甲类（人文素质类课程）、乙类（学科交叉类课程）、丙类（艺术体育类课程）、丁类（语言与技能类课程）。学生在第 5—7 学期至少应修满共计 16 学分的任意选修课。为体现学科交叉和提高素质的精神，学生应在乙类中选修跨学科门类且与本专业教学计划中已有课程不重复的课程至少 2 学分，在丙类中选修至少 1 学分；为提高就业竞争力，学生必须在丁类中选修《大学生职业发展与就业指导》1 学分；其余学分，学生既可以在全校统一安排的任选课中选修，亦可以在学校条件许可的情况下从本专业选修课、其他专业的专业课或专业选修课、辅修课和研究生一年级课程中选修。

4.3.2 通识教育改革与探索阶段

通识教育改革与探索阶段为 2011 年至 2014 年。为提高学生的学习兴趣，拓展学生知识的广度与深度，拓展学生视野，培养学生的人文素养与科学精神，把学生培养成"全面发展的人"，学校树立起通识教育与专业教育并重、全面发展与个性化培养相结合的教育理念，自 2011 级开始全面推行通识教育，在培养方案中增设通识课程模块。开设的通识课程分历史与文化、文学与艺术、哲学与宗教、经济与社会、数学与自然科学五个方向，共 100 多门课程。培养方案要求学生在一、二年级每学期选修 2 学分，共计选修 8 学分。该阶段的通识教育主要培养学生以下几个方面的素质和能力：

培养学生宽广的文化视野，让他们对世界的认识了解有一定的深度和广度。文化视野主要包括本民族的和西方的文化传统与现实，大学生需要了解一定深度和广度度的中外历史、文化、哲学与艺术的知识，这是建立健全人格的知识基础。因此，在通识课程中有"历史与文化""文学与艺术"等模块，如中国传统文化修养、中西方文化比较、中外文学名著鉴赏、中外文明史等课程，正能满足学生这方面的需要。

培养学生批判性思维能力，让他们成为心智成熟的人。人类文明体系中有许多复杂的内容与关系，我们要正确了解各种事物和复杂环境，就必须要有一定的认知事物的心智素质与理性思维能力，譬如对事物情况的敏感观察力，深刻缜密的逻辑思维能力，善于调查、沟通、表达、反省、批判、选择的能力，等等。人一旦缺少这些理性能力，就容易成为一个头脑糊涂的人，一个容易被误导或愚弄的人。为此，学校的通识课程中开设了"哲学与宗教""经济与社会"等模块，如沟通与写作、创新思维训练、社会调查与研究方法、逻辑学导论、逻辑与批判性思维等课程。

培养学生正确的价值观和道德行为准则，让他们成为正直善良有责任感的人。我们天天都在接触价值，判别价值，选择价值和消费价值，这是人生的需要。价值包括物质价值、文化价值、情感价值等，作为大学生，几年后走向社会，首先应该懂得辨析生活中各种价值（善恶），不颠倒价值，不混淆价值，其次要学会正确选择价值，建立自己正确的人生价值观念及理想与信仰，遵守道德行为准则。其实，在西方大学教育中，也非常重视学生的价值观与道德准则的教育，并且重视以基督教精神为基础来培养人的价值信仰与道德准则。为此，在通识课中开设了宗教学导论、伦理学导论、社会学导论、佛教与中国文化、《论语》与生活等课程。

培养学生的情感与意志，让他们成为富有情感意趣和坚强意志的人。大学教育必须要培养人的情感意志。人的情感修养到位，为人处世就会比较含蓄恰当而又有意趣，也才能深刻地理解人、与人沟通，真正懂得人生的意义与幸福。而人具备了坚强意志，做事才会有决心，才能吃苦耐劳、百折不挠有定力，人才会显得有力量和品位。为此，通识课程中开设了音乐剧欣赏、舞蹈作品鉴赏、中国艺术欣赏、中国戏曲鉴赏、物理学与人类文明、幸福学等课程。

4.3.3 通识教育的深化与提升阶段

2015 年以来，为了落实"专业成才、精神成人"的人才培养理念，突出大商科办学特色，浙江工商大学通过对学生的问卷调查，督导及相关领导听课反馈，对学校的通识教育进行了总结与分析，发现存在以下一些问题：

通识课课程体系还需进一步完善。虽然学校通识课数量已达 100 多门，但是有关人文素养、体现大商科特色、教授实践技能等方面的课程还不够多，尤其是中国传统文化教育方面的课程。

通识课的师资较薄弱，不仅缺少能开出跨学科、综合性、文理交融、有深厚文化底蕴的通识课程的教师，而且教授参与学校通识教育的积极性不高。学校现有通识课中，主讲教师具有正高职称的只占 21.7%，副高职称占 50.3%，而中级职称及以下的占 28%。

课堂教学质量有待进一步提升。现有一些课程教学内容缺少设计与组织，与通识课不相符合；教学方法以灌输式方法为主，缺少师生互动交流。因此，没能很好地激发学生学习兴趣，导致到课率下降，甚至不少课程出现最后一节课剩下的学生数不到 50% 的情况。

课程考核方式略显单一。考虑到通识课程的特点，目前学校开设的通识课程原则上不采用考试形式，而采取课程小论文方式进行考核。这种单一的考核方式，减弱了学生的学习动力和学习兴趣，通识课被有些学生视为"捞学分"的"水课",最终影响通识课程的整体教学效果。

课程退出机制尚未建立。为保证通识课程的"含金量",学校在通识课程的准入机制上较严格,但对在实际运行中发现的不符合通识课要求的课程尚未建立退出机制,对暴露出问题的通识课程,没法进行清退,导致"能进不能出""严进无出""只进不出"现象。

针对以上存在的问题,浙江工商大学于 2015 年启动新一轮通识教育改革,进一步完善通识课课程体系和管理机制,加大通识课建设力度,着力提升通识课的教学质量,达到提高全体大学生的文化品位、审美情趣、人文修养和科学素质的目的。主要举措有:

成立专门的通识教育组织机构。成立"通识教育教学指导委员会",负责通识教育核心课程的系统谋划设计和建设规划;成立"通识教育中心",负责通识教育教学指导委员会的日常工作和通识教育课程建设及管理。

调整本科专业人才培养方案的课程结构。现有的培养方案中,课程结构分为普通共同课(思政、英语等)、学科共同课、专业核心课、专业选修课、通识课和任意选修课。其中通识课 8 学分,要求在一、二年级选修;任意选修课 8 学分,分甲、乙、丙、丁四类,且每类有学分要求,在三、四年级选修。为了突出通识教育在人才培养中的重要性,体现出通识课程的内涵,把"通识课和任意选修课"合并为"通识选修课",学分为 12 学分,原则上在一、二、三年级选修。同时,把任意选修课作为专业补充或根据人兴趣爱好而由学生自主选择的课程,可在全校开课的课程中选择,鼓励学生跨院(系)、跨专业选修课程。任意选修课的学分为 4 学分。

优化通识选修课程体系。现有通识选修课程分为"历史与文化""文学与艺术""哲学与宗教""经济与社会""数学与自然科学"五个模块。为了更好地实现通识教育的目的,并突出大商科的人才培养特色,把通识选修课程分为"文学·历史·哲学""艺术·宗教·文化""经济·管理·法律""写作·认知·表达""自然·工程·技术""创新·创意·创业"六个模块。其中，文科类学生需选修"自然·工程·技术"模块学分，理工类学生需选修"文学·历史·哲学"模块学分，非经管法类学生需选修"经济·管理·法律"模块学分，具体各模块的学分由各专业根据人才培养需要具体确定。

创新性地构建"六博雅"通识教育路径。为更好地推进通识教育，学校创新性地构建了博雅课程、博雅经典、博雅讲堂、博雅优培、博雅学会、博雅社区等"六博雅"教育路径。一是博雅课程。建设 40 门左右的具有浙商大特色的精品通识选修课，学校采取遴选立项、期满验收、定期复评、不断更新的方法对优质通识教育选修课程予以重点建设。所有课程面向全校招标并组织专家评审筛选，并根据教学需要和检查评估的情况，滚动发展，实行淘汰制。对于通过立项的课程，实行 1 年建设期，学校给予每门 2 万元的建设经费，主要用于网络教学资源、教材等方面的建设。通过精品课程的建设，形成一批体现浙商大特色的精品通识教材。对于校级精品通识选修课程，课时费上浮 50%。同时，学校引进一批其他高校或社会上的各种优质通识课程资源，包括 MOOC 课程、国内外视频公开课、资源共享课以及其他商业化课程资源等。学校增加专项资金，加强网络优质课程的引进与管理，加强宣传，选课人数由原来的 500 人提升为 1500 人，扩增 3 倍。二是博雅经典。组织专家编写《博雅经典阅读》和《博雅电影赏析》丛书，出台《浙江工商大学经典阅读·电影赏析管理办法》，读经典可以拿 2 个通识学分；创建了包含 100 部经典图书和 100 部经典电影的在线平台，提供在线阅读、观影及在线考核。曾举办以"电影成就梦想，电影放飞希望，电影展现自我，电影反思生活"为主题的"电影赏析之夜"等活动，截至 2017 年底全校参加在线阅读及观影的人数达千余人。三是博雅讲堂。聘请国内外在业界和学术上卓有成就的专家、学者开设系列讲座，讲座以倡导科学与人文融合为出发点，以传播知识、弘扬人文精神为目标，汇集校内外知名专家学者阐释独特思想，展示最新学术成果，分享人生经验与智慧。截至 2017 年底，学校聘请北京故宫博物院院长单霁翔等为代表的多名专家走进博雅讲堂，已惠及听众千余人。四是博雅优培。学校不定期选送教师参加各类通识教育系列培训，从课程教学、教学设计、教学方法、课件制作等方面进行专题培训与交流，增强教师对通识教育理念的认识和特点的把握，不断提高通识教育的教学水平。五是博雅学会。成立以学生自我管理、自我服务、自我发展为主的博雅学会，协助学校通识教育中心做好通识教育系列活动和浙商大博雅学会公众号官微的运营，先后独立开展了《博雅微访》《博雅沙龙》《博雅赏析》等专题栏目，深受师生的好评。六是博雅社区。联手学校相关部门共建学生社区，为学生提供相互交流学习的平台，努力做到全员育人、全过程育人、全方位育人的目标。学生自发组建，通过通识教育的有关活动，自动形成社区，如赏析社区、经典阅读社区、访谈社区、讲堂社区、课程社区等多元社区。

建立通识课程的准入、评价和退出制度。为保证通识课的教学质量，建立严格的新开课程审核机制，主讲教师原则上应具有副教授及以上职称（采取"翻转课堂"教学方式除外）。做好通识课的教学效果评价工作，通识课的评价以学生评价为主，同时结合教学督导、通识教育教学指导委员会成员等的听课情况。对于教学效果好，课堂教学评估分列全校通识选修课前 15% 的课程，课时费上浮 20%；列前 16—30% 的课程，课时费上浮 10%（已上浮课时费的精品通识课除外）。对于教学效果差的通识课程，给予限期改进或暂停开设的处理。

加强通识课教学方式方法和考核方式的改革。鼓励通识选修课改变传统"满堂灌"的教学方式，采取"大班授课、小班讨论"或"翻转课堂"。"大班授课、小班讨论"方式，要求讨论课每学分不少于 3 课时；"翻转课堂"方式，讨论课每学分不少于 9 课时。讨论课学生人数不超过 35 人，由主讲教师或助教组织讨论。改变现有采取课程小论文这种单一的考核方式，丰富考核方式，突出课堂互动、课堂讨论、课后学习、合作学习的成绩评定。

设立通识课程助教制度。通识课程的助教由参加青年教师助讲培养的教师或成绩优异、思想端正并选修过相关课程的在读硕士、博士研究生担任。他们接受主讲教师的指导，在主讲教师的安排下随堂听课，协助教学管理，对学生进行辅导与指导、批改作业，协助组织实践活动并组织讨论，等等。具体可由任课老师提出申请并制订助教计划。学生的助教费用从学校相关经费中支出，教师的助教费由学校根据其承担的实际教学工作量计酬。采取"翻转课堂"教学方式的课程原则上不配备助教。

第5章
专业教育：历史演进与改革创新

　　结合经济建设与社会发展需要，浙江工商大学各专业准确定位，把握发展方向，彰显大商科特色，明确人才培养目标，积极创新和优化人才培养模式。在专业培养方面，除重点建设优势、特色专业，还通过对学校资源的合理配置，培育工商管理类、经济学类、法学类、食品科学与工程类、电子商务类、电子信息类、语言类专业群。学校着力构建从学生入学到毕业四年全过程的个性化人才培养体系，制订不同的培养方案。推行分层教学，大学英语、数学、计算机等公共课程实行不同难易程度的教学；实行"双专业、双学位"制度，培养个性化人才；实现毕业论文替换制度，允许学生用在校期间完成的学术科技作品替代毕业论文；实施跨学院、跨学科合作，结合大商科背景，打造创新型、复合型人才。

5.1 专业教育的理念与历史演变

　　专业教育是根据社会职业分工、学科分类、科学技术发展状况所划分的各个学科和专业，并据此制订专业培养目标、专业教育计划和组建专业课程体系，培养在某一专业领域具有精深知识和能力基础的高级专门人才。

5.1.1 专业教育的概念

　　专业，即"专门的职业"。《现代汉语词典》中将专业定义为"高等学校的一个系里或中等专业学校里，根据科学分工或生产部门的分工把学业分成的门类"。《教育大辞典》中"专业"一词的解释来自苏联，指"中国、苏联等国高等教育培养学生的各个专门领域，它是根据社会职业分工、学科门类、文化科学技术发展状况及经济建设与社会发展需要划分的。"[1] 潘懋元《高等教育学》一书中认为"专业"是课程的一种组织形式。[2] 在此基础上，卢晓东、陈孝戴在《高等学校"专业"内涵研究》一文中对"专业"进行了定义："专业，就是课程的一种组织形式，学生学完所包含的全部课程，就可以形成一定的知识与能力结构，获得该专业的毕业证书。"[3]《国际教育标准分类》称之为课程计划（program）；美国高等学校称之为主修（major），原词译自俄文，曾指中国、苏联等国高等教育培养学生的各个专门领域。冯向东认为，从大学的角度来看，专业是为学科承担人才培养的职能而设置的；从社会的角度来看，专业是为满足从事某类或某种社会职业必须接受的训练需要而设置的。专业处在学科体系与社会职业需求的交叉点上。[4] 综上所述，我们可以将"专业"理解为：依托课程组织按照一定标准划分，具有独立科学知识体系，作为高等学校培养学生的主要载体，为满足社会发展需要而设立的学业门类。

狭义的专业教育是指以"专业"为依托培养社会发展所需专门人才的一种特殊活动。《教育大辞典》中对专业教育有明确的定义："专业教育是根据社会职业分工、学科分类、文化科学技术发展状况及经济建设与社会发展需要划分各个学科和专业，高等学校据此制订专业培养目标、专业教育计划和组建专业课程体系，为国家培养、输送所需的各种专门人才，学生亦按学科和专业的分割来进行学习，形成自己在某一专门领域的所长，为未来的职业活动做准备。"陈学飞后来在书中对专业教育做了更直白的定义："专业教育亦称专门教育，为工作而接受的教育或

---

① 顾明远：《教育大辞典（第三卷）》，上海教育出版社1991年版，第26页。
② 潘懋元、王伟廉：《高等教育学》，福建教育出版社1995年版，第128页。
③ 卢晓东、陈孝戴：《高等学校"专业"内涵研究》，《教育研究》2002年第7期。
④ 冯向东：《学科、专业建设与人才培养》，《高等教育研究》2002年第23期。

训练，其教育的目的是使受教育者能成为专门人才，通过专门化的系统知识的培训，为学生从事需要受过专门训练的职业做准备。"[1]

广义的"专业教育"还包含"专业"之外的教育，与高等教育是同义的，如美国高等教育强调专业教育应建立在广泛的通识教育基础之上，德国的专业教育更注重学术教育。英国的高等教育目标包括四个方面：一是发展学生心智，协助其发展及达到自我成就感。二是为未来生涯及职业与社会变迁带来的挑战而做准备的能力。三是终生学习的能力，以使其在工作中扮演有效角色。四是对国家经济繁荣及社会文化环境改善有所贡献。法国教育体系中明确划分大学教育与专业教育，它的大学教育更贴近于我们通常所指的高等教育，目标在于基础科学与人文科学的人才培育，授予大学学位；而其专业教育更类似于职业教育，目标在于专业人才的培养，授予专业文凭。亚伯拉罕·弗莱克斯纳在《现代大学论》一书中认为："专业教育是以高深学问为基础，注重理论修养，是博雅和理智的活动；而职业教育注重传授技术。"[2]有学者也提出专业教育包含专业伦理、专业知识技能与专业思维三个方面，其中专业伦理的作用应更突出。林丽丽认为专业教育应从"三个维度""一个评价标准"去考虑。评价主体需符合的"三个维度"是：能否满足个人自身发展需要，能否满足社会需要及是否被专业群体认可的维度。"评价标准"包括知识面的宽窄与知识能力、品质等拓展能力的深浅两个度量维度。[3]

5.1.2 西方专业教育的历史演变

大学专业教育可追溯到欧洲 12 世纪中期至末期之间的中世纪大学。当时这些大学是以研究"高级知识"为主的团体机构，与教会、宗教的关系非常密切。中世纪大学的专业教育具有职业的特性，共设文、法、

---

① 陈学飞：《美国、德国、法国、日本当代高等教育思想研究》，上海教育出版社 1998 年版，第 59 页。

② ［美］亚伯拉罕·弗莱克斯纳：《现代大学论——美英德大学研究》，徐辉等译，浙江教育出版社 2002 年版，第 46 页。

③ 林丽丽：《从形式化的专业教育走向实质性的专业教育》，福建师范大学硕士论文，2013年，第 15—16 页。

神、医四科，主要培养教师、律师、神职人员和医生，带有比较明显的实用性和功利性。①此时的文学部是基础学部，并不培养哲学家或文学学者；法、神、医三科被认为是"高级学部"，当时博洛尼亚大学的"法律"，萨莱诺大学的"医学"及巴黎大学的"神学"都曾著称于世。胡建华总结："中世纪大学是主要培养专业人才的职业学校，只是在有限的意义上可以说它是为学习本身的概念而存在的。大学在满足专业、教会和政府对各种人的需要的过程中不断发展。"②

15世纪末，文学系的地位逐渐发生了变化，主要是受到文艺复兴、宗教改革及新科学革命的影响。一些国家的文学系向专业学系转化，逐渐摆脱法学、神学、医学的从属地位；也有一些国家的文学系成了中等教育机构——独立的文法学校。文学系的授课内容从传统的"七艺"和亚里士多德的哲学转化为更为实用的经济学、政治学、地理学、数学、建筑学和世界史等。此时，高等教育机构正在慢慢地向专业化转变，大学已逐渐成为专业教育机构，但仍然带有明显的职业化、工具化性质。

17—18世纪，受科学革命、工业革命及启蒙运动的影响，社会政治经济发展需要更多的专业人才，新型高等教育机构——专门学院产生，如外科学院、兽医学院、军事学院等。从这些专门学院的名称上，大家也能发现，此时的学院专门化程度比较高，是培养某个领域专门人才的专门教育机构。黄福涛提到"专门学院是按照'传授一门科学、一门技术或一门专业'的方针设置的高等教育机构，基本上是根据一两门主要学科或专业设立，围绕该学科或专业传授相关使用科目"③。

19世纪到20世纪中叶是传统大学中专业教育的形成期，也是新型高等教育机构的蓬勃发展期。社会发展和工业、科学革命使得传统大学的学科不断分化，并逐步引入现代科学的专业学科。如德国1790年成立的某兽医学校，在1887年升格为兽医大学，1921年合并至柏林大学。

---

① 顾明远：《教育大辞典（第三卷）》，上海教育出版社1991年版，第26页。
② 胡建华：《现代中国大学制度的原点》，南京师范大学出版社2001年版，第227页。
③ 黄福涛：《外国高等教育史（第二版）》，上海教育出版社2008年版，第219页。

1826 年伦敦大学创立，共设文学、理学、工学和医学四个系，每个系的课程都实现了专业化，为社会培养了大量的实用型专业人才。1862年，美国联邦政府通过了《莫里尔法案》，是美国大学专业教育的里程碑事件。该法案推动了美国农、工、机械等相关学科的发展，并形成了著名的"威斯康星思想"，大学与社会的联系开始紧密，社会服务成为大学的重要职能，专业教育逐渐形成。综合来看，这个时期的新型高等教育机构的出现推动了专业教育的发展进程，弥补了传统大学在专业教育改革中的不足，高等教育机构的专业性得到了充分的保障。①

20 世纪中后期，各国高等教育改革与发展迅速。第二次世界大战结束后，世界政治、经济格局发生巨大变化，高等教育的改革浪潮突起；社会分工更加细化，经济社会对专门人才的需求迫切，高等教育的大众化趋势明显，专业教育不断呈现出多样化、多元化的特征。如这个时期法国的学科类别包括法学、经济学、自然科学、人文科学、医学、工程科学和农业科学等七类。另外，20 世纪中叶以后，科学技术的综合性发展使得学科界限不断淡化，知识的生长和发展越来越具有学科互涉的特点，"跨学科"发展不断突显出来。在 1968 年推出的《高等教育方向指导法案》中，法国明确了多学科性的定义："每所学校在继续保持自己专业特长的同时，努力打破以往学科的阻隔、互不联系的传统，发展各学科之间的联系，重新组合各种相邻学科，创立新型课程，向着多学科、多专业的综合性方向发展。"1962 年德国建立的波鸿大学，对设置跨学科和按学科间的内在联系设置专业进行了尝试，且不同专业之间的交流十分频繁。美国在 20 世纪初提出了在专业教育中推行"通识教育"的理念，逐步建立起"以通识教育为基础的专业教育"模式。哈佛大学校长柯南特于 1945 年主持编写了《自由社会中的通识教育》，分析了通识教育与专业教育的关系，将其作为生活中不可分割的两方面，认为专业化既满足了社会的需求，又符合学生的利益，而普通教育在这一情况下则具有特殊的意义。这一报告将通识教育的精神引入专业教育，确立了

---

① 金顶兵、闵维方：《论大学组织的分化与整合》，《高等教育研究》2004 年第 1 期。

通识教育在高等教育中的地位，通识教育与专业教育融合发展。1960—1970年，哈佛大学、斯坦福大学、麻省理工学院等著名大学也开始发展"科学、技术与社会"等跨学科研究与教育。

总而言之，随着社会需求的复杂性和综合化发展，"跨学科"与"通识教育"成了这一时期高等学校专业教育中的两个关键词，高校的人才培养模式也随之发生变革。[①]

5.1.3 我国专业教育的历史演变

中国近代意义的大学起源于清末的天津中西学堂、南洋公学，学习西方而建，直到京师大学堂建立，中国近代意义的大学才真正产生，它的分科大学堂是中国本科教育的源头。当时的大学教育分两段进行，先是大学预科或高等学堂，主要安排外语、中学伦理等基础课；然后才是大学本科，大学本科是一种高级的专门教育，全部是专业课。清末的大学本科教育是要培养当时社会需要的各种人才，是较为专门化的。分科大学堂代表中国高级专门教育理念的形成，《奏定大学堂章程》规定大学堂分为八科，每科又分若干门，三年或四年毕业，这八科分别为经学科、政法科、文学科、医科、格致科、农科、工科及商科。清末的大学本科教育并未形成规模。到清王朝灭亡时，中国人创办的近代大学仅有四所，分别是京师大学堂、北洋大学堂、上海南洋公学与山西大学堂，且只有北洋大学堂与山西大学堂有少量的毕业生，合计未超百人。

中华民国建立后，政府对清末的封建教育制度进行了一系列改革，主要是革除封建性，但民国初年大学的框架基本未变，仍然是对清末高级专门教育理念的继承。直到1917年"大学改制"后，大学的指导思想变为重视学术研究，培养学术研究、发明创造的"学问之士"；本科教育向通才教育转变，注重文理相通，培养"闳才"。1913年出台的《大学规程》取消了《奏定大学堂章程》中的经学科，分文科、理科、法科、商科、医科、农科、工科共七科，此时仍然沿用的是清末的大学

---

① 钱颖一：《大学的改革（第一卷学校篇）》，中信出版社2016年版，第74页。

框架。"大学改制"充分反映了时任北京大学校长蔡元培的大学教育思想，他在议案中提出："大学专设文理两科。其法、医、农、工、商五科，分别为独立大学。其名为法科大学、医科大学等。"1919年，蔡元培在北大"废门改系"，他主张习文者须兼习理科的基础知识，习理者则要兼修文科的基础知识；在学校的编制上实行学系制，废止文、理、法等科别，把北大的三科界限去除，将各科所属学门改为系，设立数学、物理、化学、地质、哲学、中国文学、英国文学、法国文学、德国文学、俄国文学、史学、经济、法律、政治14个系，废学长，设系主任。改革后，北大的文理学生可以更自由地学习其他系的课程。

随着美国的影响力越来越大，中国的大学教育理念也逐渐发生了变化，从受德国等欧洲大学模式的影响逐渐转变为向美国大学学习。大学也在从高级专门教育转向"通才教育"，从学术专家的培养变为社会人才的培养，最终，"通才教育"成为民国时期大学本科教育的主导思想。[①] 20世纪30年代末期，专科教育得到了充分发展，专科学校的性质与任务已与大学基本明确区分开，专科学校培养的是应用型的技术人才；而大学培养的是能治学、治事、治人、创业的通才与专门人才。另外，研究生教育的专门化也使本科教育不必过分专深，为本科教育专门培养通才进一步创造了良好条件。

1949年中华人民共和国成立后，我国照搬了苏联的高等教育体系，建立了以培养专门人才为目标的一整套专门化的高等教育模式。以培养工业建设干部和师资为重点，发展专门学院，以整顿和加强综合大学为方针，形成了与计划经济体制相匹配的专门教育。

培养专门人才成为大学教育改革的基本指导思想，大学教育的专门化被明确提出。1950年，《教育部关于实施高等学校课程改革的决定》指出："高等学校应以学系为培养专门人才的教学单位，各系课程应密切配合国家经济、政治、国防和文化建设当前与长期的需要，在系统的

---

① 康全礼：《我国大学本科教育理念与教学改革研究》，华中科技大学博士论文，2005年，第62页。

理论知识的基础上，实行适当的专门化，应根据精简的原则，有重点地设置和加强必需的和重要的课程，删除那些重复的不必要的课程和内容，并力求各学科的相互联系和衔接。"高等学校一方面进行"院系调整"、体制改革，另一方面进行专业设置为中心的教学改革，依据苏联高等教育的专业目录，统一设置了我国高校的专业，我国高等学校已完全专业化。

1953 年，全国高等学校设置专业 215 种，1957 年扩大到 323 种，1958 年全国 219 所高等学校共设专业 363 种，1958 年至 1960 年专业种类进一步增加，多达千种以上。1961 年开始对专业种类进行调整，种类逐年减少；1961 年保留专业 740 种，1962 年 627 种，1965 年调整到 601 种，大大超过规定的 432 种。过度专业化是当时我国高等教育这个时期的明显特征，专科教育与研究生教育发展的缺乏是造成这一现象的重要原因，如表 5-1 所示。

表 5-1　20 世纪 50 年代初至 80 年代初我国本科专业总数

年　份	1953	1957	1958	1962	1963	1965	1980
专业总数	215	323	363	627	432	601	1039

数据来源：中国教育年鉴（1949—1981）[M]. 北京：中国大百科全书出版社，1984.

随后，国家出台了一系列高等教育专业设置相关文件，主体思想是改变专业过于狭窄的状况，精简和更新教学内容，增加实践环节，减少必修课，增加选修课，实行学分制和双学位制。

1992 年后，市场经济体制逐步建立，高等教育体制改革全面深化。1993 年《中国教育改革和发展纲要》提出："高等教育要进一步改变专业设置偏窄的状况，拓宽专业业务范围，加强实践环节的教学和训练，发展同社会实际工作部门的合作培养，促进教学、科研、生产三结合。"1994 年《国务院关于〈中国教育改革和发展纲要〉的实施意见》指出："高等教育要重点发展应用性学科和专业，适度发展新兴学科、边缘交叉学科，稳定和提高基础学科；要努力培养高层次复合型人才。逐步实行学分制，在确定必修课的同时，设立和增加选修课，拓宽学生的知识视野，激发学生学习的主动性和创造性。"1998年12月教育部《面向21世纪教育振兴行动计划》提出："本科教育要拓宽专业口径，增强适应性，今后3~5年，将专业由200多种调整到100多种。"如表5-2所示，1998年的专业数量已经明显减少。1999年《中共中央国务院关于深化教育改革，全面推进素质教育的决定》指出："高等教育要加快课程改革和教学改革，继续调整专业结构和设置，使学生尽早地参与科技研究开发和创新活动，鼓励跨学科选修课程，培养基础扎实、知识面宽、具有创新能力的高素质专门人才。"

表5-2　20世纪80年至90年代末我国本科专业总数

年　份	1986	1988	1993	1997	1998
专业总数	826	870	504	624	249

数据来源：文辅相.我国大学的专业教育模式及其改革 [J]. 高等教育研究，2000.

从高级专门人才到应用型专门人才再到高层次复合型人才、高素质专门人才，可以看出我国高等教育培养目标的变化以及当时专业教育基本理念的发展变化；"增加选修课""拓宽专业口径，加强基础""鼓励跨学科选修课程"这些关键词是最直接的体现。"厚基础宽口径"的专业教育理念是我国高等教育20世纪末期的主流教育思想，针对专业教育中知识面狭窄的问题，当时也提出了加强学生文化素质教育，培养全面发展的人的改革思想。

5.2 专业教育的改革与发展

专业教育的理念是随着社会与经济发展不断变化的，每个时期的改变都伴随着培养目标以及一系列具体的改革举措，如教育方针、教育制度、大学机构设置、院系与专业设置、培养体系、教学计划与课程安排等。当然，专业教育的理念最终都会体现在课程的设计上，课程改革一直是实施专业教育的核心与基础。在不同时期，各阶段专业教育都有改革的重点，实施的路径与采取的具体举措大不相同，我们试图考察我国各个时期不同教育理念下专业教育的实施路径。

5.2.1 专业课程的引入与设置

19 世纪末，我国专业教育处于萌芽阶段，专业教育改革路径主要体现为课程规划，即从西方引进最基础的专业课程。表 5-3 为天津西洋中西学堂的课程设置，可以看出四年基础课程之后的专门学已分为工程学、电学、矿务学、机器学与律例学五个专业，每个专业都设置了定向课程。

20 世纪初，1903 年天津中西学堂改名为北洋大学堂，分法律、采矿、土木工程等专门科，此时法律科的课程主要包括国文国史、英文（兼习法文或德文）西史、生理、天文、大清律例要义、中国近世外交史、宪法史、宪法、法律总义、法律原理学、罗马法律史、合同律例、刑法、交涉法、罗马法、商法、损伤赔偿法、田产法、成案比较、船法、诉讼法则、约章及交涉法参考、理财学、兵学、兵操等。[①] 从课程设置上看，此时的"法律科"的课程相较之前的"律例学"已经全面了很多，虽然分的科类不多，很多课程也没有开出，但专业教育的发展与进步还是能体现出来的。

表 5-3　天津西洋中西学堂课程规划

年　级	主要课程
第一年	几何学、三角勾股学、格物学、笔绘图、各国史鉴、作英文论、翻译英文

---

① 朱有瓛:《中国近代学制史料》（第 2 辑：上册），华东师范大学出版社 1987 年版，第992 页。

年 级		主要课程
第二年		重学、微分学、格物学、化学、测量地学、笔绘图并机器绘图、作英文论、翻译英文
第三年		天文工程初学、化学、花草学、笔绘图并机器绘图、作英文论、翻译英文
第四年		金石学、地学、考究禽兽学、万国公法、理财富国学、作英文论、翻译英文
第五年（专门学）	工程学	演习工程机器、测量地学、重学、汽水学、材料性质学、桥梁房顶学、开洞挖地学、水力机器学
	电学	用电机理、传电力学、电报并德律风学、电房演试
	矿务学	深奥金石学、化学、矿务房演试、测量矿苗、矿务略兼机器工程学
	机器学	深奥重学、材料势力学、机器、汽水机器、绘机器图、机器房演试
	律例学	大清律例、各国通商条约、万国公法

数据来源：舒新城．中国近代教育史资料 [Z]．北京：人民教育出版社，1983：138．

1904 年《奏定大学堂章程》正式颁布，标志着中国现代学制雏形的建立，它是京师大学堂的第三个章程，规定大学堂分为八科，每科又分为若干门并对每门的课程进行了详细的规划，如表 5-4 所示。

表 5-4 《奏定大学堂章程》科门表

分科大学	学 门
经学科	周易学、尚书学、毛诗学、春秋左传学、春秋三传学、周礼学、仪礼学、礼记学、论语学、孟子学、理学
政法科	政治学、法律学
文学科	中国史学、万国史学、中外地理学、中国文学、英国文学、法国文学、俄国文学、德国文学、日本文学
医科	医学、药学
格致科	算学、星学、物理学、化学、动植物学、地质学
农科	农学、农艺化学、林学、兽医学
工科	土木工学、机器工学、造船学、造兵器学、电气工学、建筑学、应用化学、火药学、采矿及冶金学
商科	银行及保险学、贸易及贩运学、关税学

《奏定大学堂章程》中对每个学门的课程设置进行了详细规划，包括各个课程每周的课时数（当时称之为钟点数），表 5-5 列出了工科大学中土木工学门的课程规定。从表中的课程能看到学科、专业及课程设置的影子，有些课程的名称仍与当时保持一致。另外，在课程设置中还

规划了实习与实事演习活动，如第一年安排了 18 个钟点的计画制图及实习；第二年与第三年分别安排了 22 个钟点的计画制图及实习，以及钟点数不定的实事演习。从这项对学生的专门训练教学活动中也能看出当时"专业教育"培养高级专门应用人才的理念。《奏定大学堂章程》为后来我国高等教育的发展奠定了基础，建立了中国现代学制的雏形。

表 5-5 《奏定大学堂章程》土木工学门课程

年　级	课　　程	总钟点
第一年	算学、应用力学、热机关、热机器制造法、建筑材料、冶金制造学、地质学、石工学、桥梁、道路、测量、计画制图及实习	36
第二年	河海工学、铁路、卫生工学、水力学、计画制图及实习实事演习、工艺理财学	34
第三年	河海工学、水力机、市街铁路、地震学、房屋构造、测地学、计画制图及实习实事演习、土木行政法、电工学大意	30
第三年末	毕业课艺及自著论说、图稿	

5.2.2 选科制与课程的改革

民国初期大学本科的课程与清末的区别不大，由于时间比较仓促，科类、学门类以及各门类设置的课程大多是由清末继承而来的，并没有进行真正的改革。直到蔡元培先生任北京大学校长时期，他对北大教育教学进行一系列的改革，才真正反映当时大学专业教育理念的变化。为便于理解这个时期的重点，我们以北京大学的改革为例来描述当时"专业教育"的实施路径。

1912 年，蔡元培先生任教育总长期间，教育部颁布了《大学令》指出："大学以教授高深学术、养成硕学闳才、应国家需要为宗旨。""硕学闳才"反映了他的大学教育理念，但此令并未实施，直到他任北大校长后，他的大学教育思想、理念才真正得到实现。

1916 年至 1927 年任北京大学校长期间，蔡元培先生进行了多项改革。首先是对大学预科的改革，改制之后预科改为两年，且分属于各科，保证了与本科课程的衔接，如表 5-6 中所示。如法预科第二年开始教授经济通论、法律通论等课程；理预科第一年与第二年都设置了数学课程，这与本科阶段第一年的数学温习形成衔接，如表5-7所示。

表5-6 1917年北京大学预科课程

科 类	年 级	课程
文预科	第一年	外国语、国文、本国史、本国地理、西洋文明史、数学
	第二年	外国语、国文、本国史、西洋文明史、论理学概论、哲学概论、世界地理
理预科	第一年	外国语、国文、数学、科学
	第二年	外国语、国文、数学、科学
法预科	第一年	第一外国语、第二外国语、国文、万国史、万国地理、数学（选修）、商业算术（选修）、论理学
	第二年	第一外国语、第二外国语、国文、万国史、心理学、经济通论、法律通论、簿记学

表5-7 1917年北京大学理科大学数学门课程表

年 级	课程	总课时
第一年	数学温习、解析几何、微积分、物理、物理实验、化学、化学实验、力学、英文	31
第二年	微积及函数学、微分式论、代数、几何、理论物理、力学、英文	23
第三年	函数学、代数、几何、天文、数学史、德文	17

1919年，北大"废门改系"，使文理科学生可以更自由地学习其他系课程；教学管理上实行单位制、选科制，使学生于选修课中有一定的选择自由。其实，1918年的课程变化就已经体现出选科制的思想。比如此时理科本科数学门课程已经分通科和专科两部分，其中通科部分包括数学基础课程、物理、天文、化学及外国语课程，通科课程主要在第一、二学年学习；专科部分属于可选修的课程，主要是一些数学相关课程，如非欧几里德几何学、数论、丛论、代数曲线论等，在第三、四学年选择学习。

蔡元培先生提倡选科制，与他主张建立发展个性的新教育是一致的。本科学生每年所习学科为20单位左右，四年满80个单位即可毕业。其中一半为必修课，一半为选修课，后来改为三分之二为必修课，三分之一为选修课。本科阶段四年皆为分系选科制，第一学年每个学组各系学生学习的课程基本一致，包括共同必修课和部分组内的选修课；进入第二学年以后，学生在以本系课程为主的基础上可选择修习其他系科的课程。这样，学生的学习自由度增加，所学课程的范围也拓宽很多，与清末的高级专门教育理念相比有明显改变。

此时的北京大学还注重学问求取与学生的研究能力培养，重视实验；通过扩建实验室，充实图书馆与仪器设备等方式，注重培养学生学术能力；另外，北京大学还聘请中外著名学者到校演讲，帮助学生组织学术研究团体，创办报刊，建立研究所，等等。

蔡元培的本科教育思想以及对北大教学的改革措施，是民国初期中国大学本科教育的典型体现；而民国中期之后，通才教育思想逐渐占据主流，比如清华大学给新生设置的共同必修科目就是一种明显的标志。

5.2.3 学校与专业设置的调整

中华人民共和国成立后，百废待兴，急需各行各业的高级专门人才；在此背景下，以及受到苏联高等教育模式的影响，"通才"向"专才"教育的转变是当时的主要高等学校改革思想。1952 年的《人民日报》发表社论提出："旧中国的高等教育制度基本上是为帝国主义和反动统治阶级服务的，是半殖民地半封建社会的产物。院校的设置是盲目的，是严重的脱离实际的。因此，院系重复，人力物力分散，教学效果很低。加以课程内容广泛笼统，只能培养一些不切实际的所谓'通才'。这种'通才'的教育效果，在旧中国就表现为'学非所用''用非所学'。今天新中国正在向着工业化的道路迅速迈进，我们需要大量的合格的各种专门人才，尤其是工业建设的专门人才。"在这种思想的影响下，我国于 20 世纪 50 年代对高等学校院系进行了空前的调整改革。

经过调整，全国高等学校数目从 200 多所减为 183 所，私立高等院校全部改为公立。另外，在院系调整中，还将沿海地区的一些高校的同类专业西迁至内地建立新校或加强建设内地原有学校，或将一些高校全部或部分迁入内地，具体高校类型及数量如表 5-8 所示。

表 5-8　20 世纪 50 年代我国高等学校类型与数量

类型	综合大学	工业学校	师范院校	农林学校	医药院校	政法学校	财经学校	艺术学校	语文学校	体育学校	少数民族学校	其他
数量	14	38	31	29	29	4	6	15	8	4	3	1

1954 年高等教育部颁发了《高等学校专业目录分类设置（草案）》，作为中华人民共和国第一份专业分类目录，是当时全国高校专业分类、设置与布点的重要依据。从这个草案看，专业设置上是非常细的，比如普通机器类就设有 25 个专业，土木建筑与建筑学类下面设有 16 个专业，财政经济类下面设了 16 个专业，如表 5-9 所示。

表 5-9　1954 年我国颁布的《高等学校专业目录分类设置（草案）》举例

类　别	专业分类	数　量
普通机器类	机械制造工艺、金属切削机床及工具、铸造工艺及机器、金属压力加工及机器、金属学及热处理车间设备、焊接工艺及设备、起重运输机械及设备、矿山机械制造、农业机械、筑路机械及设备、建筑机械及设备、石油矿场机械及设备、石油炼场机械及设备、石油机器和机械制造工学、冶金厂机械设备、化学生产机械及设备、纺织机械设计、轻工业设备机器、车辆制造、汽车、拖拉机、船舶制造、船舶机器与机械、机械制造工业的经济与组织、冷却机和压缩机装置	25
土木建筑与建筑学类	建筑学、工业与民用建筑、工业与民用建筑构造、城市建筑与经营、供热、供煤气及通风、给水排水、铁道建筑、铁道桥梁与隧道、公路与城市道路、道路桥梁与隧道、建筑成品及零件生产、城市建筑的经济与组织、河川结构与水电站的水工建筑、水道及海港的水工建筑、中小型水电站建设	16
财政经济类	国民经济计划、工业经济、农业经济、劳动经济、贸易经济、对外贸易经济、财政学、货币与信贷、统计学、会计学、手工业生产合作社、供销与消费合作社、铁道统计、铁道会计、铁道财务、保险	16

专业设置分类目录统一后，教育主管部门又进行了统一的教学计划和教学大纲的设计。根据统计，1954 年高等教育部共制订了 173 个专业的教学计划，包括工科 119 个，理科 11 个，文科 5 个，农科 9 个，医科 5 个，财经 12 个，法律 2 个，等等。到了 1957 年，由于教育方针、政策的变化，统一的教学计划和教学大纲的制订与执行工作终止。

为适应我国高等教育的专业设置调整，1954 年我国还编译出版了 325 种苏联高等学校教材，在高校中设立教研室（组），设立课堂讲授、课堂讨论、习题、答疑、实验、实习、课程设计（论文）及毕业设计（论文）等教学环节，如图 5-1 所示。

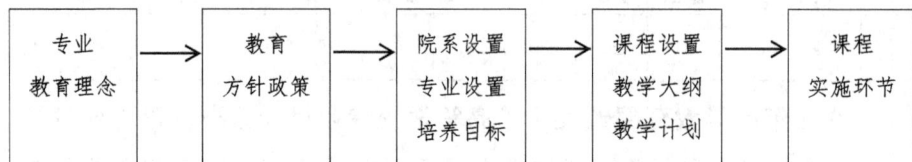

专业 教育理念 → 教育 方针政策 → 院系设置 专业设置 培养目标 → 课程设置 教学大纲 教学计划 → 课程 实施环节

图 5-1 专业教育实施路径

1956 年到 1965 年十年间，我国大学改革的思想主要反映在两个纲领性的文件中，一个是 1958 年中共中央、国务院颁布的《关于教育工作的指示》，另一个是 1961 年颁布的《教育部直属高等学校暂行工作条例（草案）》（简称"高校六十条"）。"高校六十条"总结了中国十年来高等教育发展的经验教训，并对高等教育发展提出了指导思想。如在教学工作方面规定："高等学校平均每年应该有八个月以上的时间用于教学。学生参加生产劳动的时间一般为一个月至一个半月。""专业设置不宜过多，划分不宜过窄。""各专业都要制定教学方案、教学计划，确定培养目标、课程设置，并且对讲课、实验、实习、自习、考查、考试、学年论文或课程设计、毕业论文或毕业设计等教学环节做出合理的安排。既要保证教学质量，又不要使学生负担过重。学校必须按照教育部制订或者批准的教学方案、教学计划组织教学工作。""事业设置、教学方案、教学计划、教学大纲和教材要力求稳定，不得轻易变动。课程和学科体系的重大改变，必须经教育部批准。""政治理论课程的教学时间，理、工科占总学时的百分之十左右；文科一般占总学时的百分之二十左右。""学校要根据教学的需要和教师的专长，在高年级开设选修课程。""高校六十条"对各高校实施"专业教育"进行了一些原则性的规定，此条例是当时高校的基本管理制度约束。

5.2.4 系统性改革设计与实施

十一届三中全会以后，教育部组织力量从专业设置和课程设置两个方面对高等学校教学工作进行了恢复和改革工作。首先修订了专业目录和进行了专业调整，从根本上改变了"文革"期间专业设置混乱的局面，推进了专业名称科学化、规范化。在专业调整方面，主要是拓宽专业口径，加强新兴、边缘学科的专业建设；恢复和增设了一批文科、财经、政法类专业；专业种类大幅减少，由 1980 年的 1039 种减少到 1986 年的 826 种。

1989 和 1997 年我国普通高等学校本科专业目录分别进行了第三次和第四次修订。第四次修订是在科学、规范、拓宽的原则下，在经过立项研究、分科调查论证、总体优化配置、反复征求意见的基础上形成的。新的专业目录分设哲学、经济学、法学、教育学、文学、历史学、理学、工学、农学、医学、管理学 11 个门类，下设 71 个二级类，249 种专业。

1985 年，中共中央颁布《关于教育体制改革的决定》，首次明确指出要扩大高校办学自主权，决定指出："高等学校有权调整专业的服务方向，制订教学计划和教学大纲，编写和选用教材；有权接受委托或与外单位合作，进行科学研究和技术开发，建立教学、科研、生产联合体。""改革教学内容、教学方法、教学制度，提高教学质量。""要针对现存的弊端，积极进行教学改革的各种试验，如改变专业过于狭窄的状况，精简和更新教学内容，增加实践环节，减少必修课，增加选修课，实行学分制和双学位制。"此决定的颁布，对高校"专业教育"的改革与发展具有决定性的意义，顶层设计与基层开展探索的局面逐渐打开，各高校开始进行积极的自主性试验与探索，高校"百花齐放"的场景逐渐呈现。另外，决定还提出了"增加选修课"的指导思想，这也反映了当时"专业教育"理念开始发生变化。

20 世纪 90 年代末期，北京大学提出"加强基础、淡化专业、因材施教、分流培养"的本科教学改革方针，强调本科教育要注重基础知识、基本素质的培养。这个方针成为此后北大教学改革的基本指导原则。1999年初，北大确立了"低年级实施通识教育，高年级实施宽口径专业教育"的本科教育改革目标。2001年9月，北京大学颁发了《关于实施本科教学改革计划——元培计划的决定》的文件，并成立元培计划管理委员会，推进全校范围的本科教学改革，同时开设元培计划实验班，进行新人才培养模式的实践。2002年，北大修订了新的教学计划，在全校本科生范围内实行自由选课制度。

清华大学在2009年初将经济管理学院确定为全校本科教育改革的试点，探索和尝试改革。经管学院提出了本科教育改革的三个支柱：实施作为本科教育基础的"通识教育"，启动针对高年级本科生的"优秀人才培养计划"和重视培养学生的"批判性思维"。2010年将"通识教育"与"个性发展"相结合的整体思路确定为经管学院本科教育改革的方向，并针对这个方向进行了改革方案的设计与实施。为促进学生个性发展采取了五项措施：一是设计"任选课"，保证学生有足够支配的时间，自由选择课程；二是开设多层次的基础技能课，如英语口语课和写作课分别开出A组和B组，数学课开出A组、B组和C组；三是开设新生研讨课，在大学一年级开设十余门新生研讨课并要求学生选择一门；四是创造了更多的第二学位或辅修第二专业的机会；五是针对大三、大四学生推出"优秀人才培养计划"，包括优秀学术人才培养计划、优秀创业人才培养计划和优秀人才领导力培养计划三个方向。

北京大学与清华大学在本科教育领域的改革一直是我国高等教育的标杆、先行者。从他们的改革措施可以看出，专业教育理念的实施主要还是体现在课程的设计上，然后根据课程设计来修订培养方案、教学大纲。

2012年，为贯彻落实教育规划纲要提出的适应国家和区域经济社会发展需要，建立动态调整机制，不断优化学科专业结构的要求，教育部对1998年印发的普通高等学校本科专业目录和1999年印发的专业设置规定进行了修订，形成了《普通高等学校本科专业目录（2012年）》和《普通高等学校本科专业设置管理规定》。新目录分设哲学、经济学、法学、教育学、文学、历史学、理学、工学、农学、医学、管理学、艺术学12个学科门类，专业类由修订前的73个增加到92个；专业由修订前的635种调减到506种。新目录分为基本专业（352种）和特设专业（154种），并确定了62种专业为国家控制布点专业。

5.3 大商科人才培养的专业教育实践

浙江工商大学的大商科人才培养目标是培养具有国际视野、人文情怀、专业素养的应用型、复合型、创新型的大商科人才。围绕这一培养目标，主要从优势特色专业建设、多样化人才培养、复合型人才培养三方面进行专业创新实践。

5.3.1 大商科优势特色专业的建设

浙江工商大学现拥有5个国家级特色专业、2个国家级人才培养模式创新实验区、2个国家专业综合改革项目、1个国家级卓越农林（食品）人才培养基地、1个国家级卓越法律人才教育培养基地；拥有11个"十三五"省级优势专业、6个特色专业、11个"十二五"省级优势专业、9个"十二五"省级特色专业、67个本科专业；拥有1个国家级教学团队，1门国家精品在线课程、3门国家级精品课程、3门国家级精品视频公开课、3门国家级精品资源共享课、1门国家级双语教学示范课程、2个国家级实验教学示范中心。学校在19个省市区列入第一批招生；35个本科专业列入浙江省第一批招生。2006年在教育部本科教学工作水平评估中获得优秀。自浙江省开展本科教学业绩考核以来，学校稳居前5位，2011年和2015年两次排名第三，2016年位列全省高校第二位。2015年省首届本科高校校长教学述职中测评项目总排名列第一。

2017年学校入选教育部第二批深化创新创业教育改革示范高校；作为理事长和秘书长单位加入"钱塘江金融港湾高等教育联盟""中国（杭州）跨境电商联盟"；作为成员加入由北京大学、清华大学等发起成立的"大学通识教育联盟"。

积极创新和优化人才培养模式，加强建设优势（特色）专业。各专业紧密结合学校的大商科特色，重新审定各专业培养目标、培养要求、核心课程，优化专业培养方案。修订现有各专业的培养方案、实践性教学环节、专业实验，明确培养目标与毕业要求（能力）的关系、毕业要求与教学进程（课程）的关系，毕业要求与教学内容的关系，增加选修课的比例，突出专业的特色。以能力培养、素质提升、个性发展为目标，以提高学生实践能力为重点，创新与社会协同育人机制，与社会各界广泛开展联合实验室、校内外实践基地及课程资源等建设；深化产学研协同育人，创新校政、校企、校院合作机制，加大推进社会力量在专业建设和人才培养中的参与度，构建互惠互利、相互促进的社会力量参与人才培养的协同育人长效机制。做好工商管理、会计学两个国家级专业综合改革试点，以及统计学、食品质量与安全等20个省级优势（特色）专业内涵建设，加大经费投入，创新人才培养模式，优化人才培养方案，调动教师教学改革和教学工作积极性，集中精力培育优秀教学团队、教学名师尤其是国家级教学名师，加强课程与教材建设，高度重视校内外实践基地建设。

结合学校优势专业及现有国家级、省级优势（特色）专业建设情况，大力培育优势专业群。树立建立优势专业群的理念，通过学校资源的合理配置，培育以下优势专业群：一是工商管理类专业群。以工商管理一级学科博士点为依托，以工商管理、会计学两个国家级专业综合改革试点为核心，以市场营销、人力资源、审计学、财务管理等省级和校级优势（特色）专业为基础，进一步发展国际商务等新办专业，努力打造具有商科特色的工商管理类优势专业群。二是经济学类专业群。以应用经济学、统计学一级学科博士点为依托，以经济统计学国家级特色专业、统计学国家级教学团队和经济学、金融学、国际经济与贸易等省级优势（特色）专业为基础，进一步发展保险学、金融工程等专业，努力打造以培养经济金融应用型人才为特色的经济学类优势专业群。三是法学类专业群。以法学一级学科为依托，以卓越法律人才培养基地、省级特色专业法学为基础，进一步发展知识产权、社会工作等专业，努力打造法学类优势专业群。四是食品科学与工程类专业群。以食品科学二级学科博士点和省重中之重学科为依托，以国家级特色专业食品质量与安全、省级特色专业食品科学与工程为基础，进一步发展生物工程、应用化学等生化类专业，培育食品科学与营养新专业，努力打造"工商融合"的食品科学与工程类优势专业群。五是电子商务类专业群。以国家级特色专业计算机科学与技术、省级优势（特色）专业电子商务、物流管理为基础，进一步发展信息管理与信息系统、软件工程、信息安全等专业，充分发挥学校经管类、计算机类的办学优势，努力打造具有浙江工商大学特色，符合浙江省电子商务产业需求的电子商务类优势专业群。六是电子信息类专业群。以信息与通信工程一级学科为依托，以省级优势专业电子信息工程和校级优势专业通信工程为基础，进一步发展网络工程等专业，发挥学校经管类的办学优势，努力打造结合商科特色的电子信息类优势专业群。七是语言类专业群。以外国语言文学一级学科为依托，以省级特色专业英语、校级优势专业日语为基础，进一步发展商务英语、法语等专业，培育阿拉伯语新专业，努力打造结合商科特色的语言类优势专业群。八是其他优势专业。对于有优势学科或一级学科硕士点作支撑、有一定特色，但目前尚未构成优势专业群的专业，要下功夫做特做优，努力形成新的优势专业群，如环境科学与工程类、公共管理类、旅游管理类、人文与传播类、艺术类等专业群。

以社会需求为导向，动态调整专业结构与布局。一是根据社会需求和专业布局，增设新型专业。根据《普通高等学校本科专业目录（2012年》《普通高等学校本科专业设置管理规定》的要求，并根据浙江经济社会发展特点和学校大商科特色，加强学科专业间的交叉与融合，到

2020年止，新建2—4个新专业，包括"食品科学与营养""数字媒体艺术""数据科学与大数据技术"等。二是调整专业结构和布局。根据《普通高等学校本科专业设置管理规定》的精神，积极开展专业设置预测系统的相关研究，建立学校专业设置、人才培养、就业状况等本科办学状况基本数据库，加强专业人才需求预测、预警系统建设，把专业排名、招生志愿率、高考分数、报到率、学位率、就业率、学生满意度等作为优化专业布局、调整专业结构的量化指标。要根据学校总体发展战略，理清专业、学科和学院的对应关系，加强对现有专业的优化组合，完善经济＋管理、工程＋经济、工程＋管理、理学＋经济、理学＋管理、经济＋法律、法律＋管理、文学＋经济（管理）、历史（哲学）＋X等双学位双专业模块。实施专业末位淘汰制，改造甚至淘汰那些不适应社会发展需求的专业，新增符合浙江经济社会发展需要的专业，形成更为合理的专业布局，实现教学资源共享的合理配置，提高办学效益。三是做好专业认证及评估工作。基于OBE理念，加强专业内涵建设，鼓励有条件的专业组织参加专业认证工作。我校食品科学与工程专业通过了国际食品科技联盟认证，成为国内第一所食品科学与工程专业被该组织认可的高校；金融学专业通过美国CFA项目认证；计算机与科学技术专业2017年也接受了教育部的专业认证。建立常态化的专业评估制度，全面评估专业人才培养过程与人才培养质量，健全学校本科教学质量保障体系，促进学院进一步重视并加强本科专业建设，提升专业建设内涵。现已完成全校除新专业之外的56个专业的全面评估，有效地促进了专业的持续改进。

加强国际交流与合作，积极推进专业国际化。通过各方面积极努力，逐年提高学生国（境）外交流学习的比例和在校留学生的比例；探索与国外高校联合培养机制，重点培育和建设"食品科学与营养"专业，实现与英国利兹大学的联合培养；大力推进国际化专业建设，重点建设10个以上全外语授课专业，力争将2—3个专业建设成为浙江省国际化专业。学校重视办学国际化，2016年获批为"浙江省国际化特色高校"首批建设单位。学校国际学生近 1600 人，分别来自全球 100 个国家和地区，分布在全校 11 个学院，已有 13 个本科、15 个硕士和 4 个博士专业实行全外语教学。与美、英、德、法、加、澳、新、日、韩等 20 多个国家的 100 余所院校和科研机构签署了校际合作协议。现有中国语言与文化、中国与中国商务、商务汉语等多个培训、合作项目。自 2004 年起，学校与加拿大魁北克大学合作培养项目管理硕士（MPM）。浙江工商大学法语联盟是法国法语联盟在浙江省的唯一合作伙伴。学校与比利时西弗兰德大学合作共建孔子学院。学校每年提供 300 万元出国留学奖学金资助学生参加各类国际交流合作项目，赴国外高水平大学交流学习，学校共有 5 个项目获浙江省优秀本科生出国交流学习项目，分别是美国纽约州立大学奥斯威戈分校、法国昂热大学、日本爱媛大学、日本千叶大学和日本芝浦工业大学。学校已建有稳定的学生海外学习基地 60 个，出国学生达 1600 人。学校开设的 ACCA、CFA 等国际证书项目受到学生的欢迎和社会的高度认可，2013 年至 2016 年连续四年获得"ACCA 年度优秀高校"称号。

5.3.2 个性化人才培养体系的建立

学校构建起从学生入学到毕业四年全过程的个性化人才培养体系，实行分类培养，对相同专业制定不同的培养方案；实行分层教学，对相同课程实行不同难易程度的教学；实行"双专业、双学位"制度，培养复合型多样化人才；实现毕业论文替换制度，允许学生用在校期间完成的科技作品（如公开发表的论文、学科竞赛获奖作品、发明专利等）替代毕业论文。学校针对不同学科，实施分层分类管理。《基于分类分层的地方本科高校多样化人才培养体系构建与实践》成果获省级教学成果二等奖。

推行分类分层培养。一是实行分类培养制度。学校在工商管理、金融学、会计学、财务管理等专业实行分类培养制度。制定 A、B、C 三套不同的培养方案：A 方案偏重学术，加大数学、英语等基础课难度，强化通识教育和科研训练，重视学生的创新能力培养，目的是培养拔尖创新人才，目前主要在我校荣誉学院章乃器学院和金融学院、财会学院的实验班实行；B方案偏重管理，在基本理论学习的基础上，加大战略管理类课程，重视学生的实践能力培养，目的是培养管理型专门人才，如我校的国家级管理型财会人才培养实验区；C方案偏重应用，增加实务类课程，加强创业教育，重视学生的实务操作能力培养，目的是培养技能型专门人才，如我校的金融学非实验班培养方案。二是推进分层教学。为配合分类培养，学校实行主要基础课的分层教学。学校对"大学英语""微积分（上、下）"和"计算机应用技术"三门基础课程实行分层教学。根据高考成绩结合进校摸底考试成绩（两者各占50%），分成A（起点相对较高）、B（起点相对较低）两层进行教学，A层占1/3，B层占2/3，在师资配备、课堂时数和教学内容上都有所区分，确保基础好的同学吃得饱，基础差的同学跟得上，并且配置相应的后续课程，便于学生及早做出各自的学习规划。对于考研的学生，进入A层学习更有针对性，对于直接就业的同学来说，进入B层学习更符合其自身发展需要。三是实行考试方式多样化改革。考试方式千篇一律，缺乏个性，期末一张闭卷定成绩的考试方式是"满堂灌"授课的必然结果，限制了学生的个性发展空间，甚至还会造成考试作弊成风。鉴于此，学校于2011年5月颁布了《普通本科生课程考试方式改革办法》，通过考试方式的改革来倒逼教师教学方式的改革，推进教师启发式、案例式和探究式教学。学校的考试制度做了三点改革：一是提高平时成绩的比例，最高可达50%；二是增加考试形式，共有九种，即闭卷考试、开卷考试、大型作业、上机考试、现场面试、技能测试、阶段测试、课程论文和调研报告等；三是对不同性质的课程采用不同的考试形式，课程分为公共基础课、公共选修课、思想政治课、专业理论课、专业实务课和实验实践课共六类，每一类课程都对应不同考试方式。

营造宽松政策环境。一是制定较为宽松的转专业政策。为了进一步激发和调动学生的学习主动性与积极性，学校在学校教学资源尤其是师资资源允许的条件下，努力让学生有更灵活的调换专业机会。学校于2010年颁布了《全日制普通本科学生转专业管理办法》，规定在大学四年中，学生有五次转专业的机会：一是新生互换专业，两个不同专业的新生在报到时可以自愿互换专业。二是全校范围内转专业，学生在第一学期表现优良且成绩列本专业同年级前20%，或第一学年成绩列本专业同年级前10%，可申请在全校范围内转专业。三是在学院范围内转专业，学生在两学年内表现优良且成绩列本专业同年级前30%，可在本学院范围内转专业。四是允许学生在第二学期初从高分专业转到低分专业。五是允许确因专业不适应造成学习困难的学生申请降级转入相关专业。二是全面推行"双专业、双学位"制度。为了培养知识面宽、适应能力强的复合型、交叉型人才，以增强学生的就业竞争力，满足其多样化发展的需要，学校于2009年颁布了《大学双专业、双学位实施方案》，规定从2009级开始全面推行"双专业、双学位"培养方案，即全校所有本科专业在制定本专业培养方案的同时，还附加推出修读第二专业的培养方案，学分55分左右（含毕业论文和毕业实习），连同第一专业的修读年限为4—6年。学校还逐步构建了经济＋管理、工程＋经济、工程＋管理、理学＋经济、理学＋管理、经济＋法律、法律＋管理、文学＋经济（管理）等双学位双专业模块，让学生根据自己的兴趣爱好修读第二专业。三是实行学分替代制度。学校自2007年开始实行学分替代制度，即对于专业培养方案中的非"思政"类课程，学生经补考或重学后仍未及格的，允许其在10个学分的范围内，申请在大类学科相同的各专业培养方案的必修课或专业选修课中，以1.5倍于原未及格学分的课程或创新学分替代，激发偏科学生更加勤奋努力地学习。实践证明，这一制度效果良好，达到了让学生"多学一点"和"个性发展"的目的。

开展多样化的创新实践。一是实行创新学分制度，成立本科生创新基金。为了更好地培养学生的创新意识和创新能力，激发学生的创新热情和创新潜能，学校于2007年颁布了《浙江工商大学学生创新学分实施办法》，规定从2008年开始实施创新学分制度，规定每位学生在校期间必须获得至少 1 个创新学分才能毕业。创新学分可以通过参加创新项目研究、学科竞赛获奖、申请发明专利、发表论文著作、听取一定数量学术讲座等方式获得。另外，为了给学生创新活动提供条件，学校自2007 年起设立大学生创新研究专项基金，每年拨专款 50 万元用以资助本科生开展创新项目研究，并取得了明显成效。学校构建"校、省、国家"三级学科竞赛和创新创业项目体系，稳步推进各种科技活动，不断提高学生的参与度，拓宽受益面。二是实行本科生科研作品代替毕业论文制度。针对目前本科毕业论文形式单一、质量不高、抄袭严重的现状，为了鼓励优秀学生积极开展创新创业活动，培养他们的学术能力并及早获得学术成果，学校颁布了《普通本科生科研作品代替毕业论文（设计）暂行办法》，规定从 2010 年开始试行普通本科生科研作品代替毕业论文制度，允许学生以在校期间完成的、经学校确认的科研作品（包括公开发表论文、学科竞赛获奖作品、省级以上创新项目成果、发明专利等）代替毕业论文。这一改革措施得到了师生的普遍好评，也引起了较大的社会反响，被誉为国内高校多样化人才培养的首创之举。三是实行毕业实习形式多样化改革。传统的"放羊式"分散实习，效果差，也难以满足学生毕业后不同定位的需要，为此，我校于 2011 年颁布了《普通本科生毕业实习管理办法》，规定自 2011 届学生起，我校实行毕业实习多样化改革，实行基地集中实习、岗前培训实习、自主分散实习、国（境）外专业实习、校内实训实习和学生创业实践等六种实习方式，供学生根据自己特点及需要来选择某一种方式，满足每个学生的多样化需求，切实提高毕业实习的效率。四是开展"三开放、三结合"实践教学模式。实践教学实行"时间、空间、内容"三开放。时间开放指的是每周 7 天、每天 13 小时连续开放。空间上开放指的是在开放时间内，学生不仅可以进入相关的开放实验室进行实验操作，还可以在能接入校园网的任何地点（如寝室），访问部分实验室的网上实验系统，完成实验操作，实现了实验空间的大开放。内容上开放指的是学生不仅可以根据教师提供的实验指导书进行操作，也可以自行设计实验项目、实验流程，完成自已感兴趣的实验内容。在实习过程中实行"实习、实训、实战"三结合方式。实习重在校外，学以致用，如统计实验中心在义乌小商品城、绍兴轻纺城、非物质文化遗产工作室——武强年画雕版印刷工作室。实训指的是校企结合，共建实践区，如经济学院社会工作专业与杭州市劳动局、杭州市民政局共建的"大学生见习实训创新实践区"。实战指的是引入校内，实战教学，如计算机与信息工程学院的软件工程专业建立了"软件外包"实践基地，电子商务专业推出了"淘宝研修"计划。

5.3.3 复合型人才培养模式的探索

各学院实施跨学院、跨学科合作，结合大商科背景，培养创新型复合型人才。如信息学院横跨计算机科学与技术、软件工程、管理科学与工程三大学科，针对智慧商务的基础层、支撑层和产业层的不同知识需求进行分层，构建了具备"创新、创意、创业"能力组合的多学科交叉、多模式融合、多层次培养的立体化人才培养体系。财会学院构建形成了管理型财会人才培养的"四大体系"——知识优化体系、能力强化体系、协同培养体系、考核评价体系，培养管理型财会人才。工商管理学院立足时代特征和区域特色，确立为突出创业者和经理人的"新浙商12345"培养系统，建立"学生自主学习、教师主动创新、专业持续优化"三位一体的适应能力提升的商科人才培养模式。金融学院培养拔尖创新人才、技术管理人才和金融服务人才，实施 A、B、C 类培养计划，构建了以课堂教学、实验教学、实习实训、创新创业为核心的"四环相扣"教学体系。食品学院在工科教育思想、现代食品专业教育、食品工程人才教育方法、食品人才品质培养体系中融入现代商业思想和教育精髓，提出了"工-商融和"的现代食品工程人才培养理念。

财会学院的管理型财会人才培养模式。从 2007 年以来，财会学院通过建设国家级管理型财会人才培养实验区，秉承协同创新的理念，构建了由一个培养目标、六大职业能力、四大培养体系与六大建设工程构成的管理型财会人才培养的框架体系，形成了一条培养管理型财会人才的特色之路，如图 5-2 所示。

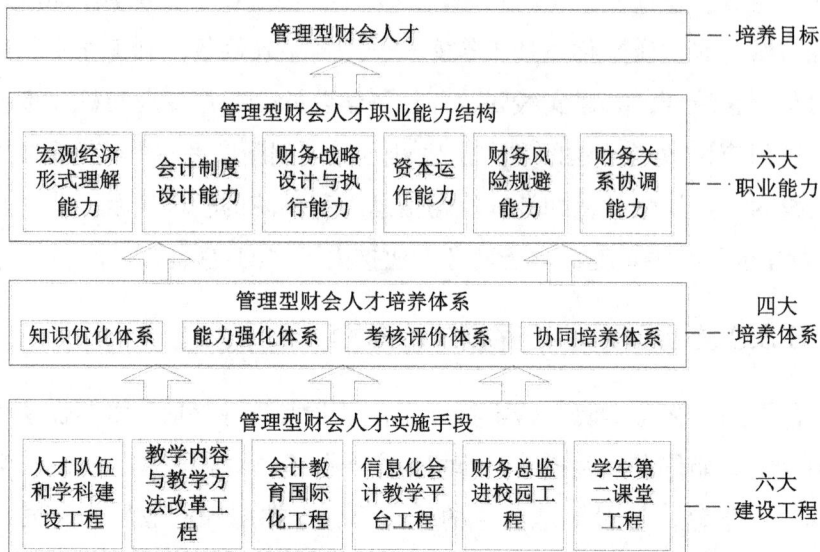

图 5-2　管理型财会人才培养的框架体系

　　近 4 届财会学院学生，在省级教育行政部门组织的学科竞赛中获奖的达 460 人次，获奖人次占学生数的 36.77%。在其他全省全国竞赛中获奖的达 312 人次。该成果在我校会计学、财务管理、审计学三个本科专业进行了实践，学生综合素质大幅度提高，近 4 届学生中分别有 6 人、460 人次在全国和省级教育主管部门组织的学科性竞赛中获奖，36.77% 的学生获得了省级以上奖项；毕业生的就业质量显著提高，在大中型企业的高端财会管理岗位就业率达到了 80% 左右，就业竞争力在全校本科专业中排名第一；形成了由 5 项国家级项目、25 项省级项目构成的教学改革成果群，学校会计办学特色得到了学生及家长、用人企业的充分肯定，提升了学校财会类本科专业在中国大学专业排行榜（武书连，2012）的名次。

　　工商管理学院的"新浙商 12345"培养模式。工商管理学院通过近 40 年经验的总结和梳理，经历了探索期（1978—1998）、发展期

（1998—2008）、成熟期（2008 年至今）三个阶段，提出了基于三位一体自适应能力提升的"新浙商 12345"培养模式。经过 35 年的实践发展，该成果在继承的基础上持续创新，立足本科层次和浙江地方高校的生源特征，以培养应用型人才为导向，形成分类培养创业家和经理人的"新浙商 12345"，如图 5-3 所示。

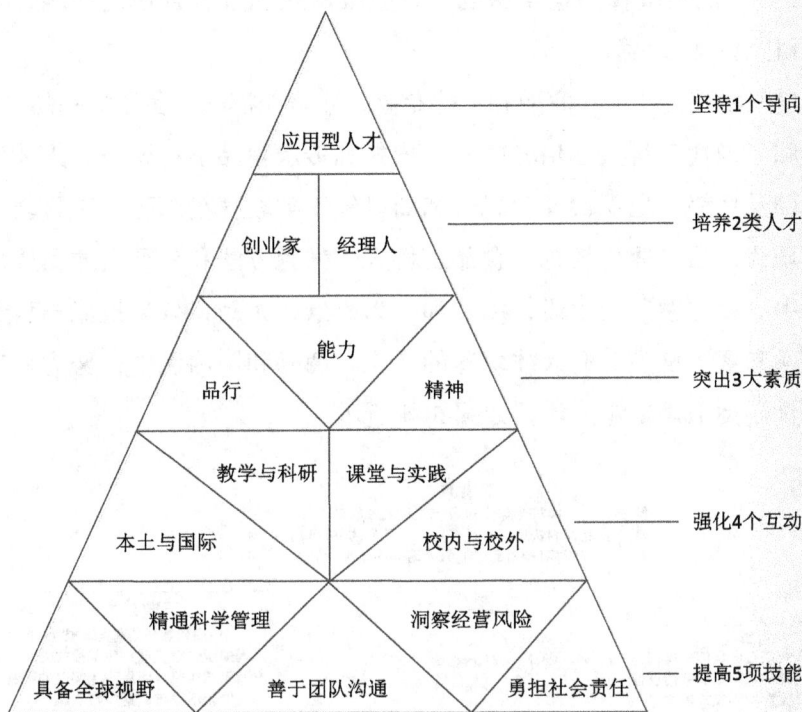

图中结构（金字塔层次）：

- 应用型人才 —— 坚持1个导向
- 创业家 / 经理人 —— 培养2类人才
- 能力 / 品行 / 精神 —— 突出3大素质
- 教学与科研 / 课堂与实践 / 本土与国际 / 校内与校外 —— 强化4个互动
- 精通科学管理 / 洞察经营风险 / 具备全球视野 / 善于团队沟通 / 勇担社会责任 —— 提高5项技能

图 5-3　"新浙商 12345" 培养模式层次

方案实施以来，学院 25% 左右的毕业生考取了硕士研究生，10% 左右的毕业生采用多种方式自主创业，其他毕业生则主要进入各类企事业单位工作。学院为浙江省乃至全国的企事业单位输送了大量的优秀商科人才，社会影响力稳步提升。2012 年 9 月，依托工商管理专业基础新开设的全英文授课的国际商务专业留学生本科班顺利开班，工商管理专业国际化走上新台阶。"组织行为学"是国家"双语"示范课程，"企業領導學""企業管理學""市場調研與預測""市場營銷學"是省精品課程,《企業領導學》是省重點教材和國家"十一五""十二五"規劃教材,《組織行為學》是省重點教材。2008年以來自主編寫教材10部;被授予教育部新世紀優秀人才支持計劃1項,"基于大學生創業勝任特征的高校創業教育模式創新研究"等9項課題被批准為全國教育科學"十二五"規劃教育部重點課題、省教改課題和省教育規劃課題,發表教學研究論文21篇。

食品學院的"工-商融和"的專業人才培養模式。食品學院的"工-商融和"現代工科人才培養模式,依托和傳承食品學科研究和人才培養的基礎及優勢,把現代商業思想和商科經管類教育精髓融入工科教育思想、現代食品專業化教育、食品工科人才教育方法和食品人才品質培養體系中。以"融"為手段,以"和"為願景,尤其將科學技能與科學倫理的融和置入食品專業人才培養的"工-商融和"內涵中,努力培養新時期食品類工科專業人才,如圖5-4所示。

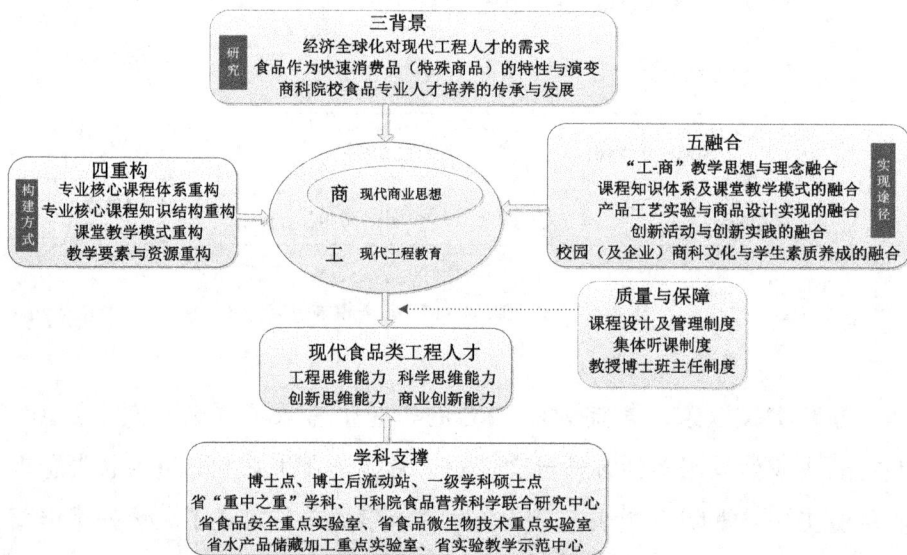

图5-4 "工-商融和"人才培養模式

　　该成果实施经过十余年的教学实践，取得了明显的成效，出版了专著《"工商融和"的食品类专业人才培养模式创新及实践》，系统总结了教育思想与理念的形成及发展、人才培养的改革与实践的经验。2005年，食品质量与安全专业技术管理型人才培养模式的研究实践获国家教学成果二等奖。2006年，食品感官科学专业课程教学获国家精品课程。2008年，食品质量与安全专业获批国家特色专业、省重点专业、省教学团队（团队负责人获省教学名师）。2010年，学生工程创新创业能力培养的探索获全国挑战杯创业大赛一等奖。2010年，食品工程为省实验教学示范中心（2012年验收通过）。2009年，《烹饪原料学》获教育部规划教材；2010年，《食品品质学》获省重点建设教材。2012年，食品质量与安全专业获"十二五"省优势专业（国家专业综合改革试点专业）；2016年，食品质量与安全专业获"十三五"省优势专业。

　　金融学院的"一体三协五化"的地方金融人才培养模式。金融学院基于对浙江金融产业人才的需求结构分析，结合"省部共建"地方重点高校自身发展定位，明确我校金融专业培养目标为培养"适应地方金融产业发展需求"的技术管理型人才并设计培养规格，并根据"协同学"理论，提出了具有地方高校特色的"一体三协五化"协同育人模式，进一步优化了培养方案、培养途径并予以实施。"一体"是指学校在校、企、政协同育人中处于主体地位，在协同育人理念确立、模式构建及实施过程中起主导作用；"三协"是指构建校校协同、校企协同和校政协同框架，形成互联互通的协同育人网络；"五化"是指课堂教学案例化、师资队伍实战化、实验实训平台化、创新实践项目化、考核评价多元化（如图5-5所示）。

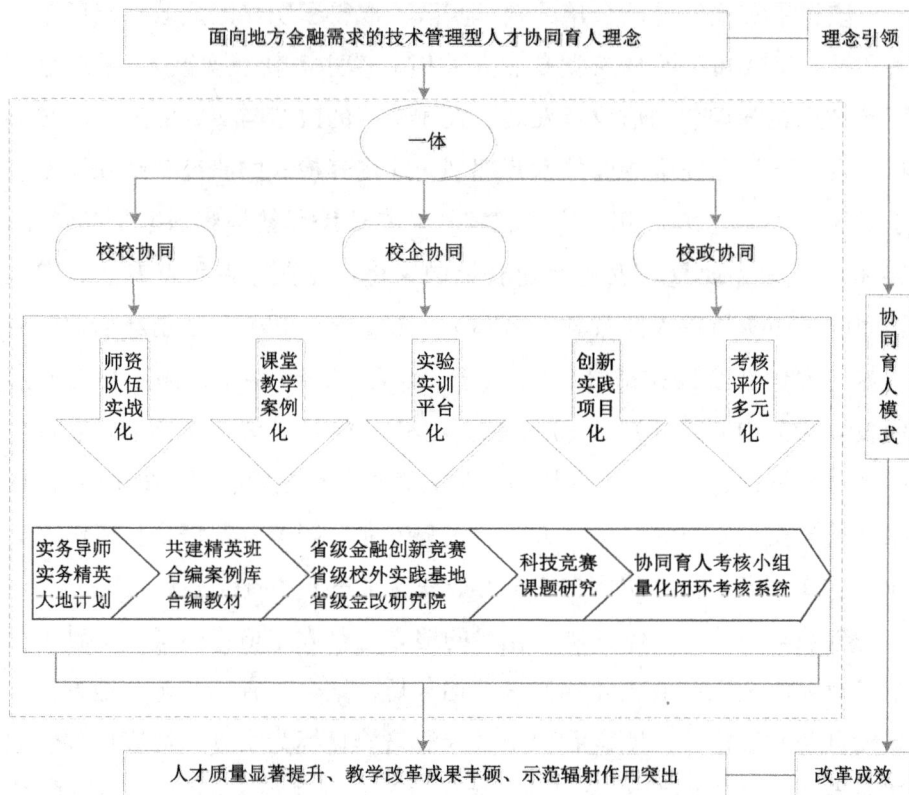

图 5-5 "一体三协五化"协同育人模式

经过 7 年多的改革实践，受益涉及金融学院 4 个金融类专业、19 个相关专业学生共 6000 多人，其中校外学生 1000 多人。根据邱均平《2016 年学科专业评价》，我校金融类专业在全国排名 29，进入全国前 7%。根据《2015 年度浙江省教育评估院人才培养质量报告》，我校金融类专业毕业生课堂教学满意度、发展机会和锻炼平台满意度等 6 个核心指标位列全省第 1。学生科技竞赛获奖数量大幅增加，质量大幅提高，共获得省级以上科技竞赛奖 893 项，其中国家级奖项 181 项，国际级奖项 27 项。新增 3 名省级教学名师和教坛新秀，新建 2 个国家级实验示范中心、1 个省级校外实践教育基地、4 门省级精品课程、22 个协同育人中心。这些成果在全国起到示范作用，《中国教育报》、光明网等十多家媒体进行报道，已被国内 30 多所本科院校借鉴与应用，共接待 70 多批次考察交流团。

信息学院面向智慧商务的"分层组合、工管融合、多元结合"三创人才培养模式。近年来，随着人工智能、虚拟现实、云计算、大数据等技术的应用与创新，电子商务逐步向智慧商务发展，产业界对具有"创新、创意、创业"（简称"三创"）能力的智慧商务人才的需求更加旺盛，对高校培养技术与管理深度融合的复合型人才提出了新的要求。为此，信息学院早在 2007 年就结合办学优势，提出"分层组合、工管融合、多元结合"的智慧商务"三创"人才培养体系，并进行了持续探索实践，如图 5-6 所示。

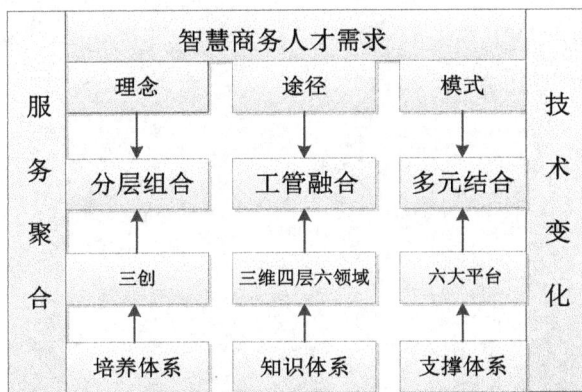

图 5-6　智慧商务"三创"人才培养体系结构

面对智慧商务人才培养面临的技术和管理创新的双重要求，针对学院 6 个专业，覆盖智慧商务整个产业链，构建分层分类培养模式，通过实践到理论再到实践的探索，主要创新实践分为三部分。五年来，本科生获得国家级以上学科竞赛 35 项、省级 145 项；获得国家级创新创业项目 13 项、省级 34 项；发表在国际会议和核心期刊上的论文 63 篇；授权专利 16 项。有国内 40 多所高校来我校研讨电子商务新教学模式，向我们索取电子商务专业培养方案及课程体系，并专程派相关专业教师来校学习与参加课程培训。国内多家媒体包括人民网、中国教育在线、凤凰网、新浪网、新蓝网、浙江在线、土豆网、《中国教育报》《中国青年报》《企业家日报》等媒体对我校智慧商务"三创"人才培养模式进行了报道。

第6章
双创教育：价值共创与利益共享 ①

双创教育不是一种孤立的教育，从内部来看，它与专业教育的融合是一条必由之路，这并非是对双创教育的延展和渗透，而是对高校作为知识密集区价值的基本皈依，解决的是创新创业需要的内生动力问题。而从外部看，高校创新创业教育是嵌入于一个良性的生态圈的积极作为，它与政府、企业等外部元素的互动，构成了创新创业教育可持续的大环境，解决的是创新创业需要的互生共养问题。创业教育价值的最大化应当需要内外部因素的共同推动，这也是高校亟待建构的协同体系。

6.1 大商科双创教育与专业教育的价值共创

高校创新创业教育区别于校外社会创新创业教育的重要特征，就是其高频度知识溢出型角色的定位，要想发挥出高校创新创业教育的最大价值，就要从高校创新专业教育的优势中寻找能量。目前，高校创新创业教育与专业教育的嵌入方式还不明晰，评价体系还不完善，这也是高校创新创业教育亟待研究的课题。对创新创业教育和专业教育融合可行性及路径的探讨，是对高校内部创新创业教育模块的梳理。

6.1.1 创新创业教育与专业教育耦合的内在逻辑

我们在谈论创业教育时，首先要厘清其基本内涵。"创业教育"一

① 本章系2017年教育部人文社会科学研究规划基金项目"创业教育'中国经验'研究——基于文献计量分析与八所高校案例实证"17YJA880084的阶段性成果。

词早在 1988 年之前我国学者就使用过，^①但创业教育真正引起国内教育界关注是在 20 世纪 90 年代末之后。1989 年联合国教科文组织在北京召开的"面向 21 世纪教育国际研究会"上提出"Enterprise Education"，最初被翻译为"事业心和开拓技能教育"^②，后来被改译为"创业教育"。而当把"创业教育"作为一个语言符号进行分析时，可以发现其所表现的内涵是随着社会的变迁而不断发展变化的。创业教育"语义泛化"，是不同社会发展时期及不同群体对"教育和创业"关系问题认知的集中体现。我国高校创业教育的"语义泛化"，经历了引申、抽象、含混三个阶段，杂糅了"鼓励师生高科技创业的教育""鼓励创新、完善素质的教育""鼓励各类创业、促进充分就业的教育"等内涵。在很长时间里，国内高校创业教育存在明显的借鉴和模仿的倾向，创业教育并非是对我国传统高校教育的"简单扩展"和"同向延伸"，而是对我国高校传统教育的"额外添附"和"方向调整"。分析我国高校创业教育语义泛化历程可以发现，虽然参与作用的主体类型不断增多，数量不断扩大，使得创业教育语义的对内涵不断地丰富，但其对内涵深度的拓展却尚显不足。

语义引申阶段，创办科技企业引导精英。语义引申是语义泛化过程中最基本的阶段，这一阶段，词语的原型意义因为某种相似性与另一概念联系起来，"其含义延展到另一个范畴，让人们获得对新概念的全新视角和认知，由此而扩充了词汇的含义"^③。根据对汉语一般词义的理解，"创业"一词可以引申到诸多词义中，如"创办企业"和"开创事业"，这两个语义很容易得到社会大众认可。对于引申到"创业教育"中，前者很容易将创业教育的内涵锁定于"孵化更多的企业"，后者则可能将创业教育的内涵延伸至"培养开拓精神"。国外的"Enterprise

---

① 王占仁：《"广谱式"创新创业教育导论》，人民出版社 2012 年版，第 19 页。
② 国家教委国家教育发展研究中心、中国科教文组织全委会秘书处：《未来教育面临的困惑与挑战——面向 21 世纪教育国际研讨会论文集》，人民教育出版社 1991 年版，第 79 页。
③ 杨瑜：《"给力"的隐喻性语义泛化及其语境意义构建》，《琼州学院学报》2012 年第 1 期。

Education"概念中，有明显的鼓励受教育者将知识和资源资本化、积极创新、投身商业领域创业的内涵。比如，在西方已经比较流行在国内也已经有很高知名度的创业教育项目 SYB 和 KAB，全称是"Start Your Business"和"Know About Business"，中文直译就是"创办你的企业"和"了解企业"。20 世纪 90 年代末，由于受国外文化的影响，国内学界在对"创业教育"的认知上，明显具有把"创业"中的"开公司"导向与高校的"高科技"特征相结合、把鼓励高校师生创办高科技企业作为高校创业教育的主要内涵的特点。1998 年，清华大学举办首届"大学生创业计划大赛"后，一批大学生开始了创办高科技公司的热情尝试。1999 年，教育部制定的《面向 21 世纪教育振兴行动计划》第 27 条也直接指出，"加强对教师和学生的创业教育，采取措施鼓励他们自主创办高新技术企业"。可以看出，"创业教育"概念进入国内后，最初的原义很快被引申为引导高校中的"精英"积极创办"高科技"企业。在这个阶段的创业教育，主要是一些科技领域的创业知识普及，带着"精英化"的特征，与大学专业教育的学科特性的交融较少。

在语义抽象阶段，鼓励师生创新、提升素质。这一阶段，在隐喻机制的作用下，"词汇从一个具体的概念域向一个抽象的概念域投射"[1]。最初的创业教育语义泛化阶段，只是解决了把教师和学生引向直接创业的问题，但对科技转化为生产力的外部环境优化问题却没有深入触及。因此师生创办的企业必然会面临现实问题。教育部的一项报告显示：在 1998 年，全国 97 家由学生创办的企业中，盈利的仅有 17%，学生创办的公司，在五年内仅有 30% 可以生存下去。[2] 面对这一困局，国内在 2002 年后，开始以转向创新教育、素质教育去诠释"创业教育"。即将先前"创办高科技企业的教育"的内涵扩展为"提升素质教育"的内涵。2004 年，有学者指出"创业教育是高层次、高质量的素质教育，是素

---

① 李福印：《语义学概论》，北京大学出版社 2006 年版，第 86 页。
② 高振强：《高校大学生创业教育体系构建刍议》，《宁波大学学报（教育科学版）》2010 年第 3 期。

质教育的最高体现"①。教育部的文件也指出，"从创业教育所体现的作用与职能来讲，创业教育应该是中国高等教育有益的、必要的补充和发展。它在一定程度上弥补了高等教育的不足之处"。在这个阶段我们看到，创业教育慢慢进入高校素质教育的模块中，但对其地位的确认仍然是一种边缘和附属的教育类型，创业教育与专业教育并没有实现真正的契合。

语义含混阶段，助推就业创新科技创业。"语义抽象到一定程度时，使用的范围也越来越广"②。此时，"创业教育"语义内涵进入语义含混阶段。这一阶段"创业教育"语义内涵的概念不断向外扩张，更多的新概念被纳入原有的范畴。随着国内大学毕业生就业压力持续增大，2006年前后，高校"创业教育"可能会带来的促进就业的功能受到越来越多的关注。国内诸多学者开始倾向于将高校大学生创业失败率高的主要原因归结于高校创业教育成效不佳和创业环境不好，人们对"创业教育"语义内涵的理解，除了先前的科技创业教育、鼓励创新教育外，又加入了助推更多大学生短期创业成功的内涵。为此，国内不少地区的政府部门密集性地推出大学生创业的税收、场地等方面的优惠政策。"创业是最好的就业"的语义提法得到越来越多的认同。2007年，中共第十七次全国代表大会的报告中，直接提出了"促进以创业带动就业"的政策，"创业教育"被赋予了"是一种解决就业的教育"甚至是"一种优质的就业教育"的语义内涵。2010年，教育部下发《关于大力推进高等学校创新创业教育和大学生自主创业工作的意见》，进一步强化了这一导向。2010年时任教育部副部长陈希指出："着力提高学生的创新精神、创业意识和创业能力，使大学生成为高素质创新型人才，期待一部分学生将来成为自主创业者，为社会其他就业人员提供更多的就业岗位。"在这个阶段，创业教育解决就业的功能性角色被不断提及，体现了它与专业教育、素质教育的目标连接，但是对于双方实质性的贴合模式，还有待

---

① 丁立群、吴金秋：《创业教育的目标与功能》，《中国高等教育》2004年第22期。

② 杨瑜：《"雷"的隐喻性语义泛化及其认知阐释》，《长春理工大学学报（社会科学版）》2010年第5期。

进一步理清。

　　语义泛化进程，不同主体产生多样影响。语义内涵的变化离不开语言具体使用群体的反应。在特定的社会阶段，不同群体对同一个词语的理解是存在差异的，受社会地位和社会资源分布的影响，不同群体对语义内涵的影响程度是不同的。在很多时候，居于强势地位的群体会对词语的泛化过程产生更大影响，"Enterprise Education"引入国内后，最初学者群体主要倾向于以国外的原义来为"创业教育"赋值，而大部分高校在引导师生科技创业受阻后，受传统文化影响，显然更愿意以"创办事业教育"和"创新教育"来为"创业教育"的语义赋值。如地方政府受促进地方产业发展目标的驱动，对于"创业教育"的语义内涵更愿意从"促进科技创新，创办新的事业，帮助地方产业升级"的角度来为"创业教育"赋值。而教育行政主管部门从解决就业的角度考虑，对于"创业教育"的语义内涵更愿意从"积极创办企业，更好解决就业"的角度为"创业教育"赋值。国内高校现行校长遴选机制中教育行政部门掌握了主要话语权，高校办学经费取得机制中教育行政部门有主导权，这就决定了教育行政部门对"创业教育"语义内涵的解读会对高校的实践起更大的影响作用。通过"创业教育"的动态博弈，近几年，"鼓励毕业生创办企业，促进充分就业"的内涵在"创业教育"的语义泛化中逐渐成为主流态势。在这个阶段，创业教育对大学生素质教育的外延进行了含义与功能的拼接，更加适应高等教育发展的大潮，也对创新教育进行了观照，但在创业教育与专业教育的精确制导层面还需要不断磨合。

　　当前，专业教育中创业价值观引导不足，与社会创业存在脱节现象。对创业教育的基本认知形成了创业价值观，这是双创教育的原动力，深刻影响着双创教育的水平和受教育者的接受情况。

　　首先，缺少创业价值观教育。创业价值观对于大学生创业的形式与内容都有着较大的影响，并且在创业行为进行中会不断地对创业者的创业路径进行调整与矫正。在产生创业成果的时候，创业价值观还会帮助创业者进行创业行为再评估，从这一点来说创业价值观应充分尊重受教育者的个性发展，契合受教育者身体与心智的发展水平，避免教条式的灌输学习。[①]2008年始，有学者连续三年对500名学生进行了大学生心理问卷调查，认为创业目的是"为国为民"的只占20%，为自己挣钱的占70%，还有10%是为了荣誉。而对日本企业的调查显示，日本企业家创业的动力主要是"挑战自我"，这与中国的"为自己挣钱"和美国的"追求个人与家庭幸福"不同，可见对大学生创业教育的精神追求也应当进行正面积极的引导。另外，麦克思公司《2012年中国大学生就业报告》显示，全国2011届大学生自主创业比例仅为1.6%，并且数据显示，中国大学生80%想创业，实际创业的仅为0.01%，可见大学生对创业行为的热情与认知度还有待提升。

其次，与创业社会现实脱节。受传统教学模式的影响，我国的创业教育往往聚焦于短时间内促成了多少人去创业的现实衡量标准，以此为依据，在教学内容的设计上往往认为依据创业过程的不同阶段将相关知识教授给创业者就可以实现价值转移了。然而不断聚焦创业课程体系建设与授课教师自身实践水平欠缺反而使创业教育进入"纸上谈兵"的尴尬境地。甚至由于缺乏实际的操练性，使得创业者在创业实际行为中遭遇挫折时，陷入迷茫的境地，反而加剧了对创业行为困难度的认知。以目前在中国较有影响力的"挑战杯中国大学生创业计划竞赛"为例，这项赛事自1999年开始以来，对大学生的创业行为起到了一定的启发作用。但由于政府主导的评奖机制，导致参赛高校和学生人数剧增，成为高校教育成果考核的一场比拼，然而获奖的创业计划却很少能够进入市场，延伸到实际的创业行为中。我们同时关注到，近年来高校建设的"创业产业园""创业孵化班"等创业平台不断推出，然而仍有相当比例停留在功利价值阶段。这类创业教育多集中于理论教授，创业实践的科技含量不足，往往停留在地摊式的低水平贩卖型企业，这种创业形态本身就是先天不足，后天的持久性也不会太乐观。创业教育的成功与否，

---

① 王晨：《九成人不能承受创业艰难》，《中国青年报》，2010年12月13日。

最终体现在创业成果的可行性，脱离了现实需求和市场规律，创业教育只会形成"理论灵通、实践尴尬"的局面。

再次，双创教育与专业教育轨迹呈现"疏离化"发展的趋势。高校的育人使命是其核心的存在价值，在这个框架之内，不断完善学生的专业教育，衍生第二课堂能力教育是其完成使命的重要途径。然而时至今日，双创教育往往在专业教育之外，凭借学生工作、社会合作等行政形态推进，呈现出疏离专业教育的情况，两者各自发展，速度、频率皆有不同，交叉互动较少。已经形成较为完善系统的专业教育对于学科建设体系下的培养方案有着较为清晰的定位，双创教育因为发展的相对滞后及高校自身底气的不足，往往没有被列入专业教育的框架之内，成了一个独立的教育板块，多数高校通过社会合作机构及团委组织下的创业竞赛、创业孵化班等进行创业教育，理论教授都难以保证深度和广度，实践效果难免达不到预期。因此我们对双创教育的基本认知首先应当进行升级，双创教育与专业教育的相对割裂状态应当得到弥合。

我国的改革已经进入新的阶段，双创教育的成功与否，将对经济社会发展的延续性产生重要的影响，抓住发展契机，合理配置资源成为必要的措施。为了更好地完成创新创业教育，在这里我们从其他专业领域引入一种理论——"耦合理论"，将其作为一种理论探索，并希冀对创业教育与专业教育的融合问题之破解有所启示。

"耦合理论"的基本语境。耦合在多个学科之中，有着相互关联而又不同的意义阐释。在物理学上，耦合指两个或两个以上的体系或两种运动形式之间通过各种相互作用而彼此影响以至联合起来的现象，如放大器级与级之间信号的逐级放大量通过阻容耦合或变压器耦合。耦合作为名词在通信工程、软件工程、机械工程等工程中都有相关名词术语，在这种情况下，耦合常常是指两个或两个以上的电路元件或电网络的输入与输出之间存在紧密配合与相互影响，并通过相互作用从一侧向另一侧传输能量的现象。概括地说，耦合就是指两个或两个以上的实体相互依赖于对方的一个量度。耦合强度，依赖于以下几个因素：一个模块对另一个模块的调用；一个模块向另一个模块传递的数据量；一个模块对另一个模块施加控制的程度。耦合性是程序结构中各个模块之间相互关联的度量，它取决于各个模块之间的接口的复杂程度、调用模块的方式及哪些信息通过接口。模块之间接口的复杂程度，存在着外部耦合、多场耦合、数据耦合等形态。

"耦合理论"与双创教育的相关性。作为工程学上的一个概念，耦合理论对创业教育的发展也有着一定的启发意义。简单一点说，耦合就是多个元素之间相互依赖的一种状态。当我们把这个概念作用于创业教育与专业教育时，我们发现两者同样存在着培育人才的目的，都仰仗理论和实践的操作方法，都是高校育人使命的重要体现，而且在教授的内容上又可以互相补充和激发。因此，创业教育和专业教育本身具有的紧密结合、互为影响的潜在关系，使得耦合理论在二者之间的运用具有可操作性。高校教育价值的保值和升级的重要方式就在于不断地更新理论和实践水平，尤其应该利用自身知识集中的优势，敢于思考，勇于突破，通过多学科的交叉运用，取长补短，去粗取精，不断解决实际问题。

创新创业教育与专业教育耦合的可行性。接下来我们将具体结合创业教育与专业教育的实际需求，引入耦合理论进行分析。

数据耦合，双创教育与专业教育的基本交流。数据耦合是耦合状态的基本和常见模式，其工程学概念为：一个模块访问另一个模块时，彼此之间是通过简单数据参数（不是控制参数、公共数据结构或外部变量）来交换输入、输出信息的。之所以说这是耦合的基础和常见模式，是因为数据耦合是简单变量的迁移，也就是两个变量在基本数据上的交换。我们知道双创教育要培养的是具有浓厚的创新创业热情、扎实的专业基础知识和敏锐创新精神的大学生创业者，依据创业教育需求在专业教育中设置相关专业、师资数量等基本参数，或直接吸收专业教育对于学生基本理论知识的传输都将是有益的探索。例如，要实现一个金融领域的成功创业典型，那么创业者必然要有金融学、市场营销学等领域的专业基础知识作为支撑，双创教育就可以直接利用专业教育的成果，并通过自身鲜明的实践优势催化学生的创业热情。与此同时，专业教育正是要通过实践中的育人成果，来不断调整专业设置和教授方法，双创教育成果的外显性反过来促进了专业教育不断地升级自身格局，例如市场需要大量的财会人才，高校就可以及时进行专业调整，以适应和满足市场需求。数据耦合的优势在于简单而易于操作，在较短的时间内就能形成一定量的教育规模，而不需要对双方的教育形式和教育内容进行大的调整，也可以及时适应新的教育培养方案。

控制耦合，双创教育与专业教育的核心疏通。工程学认为，如果一个模块通过传送开关、标志、名字等控制信息，明显地控制选择另一模块的功能，就是控制耦合。简单地说就是一个模块在核心层面上对另一个模块的支配状态。这对我们的启发是，双创教育和专业教育在互动中可以保留大部分的枝蔓，而在最核心的教育理念、教育内容层面进行深沟通。与内容耦合不同的是，控制耦合仍然是量的引入，而内容耦合已经进入质的改造。这种耦合状态的优势在于保留了专业教育在传统高校教育方案中的支配地位，同时又在关键环节上适应创业教育的现实要求。高校双创教育活动如何使创新创业知识与其他课程知识实现更均匀、更精细的复合主要取决于两个方面：一是创新创业知识与其他课程知识点各自"打散"的精细度；二是这两类知识点在各自"打散"后相互吸引和排斥的状态。当两类知识点"打散"后越精细，契合度越高，那么它为受教育者接受的可能性就越大。因此，创新创业知识与专业教育的深度契合，能够使学习者将原有知识结构与多种思想相联系，更容易将所学知识迁移到新的情境中，改变传统浅层学习中学习者被动接受的局面。所以，高校可以依据创业教育的核心要求，对专业教育进行适应性打造，"创业社会学""创业设计学""从医创业学"都可以成为有益的尝试。大量的学科结构性调整，集中性的嵌入创新创业理念，将起到极大的引领作用。

内容耦合，双创教育与专业教育的主次融汇。当一个模块直接修改或操作另一个模块的数据，或者直接转入另一个模块时，就发生了内容耦合。此时，被修改的模块完全依赖于修改它的模块，简单地说也就是促成一方主控、一方附属的格局。如果发生这种情形，两个模块之间就发生了内容耦合，内部模块出现互动。这意味着，某种程度上或者某个阶段性上，我们可以根据双创教育的现实需要开展相关的专业教育，或者依据专业教育的理论架构适时开展双创教育，使两种教育体系在不同的教育类别上承担主导和附属的角色。当然，这种区分只是为了更为高效地开展双创教育，在这个过程中，我们不能将双创教育与专业教育简单地割裂为孰轻孰重的关系。依据创业教育需要，以专业课程的形式进行规范教育就是一种有益的尝试。在创业教育最先兴起的美国，创业研究正在成为管理科学领域一个新的分支，属管理科学研究范畴。标志性的事件是 1987 年美国管理学会正式成立创业研究分部，主要开展创业现象、创业理论及创业教育三个方面的研究。在这种关系中，高校为了更为准确地体现创业教育的育人意图，以相关专业教育配合创业教育的形式来设置课程，配备师资和调整授课方式都是可以尝试的，在这种关系下，因为突出了创业教育的重要性，又保留了专业教育的课程深度，避免了双方在教育资源上的浪费，能够较大限度地保证创业教育的质量。

公共耦合，创业教育与专业教育的资源共享。其原始定义表述为，若一组模块都访问同一个公共数据环境，则它们之间的耦合就称为公共耦合。公共的数据环境可以是全局数据结构、共享的通信区、内存的公共覆盖区等。我们知道，高校的育人使命使其拥有着丰富的教育资源，例如政府的扶植政策、企业的培养资助和人员的直接输送，在这个公共空间中，其实等于形成了一个资源丰富、结构多元、精英集中的教育资源平台。在这个平台上，双创教育和专业教育都可以直接汲取有利资源加以利用。大学生创业教育这个概念起源于美国，迅速发展于 20 世纪 60 年代。经过十余年的发展，美国就有 1600 多个学院开设了 2200 多门创业课程，有 277 个学位授予点，44 种学术刊物和 100 多个创业研究中心。反观我国，出于对经济社会良性发展的考量，政府对于创业教育的热情是高涨的，但由于历史和现实的多种原因，创业教育形成了政府持续加力，而企业游离和高校乏力的状态，实际上就是一种资源整合的浪费。一旦这个公共空间形成，它就可以较大限度地为高校的创业教育提供坚实的智力支持和实践保障，同时又充分地融入了政府和企业参与创业教育的主观能动性，可以说是一个良性的生态圈。

同时，我们也必须承认"耦合理论"只是一种参考的视角，在各种耦合关系之中，优劣总是并存的，例如：数据耦合简单直接，但难免深度不够；控制耦合强弱相关，但区分度不够；内容耦合主次分明，但波动较大；虽然相较于前面的几种耦合状态，公共耦合最大限度地保留了两种教育体系的独立性，又同时观照了创业教育的多个参与角色，但同时也意味着它的微弱尺度并不好把握，尤其是中间环节的沟通，需要极高的操作水准，否则仍会流于形式。在实际运用的过程中我们可能还需根据现实需要采用多种耦合关系的组合，在不同的发展阶段或者类别内采用不同的耦合关系，这就更需要深入的理论探索。当然，无论是哪一种耦合关系，最终都应该是在实践中不断磨合、融入和升级的，它仍然需要不断地更新以求切中实际。

6.1.2 双创教育与大商科人才培养模式的交融关系

迪尔凯姆曾提出"任何事物都必须在一定的'场'中才能存在和表现出来"。那么创业和创业教育作为一种社会现象，必然也会受到外部"场"的影响。创业现象是一种空间事件，具有空间属性，各个部分相互依存，各种变化与外部"场作用"存在直接或间接的关系。双创教育会受到周围环境的深刻影响，是一个非孤立的存在。例如大量的企业界人士围绕在财经类院校的周围，同时经常以学校为中心发生集聚现象并产生互动，这样能够加速信息的传播，提高潜在的有价值的信息在流动过程中被发现的可能性。在创业者走进高校与师生互动的过程中，创业者对知识和技术的需求不断被高校教师获取，高校师生溢出的创意不断被创业者吸收、借鉴，这不仅仅是单纯的以公益为目的的分享，还是对双方拥有的巨大潜在价值的挖掘。

　　财经类院校的双创教育有自己特有的教育场，其拥有的经管类专业和学科群，决定了其师资、校友、在校学生家长群体及实习合作单位等所处的相关行业、企业中的可利用资源众多。人与人面对面接触能够提供知识溢出的渠道，而各主体存在的知识存量差异能够产生知识溢出的原动力。社会学家迪尔凯姆曾说过："正如我们的身体凭借外来的事物而获得营养，我们的心理也凭借从社会来的观念、情感和动作而获得营养。我们本身最重要的部分都是从社会得来的。"按照场论的观点，孤立存在的实体是不存在的，它们总是在相互作用中成就自己。"财经类院校的校园文化与企业文化存在众多关联性"，这种关联性使财经类院校与地区产业群的结合形式和频度有别于其他理工科院校。一旦财经类院校能够深度对接专业和行业相关的产业群，这些产业群的知识溢出就会与校内创业教育形成良性互动，诱导校内师生的教学活动向更加贴近现实需要的方向发展。这些输入型的创业教育元素，对于激活校内的创业教育基层活力具有非常积极的意义，因为这些元素会使高校内部基层师生感受到自我探索具有强烈的社会现实意义。同时，财经类院校所具有的专业和学科优势对外部产业也具有积极影响，当这种影响力与具体的新技术或新商业模式结合时，衍生新的创业机会将会变得更加容易，高校与外部经济之间的共生互养关系也能够得到持续优化。

　　高校双创教育在我国已经走过十余年的发展历程，政府和高校对大学生创新创业教育重视程度不断提高。但我们同时看到，创业教育的发展绝不是单线的推进，我们需要更为宏观的视野，即从社会网络的角度审视大学生创业教育存在的问题，探寻双创教育与大商科人才培养的融通逻辑。

　　创新创业能力是高校培养应用型商科人才的重要能力，而大商科人才培养模式的具体操作又对双创教育具有重要的推进作用。商科的学科称谓是商学，商学具有复合学科的特点，按照联合国教科文组织制定的国际教育标准分类，被表述为"Commercial and Business Administration"，是研究探索交换（或交易）活动规律性和商业运行机理的学问。商学是经济学理论，是与商务实际相结合产生的，经济学是商学的母体，商学是经济学的延伸与发展。大商科强调的是一种灵活的处置理念，即不要将商学局限于商务实际活动领域或管理领域，而是要将其放在经济学领域中看待该学科的发展。

有人称 2015 年是中国创客教育元年，李克强总理在给清华大学创客的回信中提到："'大众创业、万众创新'，核心在于激发人的创造力，尤其在于激发青年的创造力。"如何培养更多的创新者和创业者，是双创教育的核心命题。2015 年，这一核心命题，从顶层设计上已经开始破题。同年 5 月，国务院办公厅出台了《关于深化高等学校创新创业教育改革的实施意见》，明确从 2015 年起，将全面深化高校创新创业教育改革，瞄准 9 项改革任务，推出 30 余条具体举措。有了改革"路线图"，各地各高校精准发力，综合施策。据统计，该年度全国 82% 的高校开设了创新创业教育课程，68% 的高校设置了创新创业场地，613 万人次参加各类创新创业实践活动。教育部举办首届中国"互联网＋"大学生创新创业大赛，全国 1800 余所高校 20 万名大学生参赛。

由此看来，双创教育和大商科人才培养模式首先具有目的上的关联性。双创教育意图培养的具有开放思维、国际化视野、敏锐商业嗅觉和创新精神的创业者正是大商科人才培养模式的一种人才导向。这客观上为大商科人才培养模式进行了精准化的探索，提供了更为专业的视角。同时创新思维的培养在创业价值观上对受教育者的影响也是深远的，启迪受教育者关注商科教育的现实和长远实惠，激发他们从事经商行为的热情。反过来，大商科人才培养模式的探索因为较双创教育早，就可以为双创教育的起步提供引擎动力，双创教育完全可以借用大商科人才培养模式建构的框架，利用其教育资源使得自身的培养体系更加健全，培养方式更加多元，培养成果更加显著。与此同时，二者的合作也是提升改革层次、解决就业等现实问题的客观需要，这种在目的上的连接是双方互动的基本前提，为新的价值整合提供了可能性。

毫无疑问，双创教育和大商科人才培养模式具有内容上的契合度。

在具体的操作环节，双创教育和大商科人才培养都依赖专业知识的教授，无论是否归属于人文社科、理工经法、艺术医科等学科领域，坚实的专业知识基础是必要的前提，从这一点来看两者可以在课程设置、师资培养、实践基地建设和实训岗位等层面进行资源的融通共享。创新创业教育的重要推动力是大学生日益增长的就业压力，创新创业教育成为继"学术教育""职业教育"之后的第三张教育通行证。人们希望高等教育的毕业生不仅是求职者，而且是成功的企业家和新的就业岗位的提供者。创新创业人才除了具有一定的学术能力、专业职业能力之外，还要培养事业心和极强的开拓能力。这种培养需求决定了高校的教育观、人才观、质量观和价值观，而大商科的人才培养模式恰恰适应了这一特点和要求，在突出专业建设的同时，构建人才培养理论和体系功能。

高校双创教育不是孤立的存在，而是深深地嵌入于社会网络之中的。嵌入（Embedded-Hess）理论是新经济社会学研究中的一个核心理论，最早由经济史学家 Polanyi 在 1944 年提出，其核心为人类经济嵌入并缠结于经济与非经济的制度之中。嵌入理论最初是一种经济现象的解释理论，后来逐渐演变升格而具有了一般的方法论意义，成为诸多学科重要的方法论工具。嵌入理论视角下，高校双创教育中的学生和学生所处的校园网络同时嵌入于更大的社会结构中，"并受到来自社会结构的文化、价值因素的深刻影响"。高校双创教育的价值取向和可能设定的目标，可能采取的手段措施，可能获得的支持和限制，都会受到政治、经济、文化等多重因素的制约。同样每个大学生个体也深深地嵌入于多重社会网络中，社会网络对大学生创新创业意识的形成产生重大影响。

从这一点来看，双创教育与大商科人才培养模式的交融可以做以下尝试，以求拓宽双创教育与大商科人才培养的融通路径。

第一，加大高校嵌入商业社会网络的范围和程度。学生平行嵌入多种社会网络、高校，也同时嵌入更大的外部社会网络中，因此要理性看待高校双创教育作用的局限性。在整个双创教育过程中，应更注重其他教育机构、社会组织的参与程度及家庭和社会网络与高校创新创业教育的协同程度。高校嵌入社会具有多重性，包括政治嵌入、经济嵌入、文化嵌入等等，但是在不同的国家及同一个国家的不同时期，各种嵌入的深度是有差异的。由于创新创业精神是一种与市场商业实践行为结合得非常紧密的精神，"成功创业者的许多态度和行为可以作为创业思想的特点"。有学者在深入研究美国高校创业教育后提出，"在形成年轻人的创业态度、创业技能和创业行为方面，企业家、社会支持者、基金会及其他非政府组织处于核心作用地位"。高校只有加深经济嵌入，尤其是加强中小企业经济嵌入，才能与市场创业活动形成良性互动。

第二，扩大大学生嵌入校园创新创业素质教育网络的深度和广度。大学生在校期间同时嵌入大学校园网络、家庭亲属网络、朋友和其他社会网络（包括互联网虚拟网络）中，这些网络构成一个复杂的组合，共同形成一个强大的"教育场"。大学双创教育对大学生所产生的影响力取决于三个方面：大学校园网络的密度和强度，大学生个体嵌入大学校园网络的深度，大学校园网络与家庭亲属网络及朋友和其他社会网络的整合度。目前国内高校对学生班集体成员和学生寝室成员这两种网络建设比较重视，学生嵌入这两类网络程度很深，部分学生在同乡会和学生组织中比较活跃。但对于大部分学生而言，其嵌入的校园网络类型仍显单一。在此，我们看到各类学生自组织是学生群体充分发挥自己想象力，锻炼组织能力，培养捕捉机会能力的绝佳平台。学生创建学生社团的过程，在利用社团有限资源的条件下创造性地组织活动的过程，都是生动和有效的创业教育实践活动，其价值绝不低于现在很多大学的实践创业园。除各类学生自组织外，为了提高大学生嵌入校园网络的深度，需要帮助学生群体构建更多类型的校园网络，使学生个体有机会嵌入更多类型的网络，使学生参与的这些网络互动不但数量增加而且质量提高。同时，我们要注重教师的角色，引导全体教师转变教育理念，改革课堂教学方法，增强高校师生教学网络密度和强度，使学生在课程学习中更主动地投入学习，更积极地参与交流，增加师生间网络互动的频次，提高学生嵌入教学网络关系的程序。

第三，协助政府加快推动本地区成长型中小企业创业环境的整体优化。从嵌入视角看，大学生创业嵌入于外部社会网络中，当前大学毕业生创业面临的大部分困难是中小企业成长中共同面临的困难，只有着眼于整体优化中小企业创建和成长的环境，才能从根本上解决大学生创业难的问题。这就需要高校更多地协助政府加强对政策和法规的顶层设计，减少随意性，提高中小企业促进制度的立法层次，完善中小企业成长的制度体系，目前我国直接涉及中小企业发展的法律还只有一部《中小企业促进法》，较之发达国家的完善的法律保障体系差距显著。改善中小企业成长环境的法规体系建构是推进高校大学生创业的当务之急。在重构支持大学生创业政策法规的过程中，进一步加大对成长型中小企业的扶持力度非常重要。所谓成长型中小企业，一般是指在较长时期内，具有持续挖掘资源能力、巨大的潜在价值，能得到高投资回报，并且未来发展预期良好的中小企业。高校开展创业教育和启动大商科人才培养模式，其最大的共同优势就是高校本身是知识和人才的集中地，其整体教育普及的结果，容易形成"知识溢出"的效应和"知识资本化"，如果大学校园能够形成良性的网格互动，再辅之以灵活高效的社会环境，就能实现教育成果的不断累积。

6.2 大商科双创教育关联方的利益共生

如果说双创教育与专业教育的结合是内部的自我持续更新，那么高校双创教育与由政府、企业等构成的社会创业生态系统的互动则是一种互生共养。创业实践活动本身对知识的吸纳能力很强，双创教育对实践的要求度也高，它需要不断收集社会创业知识，并通过社会创新创业实践活动调整自身的教育轨迹。因此建构起合理的创业教育生态圈，找准创业教育的生态位尤其重要。本节讨论的就是双创教育吸纳社会资源，提升深度和广度的发展模式。

6.2.1 "利益弱相关"制约双创教育校内外互动

高校双创教育不是高校内部封闭的孤立活动，而是一个复杂的系统工程。《国家中长期发展教育改革和发展规划纲要（2010—2020）》中提出，"加强就业创业教育和就业指导服务。创立高校与科研院所、行业、企业联合培养人才的新机制"。这表明国家已经充分关注到就业创业教育对人才培养质量的重要意义，同时学校的就业与创业教育需要与外部的机构实现联合互动。在高校与政府、企业和学生之间存在着微妙的利益关系，彼此依赖又互相促进，共同影响着创业教育的深度和广度。

首先，高校在社会创业生态系统中的生态位"缺席"与"迷茫"。所谓生态位，是指生物种群在以环境资源或环境条件梯度为坐标而建立起来的多维空间中所占据的空间和位置。生态系统中每个物种都有自己的生态位。生态位越宽，种群可利用的资源种类越多，对周围环境的适应能力越强。显然，我国高校在社会创业生态系统中的生态位还很窄，吸纳外部资源为校内创业教育所用的能力还很弱，为社会直接输出创业者的能力还不强，能够为社会创业者提供的直接帮助也还很少。从社会创业生态系统的视角来看，高校对周围环境的适应能力还很弱，这种"势弱"整体表现为高校对社会创业活动推动力度不足，在创业教育课程建设和活动设计方面实效性不够，高校在如何具体深化创业教育方面表现迷茫。

经过十多年的努力，深度参与创新创业教育的高校越来越多，截至2011年，我国已经开设KAB创业教育基础课程的高校达600多所[1]，90%的高校已经开展创业教育[2]，近85%的高校建立了各种规模的创业

---

[1] 李玉兰：《全国600多所高校已开设KAB创业教育基础课程》，《光明日报》，2011年2月27日。

[2] 张昊明、马君：《高校创业教育研究——全球视角与本土实践》，中国人民大学出版社2012年版，第16页。

基地①。高校创业教育推进很快，但创业教育质量并不理想。在《论高校创业教育的有效性》一文中，一项针对已经开展创业教育的高校的调查显示：认为目前创业教育"效果好"的学生仅占 8.88%，而认为"效果差"的学生有 55.9%，还有 28.12% 的学生认为"效果一般"，7.1%的学生表示"说不清"。②

人类有家庭教育、学校教育、社会教育三大教育系统，每个系统都有自己的教育要素、媒介和工具。三个系统中，各系统要素或信息会与另外两个系统的要素相互作用，产生协同效应。理想的创业教育需要三个系统共同发挥合力。改革开放之后，由于政治制度变革，带来了大量市场机会，那些参与创业活动并取得良好收益的创业者，会在周围人群中产生积极的跟随效应，民众对于如何更顺利、更便捷、更有效地从事创业活动有了潜在的巨大学习需求。高校的创业教育被提上日程，并且在一定层面上取得了良好的效果。改革开放近 40 年来，高校毕业生创业人数的增加，就是现实的说明。但是，由于中国办学机制的不足与封闭，既使得在校学生无法获得相应的创业知识，又使得社会创业生态系统中潜在的创业者群体无法从高校获取足够的创业教育"营养和资源"，只能转而求助其他主体。当其他主体可以基本满足这种需求时，就使社会创业生态系统的"创业教育供需矛盾"得到缓解。

其次，其他社会组织在社会创业生态系统中的"补位"与"替代"。在高校创新创业教育"势弱"的背景下，家庭组织、社会商业培训机构，以及一些大中型企业的内部"学院"承担起了社会创新创业教育的主体功能。其中，区域化产业集群网络在无形中发挥出有力的创业学习平台功能，家庭创业教育在区域化产业集群学习平台中发挥了很好的助推作用，很多地方出现了以血缘亲属网络为连接的大数量的群体性创业，有的还呈现出"低学历、高创业能力"的特征。比如，以血缘为纽带发展起来的温州商人群体，就是家庭创业教育成功的典范。很多温州商人的

---

① 谢卫群、姜泓冰：《上海九成高校实施创业教育　青年创业链正在形成》，《人民日报》，2011 年 3 月 30 日。

② 罗贤甲、杨树明：《论高校创业教育的有效性》，《思想教育研究》2010 年第 9 期。

子女从小在创业家庭的环境中耳濡目染，在离开学校后，或主动或被动地尝试与父辈及其他亲属相同、相似或关联的产业，在亲属们的言传身教中，创业成为很多人很自然的选择。

目前，国内已经形成很多区域化的产业集群，区域化的产业集群为潜在的创业者提供了匹配度很高的特定知识体系和学习机制。"这些知识形态主要表现为非编码知识，比如工商传统的地方性知识、祖传手艺、商业习俗、生意经、共同的产业选择等。这些知识的流动和共享不但弥补了他们受教育程度偏低的不足，而且符合他们信息吸收的偏好，因而学习收益很高。"① 这些产业集群为民众提供了很好的创业教育平台，孕育了大量创业者。在过去几十年里，很多大中型企业纷纷针对自己员工素质的提升设立"学院"，如物美集团的物美发展学院、华立集团的华立管理学院、红蜻蜓集团的红蜻蜓培训学院等等。这些企业设立"学院"的初衷往往是解决本企业内部员工的岗位技能培训问题，但经过发展，相当一部分企业内部学院的培训内容涵盖了职业技能培训、创业理念和技能培训、企业文化建设等内容，越来越多的企业鼓励内部员工在自己的岗位上大胆突破、勇于创新，开展"岗位创业"，为企业创造出新的价值。这类创业教育由于紧接地气，针对性强，在提升受训者创业意识和创业能力方面往往效果显著。此外，阿里巴巴公司2004年成立的阿里学院和2006年成立的淘宝大学，以网络课程为主要教育形式帮助与自己企业相关联的网络创业者成长，开创了企业创业教育的一种新模式。根据淘宝大学自己公布的数据，截至2014年，经淘宝大学培训的学员已经超过了500万。综上所述，在过去的几十年里，企业在中国社会创业教育中发挥了非常重要的作用。

不难看出，必须建构合理的"利益互动群"，才能有效推进创业生态系统健康升级。家庭和社会创业教育的协同发力，使得创业生态系统达到了一种暂时性的供需平衡，但也同时使得高校在社会创业教育的格

---

① 杨轶清：《企业家能力来源及其生成机制——基于浙商"低学历高效率"创业现象的实证分析》，《浙江社会科学》2009年第11期。

局中的"弱势"格局进一步被"锁定",很难改变其实施乏力的艰难困境。虽然家和社会进行了"补位",但仍无法彰显高校作为知识和人才集中平台的优势。这种生态架构显然是不健康的,是无法持久的。高校与社会力量之间的生态弱相关需要进一步理顺,从而推动创业生态系统的健康升级。

建构各方参与、协同分工的生态利益群,是真正发挥高校双创教育作用的重要环节,我们应当加大在教育内容上的改革力度。双创教育鼓励受教育者勇于探索新商机的特点决定了创业教育的内容和形式应当具有开放性,使学生有更多尝试和选择的机会,而不只局限于某几个有限的专业或领域,目前国内许多高校在加强双创教育课程建设的过程中,大胆探索,将很多新的内容纳入双创教育中,这种在教育内容方面的"自由拓展"显然有助于丰富高校双创教育的内涵,满足不同学生群体的现实需求。但高校之间的优势和定位毕竟明显有别,各个高校拥有的外部资源差异性很大,双创教育只有紧密结合这些差异才可能使各自的创业教育成效更好。因此,各个高校在教育内容上的"自由拓展"应当与"重点发展"适度结合,否则容易使各个高校的双创教育出现"泛而不精"的格局,影响教育成效。

高校双创教育需要有形的具体项目作为依托是我国教育界的共识。过去十几年中,下列三个项目受到各界高度重视:一是全国大学生创业计划大赛,这项赛事由共青团中央、中国科协、教育部和全国学联共同主办,很多高校将此项赛事的成绩作为开展创业教育成效的标志性成果。二是校内创业园,不少高校在创业教育实践中一直力推创业模拟实践,有些高校在校内创业园项目上投入了巨大的人力和物力。三是创新创业教育课程建设,不少高校已经进行了多年摸索,近两年来教育部已开始明确要求全国高校必须开设创业教育必修课。大学生群体对创业教育的需求具有多样化的特征,不同类型的学生具有不同的需要,即使同一类型的学生在创业启蒙期、创业酝酿期、创业起步期、创业平稳期和创业提升期等不同阶段的需要也会有明显不同。同时,学生感兴趣的创业领域不同也会在创业教育的需求上呈现出明显的差异，高校难以通过几种有限载体实现全校性创业教育的目标。从生态学角度看，生态系统的组成成分越多样，能量和物质流动的途径越复杂，食物链的组成越错综，系统自动调节和恢复稳定的能力就越强。

政府作为保障机构，提供的政策和资金支持服务整个社会的政治、经济、社会发展；企业作为实践的中心环节，在参与过程中为自身吸纳源源不断的创新创业人才；而高校作为具体创业教育活动的关键环节，有着育人的神圣职责，多种利益关系之间相互独立又彼此交织，建构多方利益最大化的利益群就能够为多方利益的实现提供必要支持，是引领双创教育不断深化的重要推动力。

6.2.2 完善创业教育资源"价值整合"机制

完善价值整合机制是培养创新人才的重要保障。价值链整合是指企业为了让自己所负责的业务领域更广泛、更直接，将企业价值链活动范围后向扩展到供应源或前向扩展到最终产品的消费者。双创教育的核心价值当然是培养具有创新精神的创业人才。"创业教育的终极目标应定位为帮助创业者最大限度地实现自我价值。由此决定，创业教育首先应当是关于意识、精神和心灵的教育。"哈佛大学史蒂文森教授曾提出，创业精神是"不顾及现有资源限制追逐机会的精神"。创业者发现新创业机会的过程往往是敏锐地捕捉到了被大多数人忽视的信息，并用与众不同的视角分析和解决问题。具有批判和思辨精神是培育创业精神的重要内容，批判和思辨精神的培育需要允许批判和思辨的外部环境，需要多元化的价值体系，需要允许差异，包容不同的氛围。高校双创教育需要鼓励学生有差异化的思维习惯，而不能满足于模仿学习。这种差异性环境的营造需要高校自身具有差异化的文化，要勇于谋求育人理念和培养特色的与众不同，我们很难想象在全国众校一面、高度雷同的创业教育模式下能够培养出个性鲜明、勇于思考的大学生，因此鼓励差异不但是高校培养具有创业精神学生的重要原则，也应当是有志于加强创业教育的高校自身的本能追求。高校推进双创教育需要一定比例的来自校外的有实践创业经验或是有丰富企业工作经历的师资，他们的存在有助于高校与社会保持畅通对接，使创新创业教育氛围的情境真实性能够得到更好的营造，使创业知识的时效性能够得到更好的保障。国外创业教育成效较好的高校，这类师资均占到一定的比例，以美国百森商学院为例，其创业部 62 名教师中，有创业经验的教师占 62.29%，所有教师中兼职教师占 54.84%，兼职教师中的 97.06% 具有企业任职经验。[①] 而就我国而言，真正由高校提供的具有创业教育优秀水平的教师尚显得匮乏，尤其是在理论与实践结合的问题上具有发言权的教师还比较匮乏，创新人才是创业活动的执行者，缺乏创新意识，也就丧失了实现创业更大价值的可能性。

完善价值整合机制是理顺创新机制的现实需要。创新机制是创业活动长久持续的重要保障，理顺创新机制有利于创业教育的深入开展。创业活动需要创业者具有主动的创新意识、敏锐的机会捕捉能力和大量的实战性知识，这就要求高校创业教育更多地对接社会，使自己的办学过程与社会产生更频繁的多维互动。创业教育是在生产力发展之后，在社会为个体通过整合资源，将知识直接转化为社会价值提供了更大可能的背景下，社会对教育提出的更高要求。双创教育是促进知识更容易转化为资本和社会价值的教育，是引导个体在任何岗位上都要以更主动的精神创造新价值的教育，这种教育显然不能远离社会和市场。我国高校办学经费绝大部分来源于政府，现有高校治理结构中，高校仍受到政府教育主管部门的主力引导，社会在高校治理方面参与不足。双创教育的主要驱动力来自政府解决大学毕业生就业难的压力，在民办高校没有充分发展，公办高校事实上处于"垄断运营"的格局下，这种压力事实上没有能有效转化到高校内部，于是导致了高校从内部深层推进创业教育的动力不足。双创教育要求的是高校办学导向和办学理念的变革，这种变

---

① 张昊民、马君：《高校创业教育研究——全球视角与本土实践》，中国人民大学出版社 2012 年版，第 153 页。

革必然要触及高校深层的教学模式、教学评价体系的巨大调整，必然会触及高校内部机构和教师队伍的利益调整，在高校内部必然会引发本能的体系性阻力。显然，只有加入强有力的外生变量，方能诱发和推动高校的内部改革。否则，双创教育在高校只会表现为增加一些"补充性质"的创新创业类课程，开展一些具有"创新创业外显特征"的第二课堂活动，邀请一些具有"创新创业品质特征"的校外人士与学生交流，于是高校双创教育就很容易停留在浅表层面，走向同质化。

完善价值整合机制是发挥多方主观能动性的引擎。经过多年的探索，高校双创教育的外部环境已经发生巨大的变化，但是因为大学毕业生就业的压力没有改变，社会对于创新创业活动会积极促进社会就业的认识没有变，于是已经由国家教育行政部门通过高校就业部门和教务部等部门继续推进双创教育的总体格局就不会变。由于应该通过高校来积极推进创业教育、提升学生创业素质的总体认识没有改变，高校在促进青年创新创业教育方面就承担了过多的责任，高校双创教育就被赋予了太高的期待，这不但导致我国中小学阶段的双创教育推进迟缓，而且导致改善大学毕业生创业环境的社会诉求被过度强化，于是大批针对大学毕业生创业的优惠政策应运而生，这反而削弱了改善全社会初生创业者生存环境的诉求，不利于创业环境的整体改善。在高校内部，双创教育很容易被简化为引导更多的学生去创业，帮有创业困难的学生积极去创业，于是"创业励志型课程"和"创业知识型课程"就成为一种流行趋势，附加式外置型的高校双创教育成为主流，双创教育与嵌入高校原有教育项目的深度不足，在此过程中高校双创教育陷入了差异不足、缺乏实效的泥潭。

6.2.3 高校的双创教育角色归位与资源配置

做好高校价值审视，将核心环节做强做精。高校是双创教育最直接、最核心的板块，能不能发挥好自己的教育功能直接关系着双创教育的实现价值。在开展双创教育之前，高校首先应该对自己在价值链中的定位有清醒的认知。显然，作为高校，首先是知识高度集中的地方，各种专业理论的积淀形成了科学的育人系统，先进的实验室和优秀的师资力量保障了育人工作的深度，这是保证双创教育持久发展的重要前提。其次，基于我国政府和社会各方联合办学的现状，高校又是各种资源的汇集地，在产业链中又天然具备借用资源发展自身的可能。

在这个认知的基础之上，高校应当首先依据校情，积极做好专业教育与双创教育的结合，通过开展通识教育和实践课程，为学生提供坚实的创业理论基础，形成一个有深度有力量的知识圈，保障高校价值链的核心作用。其次，要积极聚焦全体教师的创新创业素质提升，提升学生群体的创业热情和水平。提高我国高校双创教育实效，推进高校双创教育发展的关键是要改变目前各高校双创教育普遍着眼于要求学生做什么、怎么做的问题，而没有把对教师的要求放到重要的位置上。高校双创有必要把着眼点转向教师队伍建设上来，把全体教师的创新创业素质提升作为一项核心工作。高校双创教育能力的重点是，高校提升师生知识资本化的能力，即高校的教师能够帮助学生更容易地把自己的知识与社会市场需要对接，通过整合资源实现产品和服务的创新，为社会创造新的价值。在创业时代高校教师需要弘扬创业精神，师资队伍中需要有商业创业和公益创业的实战者，更需要大批教师在本职岗位上开展岗位创业。在创业教育中，高校教师不但是良好创业教育环境的构筑者和创业知识的解说者，更是校内外大量创新创业性活动的组织者、实施者。双创教育不但是技能方法教育，更是理念意识教育，因此这支双创教育师资队伍建设应涵盖绝大部分教师，这些教师中的一部分人由于直接承担创新创业类课程，以及身体力行直接带领或指导学生创新创业实践而成为核心层师资，另一部分则是虽不直接参与，但是能够深刻理解双创教育的基本理论，完全接纳创业意识的双创理念型师资，这部分师资能够很自然地将双创教育的基本元素渗透进自己所授的课程中，为高校双创教育发挥出重要的支撑型功能。从这个角度说，我国高校的双创教育现阶段的重点应当转化到教师双创教育与学生双创教育并重，形成以教师为干、学生为枝的格局，通过机制引导使更多不承担双创课程教学的教师更积极主动地投身于创新创业性活动的实践中，这种创新创业性活动的具体表现是教师们在各自工作岗位上充分发挥自己的创新能力，实践探索学生创业素质提升的新方法、新模式，为高校创业教育提供独特的价值。高校教师队伍的理念转型，显然不能单靠口号引导、典型示范、加强培训就能够实现，而需要教师业绩评价体系的整体改革，这一点目前已经有了良好的政策基础，目前浙江等多个省份已经将职称评审权下放到各高校，这将意味着高校具有了更有力的引导师资队伍特色化建设的指挥棒。

高校要不断丰富自身在价值链当中的知识向心力，合理配置价值链接，将各种资源引入、引燃。我们知道，中国大学生创业教育发源于1997年，清华大学借鉴外国做法开展创业计划大赛，这项活动的意义受到了团中央的关注。从1999年起团中央开始主办"挑战杯中国大学生创业计划竞赛"，这是政府参与创业教育的重要标志事件之一。由于政府拥有对全社会资源调配的优势，利用好政府的推动力就变得尤为重要。高校应该不断集合政府关于创新创业活动的法律条文和政策倾向引导创业教育与时俱进的发展。首先，高校要在教育视野内努力营造一种开拓创新的氛围，不断丰富与创新创业相关的价值观教育。积极鼓励和推动具有创新意识和创新能力的企业与个人，让他们的成功案例激发大学生创业者的参与热情。其次，高校要把双创教育积极融入地方经济社会。融入的路径之一是在深入调研地区经济社会发展现状的基础上，结合各高校的人才和专业优势，以提升高校嵌入地方经济社会的深度为着力点，打破高校内部院系、部门条块分割的壁垒，以解决现实问题为导向，变革校内人才团队的组织机制，整合师资，提高高校将智力资源转化为商业价值的效率。路径之二是结合高校资源优势，深入研究经济社会的发展趋势，提高高校智力资源的整合层次，通过高校参与地方经济创新，鼓励更多教师参与科技创业，引领和主导地方经济社会的发展。麦可思研究院的《2014中国大学生就业报告》显示2013届大学毕业生中45%的本科院校毕业生、63%的高职高专院校毕业生就业于"民营企业/个体"。在这一趋势面前，高校的帮助受教育者为在传统企业就业做好准备的教育模式面临着巨大挑战，高校的教育只有深深扎根于地域经济，更多关注中小企业成长，方能具有长久的生命力。同时，在深入参与地方经济社会建设中，高校应该引导地方经济社会更多地融入高校的双创教育，高校应当把现有的学生实习实践项目充分做实做细，使学生的校外课堂的实践教育效果充分发挥，同时对师资队伍的结构进行优化调整，吸纳当地适合人士更多参与，实施动态流动。此外，高校的教学质量评估管理应当更多地引入社会多元评价机制，形成多方参与的高校治理结构，弱化当前教育行政强势主导高校发展的局面，使高校具有更多的办学自主权。

价值的整合是一个长期细致的工作，但这个方向是有益的。在创业过程中，创业者相比非创业者要具有更强的独立面对问题、克服困难的能力。这就要求创业教育过程应当更多地开门施教、对接社会，而不能只停留于内部模拟、闭门造车。在全社会形成创新的浪潮，才能首先为创新精神的培育提供支持。高校则要进一步强化创新创业相关专业的知识教授，将培养创新人才的机制进一步理顺，推进创新平台建设，鼓励教师和学生的创新互动，真正发挥创业教育的关键作用，建立高校育人工作的新格局。我国各地区经济社会差异巨大，如果高校双创教育能够更多地面向高校所处地方的经济社会现实问题，高校的双创教育特色则比较容易形成，异彩纷呈的差异化的双创教育地域差异格局将很容易显现。高校只有不断完善自身又紧密贴近社会，才能跟上时代发展的步伐。双创教育产生的基础，是社会生产力的快速发展使个体具有更强大的整合资源的能力，政府、社会、高校和全体师生在双创教育的体系之中具有价值的封闭性。有效的价值整合，能够调动起各方参与双创教育的积极性，使他们聚焦双创教育资源的共享性，这对于提升双创教育内动力，扩大创新创业教育价值外延具有重要现实意义。

6.3 大商科双创型人才培养的教育实践

    培养大商科双创型人才，是基于高校创业教育应当秉承差异化发展之路、结合学校专业特色和文化传统而提出的，对于财经类院校具有普遍的借鉴和推广意义，在实践层面上，抓好上下联动，做好关键点控制和内外协同可持续性保障尤为重要，具体可以：通过加强双创教育组织机构建设，夯实保障体系；通过双创文化范式助力，提升大学生创业情商；通过强化立德树人引领，使商德伦理教育精准归位；通过深入做实校地合作，在帮助区域经济发展进程中实现社会协同发展。

    在大商科的开放性思维理念背景下，浙江工商大学不断创新综合性的教育知识体系、新的素质结构和实践结构。学校以融合大商科办学特色的双创教育为切入点，使学校成为新浙商的新摇篮。大商科双创教育模式以培育学生创新精神、创业意识和创新创业能力为重点，建立了校校、校企、校地、校所的协同育人新机制，全面深化创新创业教育改革，积极尝试、探索建设混合所有制创业学院。通过开展了一系列双创教育实践，建立了创新创业教育课程体系，构建了创新创业教育与专业教育、通识教育、实践教育、素质教育为一体的创新创业人才培养体系，建设了政产学研协同的创新创业实践基地和创业孵化园。大商科双创教育模式通过系统的实践将双创教育融入人才培养全过程，实现了与社会共建协同育人平台，实施与区域经济深度融合的创新创业教育体系，全过程推进创新创业人才培养改革，全程开放实现了创新创业训练孵化生态系统的目标，探索了一条地方性财经类高校依托学科特色与优势、系统化培养创新创业人才的有效途径。

6.3.1 推进过程注重点面结合及参与度

    依托大商科优势，将创新创业教育"接地气"地渗透结合到各专业的课程教学中，打破了创业教育"语义泛化"的困境。将创新创业教育融入全校课程体系，开设专门的创新创业专业课，灵活务实地邀请校外

"实务精英"进入课堂,首创创业管理微专业,将双创教育与专业教育进行了充分、全面的互动,成为当今高校双创教育与专业教育轨迹呈现"疏离化"趋势的一剂良药。

学校在通识教育教学方案中设立"创新·创意·创业"模块,共六门课程,增设"创新思维训练"等通识选修课,开设必修课"大学生职业发展与就业创业指导",重点突出双创教育的内容;开设"项目管理"等创新创业相关专业课。创业教育充分发挥"实务精英进课堂"机制的实效,各学科性学院的各个专业每学期安排"实务精英进课堂"教学环节,充分考虑创业教育元素的引入,课程类别包括专业核心课、专业选修课。大批创业意识强、创业实效好的社会"实务精英"受邀进入课堂,在与学生分享具体案例和知识点的同时,柔性融入创业意识教育,"实务精英"与学生的互动时间不少于 30 分钟,收到了很好的启发式教育的效果。同时,学校打破传统,以大商科理念中协作、共享、集成、融合为主线,依据创新创业教育的核心要求,对专业教育进行了适应性打造,并有机地嵌入创新创业理念中,做到了双创教育和专业教育的深度耦合。

学校重视"互联网+"时代下双创教育模式的探索,积极将大商科优势融入其中,以实践为指导,全国首创创业管理微专业。学校推进信息技术与课堂教学的有机融合,创建了"4211"创业管理系列慕课课程,包括 4 门核心课程,2 门特色课程,1 个创业沙龙和 1 项创业实践,于2015 年 10 月上线。2015 年 12 月,学校推出"创业管理微专业",并向校内外开放。"创业管理微专业"系全国首创,创业课程以微专业认证的形式面向校内外开放,实现了形式创新、学分浓缩、跨界融合、O2O认证。2016 年下半年,参加"创业管理微专业"学习及认证的学生近109 人。该系列课程已经走出校门,成为杭州经济技术开发区、杭州市妇联、杭州星矢投资管理有限公司等校外单位进行创业教育培训的课程。同时,学校高度重视创新创业案例教学与案例研究,核拨专项经费建设"浙江工商大学案例研究中心"。截至目前,已有 33 个案例入选中国管理案例共享中心案例库（CMCC），其中13个案例获得全国管理"百优"案例称号；协同编写创新创业系列教材，特别是案例教材，现已出版《浙商本土案例Ⅰ》《浙商本土案例Ⅱ》。在实践中创新，在实例中提炼，浙江工商大学的大商科双创教育模式使创新创业知识与专业课程知识实现精细化的融合。

以第一课堂为教学活动的基本载体，将创新创业知识渗透到各专业的课程教学中，通过在专业课程教学内容中适当地增加创新创业元素，优化课程结构和内容，培养学生基于专业知识的创新创业能力。为了适应"互联网＋"的时代背景，学校积极开展创业教育技术创新，重视利用MOOC等先进课程手段，推出了"翻转课堂"形式的创新创业教育课程，以"微型视频教学"为载体，将双创教育课程的知识目标、教学任务或创业技能讲授的环节设计开发成一种情景化的、支持多种在线学习方式的集成视频课程资源，以此种形式引导教师采用探究性、合作式、基于案例或问题的教学方法，不断提高双创教育的第一课堂教学质量。在传统第一课堂创新创业教育的基础上，丰富第二、三、四、五等创新创业教育"多元课堂"，即校内外创新创业实习实践、大学生创业孵化基地、创业教育社区等。这种基于"一体多元"的大课堂授受和全方位育人，通过第一课堂与多元课堂的有效协同，发挥叠加与耦合效应，为双创教育提供了良好的环境。通过除第一课堂的创新创业课程教学外，建设宽松但又有助于激发学生创新创业思维的创业社区是促进大商科人才双创实践的一大举措。学校按照"多元联动"的要求，开展多类课堂的全方位协同育人，辅助和服务于第一课堂。学校除了重视第一课堂教学，还不不断拓展课堂类型，实现与国内外高校、用人单位、校友企业等全方位协同育人，不断提高学生的能力和素质。建立了"校、省、国家"三级学科竞赛、"挑战杯"科技作品竞赛和创新项目联动体系。推行全员导师制，指导学生科技创新活动；划拨创业基金，设立创业项目，成立创业学院，开设创业实验班，增强大学生创新创业能力。

采取形式多样的创新创业教育方式和灵活的弹性学分制。第一，学校根据专业性质的不同，探索不同形式的创新创业教育。对工科类专业强化创新教育，培育创新成果，促进成果转化，推动以创新成果为基础的创业实践；开设跨专业的实训与实验系列课程，强化学生在校期间的团队合作意识和经营理念；在经管法类专业中鼓励学生以创新的理念和现代化的管理方法创办企业，并为学生创办企业创造有利条件。鼓励开展跨院校、跨学科、跨专业的创新创业活动。第二，探索学籍保留机制，实施弹性学制及学分积累与转换制度。在创业学院试行完全弹性学分制，扩大学生选课自主权；放宽学生修业年限，允许调整学业进程，在校本科生经学校审核后，休学创业最多可保留学籍8年。将学生开展创新实验、发表论文、学科竞赛获奖、获得专利和自主创业等认定为创新创业学分，并探索建立创新创业学分与其他课程学分的转换制度，允许创业型学生用创业运行分析报告替代毕业论文（设计）；优先支持参与创新创业的学分转入相关专业学分，并允许创新创业项目、学科竞赛及创业成果与相关课程进行学分替换。

另外，学校主动保持创业类课程课堂的适度开放，尤其要把"商科创业通识课程"的授课质量定位于经得起校外一线创业者评价的标准之上，只有这样，创业类课程的实用性才能增强，高校创业教育对经济社会的现实贡献度才能提高。"大学应该强有力地促进地区和全国的经济进步，而且要行动迅速"[1]，财经类院校应当鼓励本校教师多到校外的创业一线去调研、考察，多开设企业主协同参与的有价值的专题培训和讲座，只有创业课程教师与校外企业一线走得近，校内讲台才能站得稳。虽然过去十几年中，很多高校在修订专业培养计划时，已更加注重听取相关行业和社会一线从业者的意见和建议，但是在教师具体授课的过程中，主动接受相关行业和社会一线的实用性评估的仍旧不多，财经类院校在创业教育课程建设中需要利用自身的优势，加强这方面的工作。近几年来，学校用作试点的"课堂教学开放周"就收到了很好的成效，具

---

① ［美］伯顿·克拉克：《大学的持续变革——创业型大学新案例和新概念》，王承绪译，人民教育出版社2008年版，第22页。

体做法是将一批"商科创业通识课程"作为"示范观摩课""方法改革课"和"诊断提升课"，邀请一线创业者、企业代表、社区代表、学生家长、高校同行进入课堂听课，实施深度的过程性评估，课后集中对课程的实用性、针对性、有效性提出意见和建议，促进创业类课程质量提升。

协同育人，"多元"建设高水平双创教育师资队伍。高水平的双创教育师资队伍是推进创新创业教育向深层次发展的核心所在，是培养高素质创新创业型人才的根本保障。高校创业教育课程质量提升需要大批高质量的师资，这与当前教师群体的创新创业教育意识和能力普遍欠缺存在矛盾，创业教育师资力量薄弱仍是当前全国高校面临的普遍问题。2016年李家华在 KAB 创业教育年会上发布了《高校普及类创新创业教育高校调研报告》，调查中共收集有效样本 1516 个，覆盖学校 676 所，"在受访教师所在高校中，有十分之一的高校没有创新创业教育师资"[①]。所以，破解高校创业教育师资难题需要从教师的选任、培训、考核机制等一系列改革入手，对财经类院校而言，充分利用高校所处的地域性商会组织和校友群体中的创业教育资源，可以比其他高校更容易优化创业教育的师资。浙江工商大学的大商科双创教育模式的一大特色即是培养了一支"理实一体化"的双创师资队伍，建立起了一支专兼职结构合理的师资队伍。

学校依托工商管理学院等学科性学院，借助浙江省哲学社会科学重点研究基地——浙商研究中心、浙商博物馆等资源，打造出一支具有实践教学和创新创业能力的专兼结合的师资队伍，形成了一个个年龄结构合理、知识结构优化、学术气氛浓厚、实践经验丰富的双创教学团队。学校鼓励教师广泛参与、指导学生开展实验、实习实践、课程设计、创新创业竞赛、创业实践等，强化双创教育在教师职务晋升、岗位聘任、奖惩中的作用，鼓励大商科模式下创新创业教育全员参与。

---

① 刘海春等：《中外创新创业教育理论与实践》，广东高等教育出版社 2016 年版，第130 页。

学校改革培训方法，促进教师角色转型。学校建立了创新创业教师锻炼成长、专业发展和能力提升的长效机制，稳步推进创业导师选聘、师资培训、人才库建设、创业导师工作室和导师团队建设、创业导师与学生创新创业项目结对等工作，不断提升师资队伍质量并扩大规模。"大地计划"是学校为了培养"理实一体化"创业师资，划拨专门经费资助教师全职在校外企业或单位锻炼，丰富业务实践经验，学校2016年选派11位教师分赴校外开展合作研发、技术服务、企业管理等实践锻炼，旨在培养一批具有不断学习和开拓创业精神，不断更新思想、观念，掌握新教育技术，用崭新的教育理念和适用的教育手段、技能去从教，最大限度地挖掘学生的潜质，培养学生的创业能力，使学生能成为高素质的人才的老师。

浙江工商大学结合大商科精神，充分利用协同育人的思维，将兼职教师队伍建设与地方产业特征相结合，发挥了优秀"浙商"的榜样引领作用。聘请创业成功人士、企业家、风险投资专家等各行各业优秀人才共同设计双创教育模式，邀请上述人士进入第一课堂，定期开展"实务精英进课堂"、学业实务导师座谈等活动。先后聘请蚂蚁金服CEO彭蕾、贝因美集团创始人谢宏、华睿投资集团有限公司董事长宗佩民、浙江省创业投资集团执行总裁胡永祥等27位校友、企业家担任创业导师。目前，学校双创导师库中校外导师占比为72.46%。

6.3.2 质量保障的关键点控制注重上下联动

重视双创教育组织机构建设，夯实保障体系。大商科双创教育的顺利运行离不开一套科学合理的保障机制为其护航，实践证明，一个完善的高校组织机构和健全的工作机制，是创新创业教育顺利开展的保证。大商科的双创教育在新常态下抓转型发展，在转型发展中提出双创驱动，围绕"就业能称职、创业有能力、深造有基础、发展有后劲"的应用型人才培养目标，将组织机构建设融入人才培养的顶层设计。学校是浙江省较早建立创业学院、系统开展培养双创人才的高校之一。学校于

2013年6月开设创业实验班，次年5月成立独立建制的创业学院，统筹全校创业教育，负责创业实验班的教学，整合原本分散的双创教育资源，以培养优秀双创人才，改变了仅把双创教育当作第二课堂的做法。创业学院的人员、场地、经费均独立编列。其中，配备院长1名、副院长2名；院长专职，副院长分由工商管理学院副院长、教务处副处长兼任；专门设立创业教育中心和创业实践管理科等部门，目前双创教育专职教师有19人。同时，成立校级领导小组——"创新创业教育工作领导小组"，由学校党委书记、校长任组长，分管校领导任副组长，创业学院、学生处、教务处、科技处、招生与就业指导处、团委等部门负责人为成员，对创业教育从培养目标、课程体系、师资队伍、管理机构和评价体系等五大关键环节进行系统指导，扎实推进了大商科双创教育体系建设和各项工作。

学校建立了创新创业教育经费保障制度，规划并落实双创教育经费的使用。学校积极实施创新创业训练计划，先后修订了《浙江工商大学"国家级大学生创新创业训练计划"项目管理办法（试行）》等文件。自2012年至2016年，校级项目立项1877项，预拨经费1034424元，结题续拨经费540159.2元；国家级项目立项125项，拨付经费1062000元。仅2016年，国家级创新创业项目立项40项。在第七届全国创新创业项目年会上，学校被教育部评为"国家级大学生创新创业训练计划实施工作先进单位"，并入选项目展板展示；在第九届全国创新创业年会上，学校有3个项目入选，居省属高校前列。2016年，省级新苗创新创业项目82项，校级创新创业项目449项。同时，每年学校投入1500余万元用于双创教育，其中有200万专项经费用于学生实习实践，400万用于学生创新创业活动，300万用于学生学科竞赛，300万用于第二校园求学，100万用于学生科技社团活动，200万用于校内实践教育示范基地和示范中心建设。依托创业管理微专业课程群、校政企共建浙商大创业园，积极对接校外资本成立亿元"浙商大资本·贝因美基金"。2017年浙江工商大学入选教育部第二批深化创新创业教育改革示范高校。

双创文化范式助力，提升创业情商。大商科背景下创新创业教育的文化范式有着"知行合一、敢于创新"的文化价值取向，浙江工商大学重视完善价值的整合。学校大力扶持以创新创业为主题的学生社团、协会、俱乐部，重点打造创业教育社区。已成立各级学生社团 300 余个，涌现出诸如就业与创业服务协会、未来企业家俱乐部、李嘉诚研究会、国创团、梦想工坊、联想 idea 精英汇、橙子 TV 等一批颇具代表性的社团组织，依托创业教育社区，开展了一系列创新创业主题活动，提高了学生开展创业实践的积极性。很多时候，创业意识突出的学生具有更多影响力，他们很多时候既是高校的"社区精英"，也是"意见领袖"。他们常常本身就比较活跃，能力较为突出，善于整合资源、组织团队，他们的思想更容易影响其他人。学校根据社会学"社区精英"理论，通过机制化的制度设计，充分关注对创业意识突出的学生的培养，这些学生自身才能突出，在校内社区中拥有相对的优势资源，他们很容易会成为学生团队的管理者或决策者，拥有不容忽视的群体影响力。同时，他们思想灵活，善于创新，在新媒体快速发展的场域下，他们活跃在学校人际传播网络中，为其他学生提供观点、信息与建议。学校通过校团委、学生会、宿管会等组织对创业意识突出学生进行价值引导，这些学生凭借善于创新的思维，在人际交往与信息传递中成为各自所在群体的"意见领袖"，引导周围更多学生形成正确的创业观念并开展创业行动。学校将辅导员工作作为培养学生双创情商的重要举措，通过"课程—生活—课外"的方式让学生形成优秀的创新创业能力。辅导员容易了解学生，熟知学生的能力特点，高校让辅导员教师去教授大学生的创新创业教育课程，充分考虑到了因材施教的双创教育理念。辅导员也可以深入学生的生活社区，在学生日常生活中与其充分互动，真实了解学生在创新创业构思与实践过程中的问题和需求，并给予积极引导。在辅导员带领下开展的第二课堂，是大学生开展创新创业实践不可或缺的形式，通过联结相关专业课教师与社会教师资源，让学生真正爱上创业，与创业结缘。

　　立德树人引领，商德伦理教育归位。学校高度重视师德师风的建设，把提升全体教师的创新创业素质作为一项核心工作。在大商科双创教育语境下，创业师资队伍相比其他专业教师更需要加强师德认知，培养思想政治素养的同时锻炼双创教学与实践技能。创业师资队伍包括实践型的校外社会师资，在商业利益问题上，在"利人还是利己"的价值观上面临着更大挑战。学校创新性地发挥了教师发展中心在青年教师成长路途上的引领作用，加大价值观培训课程的数量，创新商科创业文化教育的形式。比如每年开展以学院为单位的校歌演唱比赛，而校歌第一句就是"国家当富强，始计在于商"，通过大量轻松的"商主题"的文体活动，提升广大教师的商业伦理认知层次，为开展学生的商德教育奠定良好的基础。同时学校将"寻找身边的感动"活动常态化，让发生在教师身上的感人事迹高频度地上校报、见校网、传短信、进课堂。这些举措有力地推进了德育引领创业教育的工作。进一步强化制度保障，适时推出《浙江工商大学创新创业教育改革实施方案》《浙江工商大学进一步推进创业学院建设方案》，将创新创业教育回归核心素养的本质，将素质教育与专业教育、就业教育、个性化教育进行充分融合。

　　学校将"立德树人"融合到大商科的高校双创教育中，一方面嵌入"立德—立业—立人"的系统化育人模式，另一方面增强教师的实践锻炼能力。工商大学实施"大地计划"就是为了提升教职工综合素质，让其接受实践锻炼，丰富业务实践经验，进一步加强实践教学和应用型人才培养，真正让创新创业教育角色归位。最后，学校以立人为目标，搭建起创业教育德育平台。在开展创新创业教育的同时，注重对学生的理想信念教育，整合高校的校团委、学工队伍、思政队伍及教学队伍的力量，也注重加强对学生创新能力的挖掘，以社会实践为载体，举办形式新颖、内容丰富的创新创业活动。同时，学校充分关注对创业意识突出学生的创业社会责任教育，加强对其创业价值引导和团队领导能力培养，这对引导他校学生群体的创业价值观产生了积极影响。

6.3.3 资源的可持续性保障注重校内外协同

校地合作，助区域经济社会协同发展。校地合作、校企合作作为一种整合学校教育资源和企业各种资源的人才培养模式，为高校的创业教育提供了优质的实践平台，促进了区域经济的协同发展。学校通过积极整合各类优质社会资源，特别是校友资源，探索兼具前瞻性和可持续性的建设、发展模式。为更好地落实《国务院办公厅关于深化高等学校创新创业教育改革的实施意见》精神，学校积极筹划，联合当地政府、优质校友和社会资源，启动建设"浙商大创业园"。2017 年 5 月，学校利用教工路校区中区 3.2 万平方米左右的校产资源，联合阿里巴巴集团创始人之一、蚂蚁金融服务集团董事长彭蕾，贝因美集团创始人、首席科学家谢宏，华睿投资集团有限公司董事长宗佩民，浙江利欧股份有限公司董事长王相荣，浙江省经协集团有限公司董事长刘振辉等 12 名知名校友，以及浙江火炬生产力促进中心有限公司和杭州市西湖区政府共建"浙商大学生创业园"。

"浙商大学生创业园"汇集了大数据、互联网金融、电子商务和文化创意等产业为代表的互联网创业团队和企业，产业定位主要包括：物联网、智能硬件、大数据、电子商务（跨境电商）、互联网＋大健康、互联网金融、科技金融等。并以"一园多点""有核无边"的空间布局理念，设置了创意空间、创客社区、众创空间、创客孵化器等多个功能区域，满足在校学生、部分教工及毕业五年以内校友的创业需要，创业园的逐步建立为双创教育学科发展和师生创业提供了基地保障。同时，为配合浙商大学生创业园建设，更好地实现资本对接，学校联合校友企业和广大校友发起成立"浙商大资本"基金，并分期募集，计划 5 年募集人民币 20 亿元，投资 100 家以上企业。

学校还计划正式成立混合所有制的"创客商学院"。"创业孵化＋创业投资＋创业教育"三位一体的创业生态圈将改变传统高校孤岛式的、低影响的、单一性的双创教育，力求打造成为全国知名的大商科创业示范园区和双创教育新高地。"浙商大学生创业园"与"创客商学院"积极探索，与学校创业课程、创业大赛柔性链接，以校内创业投资和创业中介服务为依托，形成多元参与的创业教育小生态圈。这个小生态圈嵌入杭州市"城东智造大走廊""跨境电商综合试验区""钱塘江金融港湾"及杭州经济技术开发区"大创小镇"这四大发展布局中。这样的双创教育生态圈的形成，构建了大商科双创教育的独特教育场域，有效地推动了校地、校企、校校、校所等协同育人不断取得进展，进一步推进了校地协同发展。

校内外双重融合发展，打造双创教育高地。学校大商科的双创教育以创业实验班和创业学院建设为牵引，推进全校性双创教育改革。以建设"创业管理微专业"及完善"4211"创业管理系列慕课课程为着力点，进一步探索与信息技术融合的"互联网＋"创业教育模式，进而全力推进双创教育与专业教育在校内的融合发展。目前已取得阶段性成绩，主要表现在六个结合：一是管理结合，由创业学院统筹全校创业教学、创业实践和创业教育研究，有效解决了创业教育学校各部门各学院各自为政，效率低下，难以形成合力的问题；二是师资结合，创业师资主要依托校内工商管理学院等学科性学院，同时积极依托浙商研究中心、浙商博物馆等智库资源；三是课程结合，成功构建了富有特色的"4211"大商科创业教育的课程体系；四是项目结合，创业项目主要来源于各类双创竞赛和国家级大学生创新创业训练计划项目；五是学生结合，创业项目团队集合了以本校商科专业为主的各层次双创人才；六是校企结合，积极有效地与优质企业、校友企业开展合作。

大商科背景下的双创教育，最直接的教育价值体现就是将青年大学生培养成创新型、实践型和应用型的人才，从而服务于社会进步、经济发展和国家建设。商科大学从人才培养的角度讲，不能简单地落于俗套，采取仅仅以传授知识为主的适应性教学，而应当倡导以培养创新意识、创新精神和创新能力为主的创新性的应用型、实践型教学。只有以商科院校悠久的历史传统为文化自信的底色，树立自信，鼓足干劲，才能扎实稳健地创建具有世界一流地位的大学和具有世界一流水准的学科，为社会培养具有创新精神和创新理念的人才。大商科双创人才培养模式的改革与实践，不仅深刻地体现了高等教育的客观规律，体现了时代的发展潮流，与现代大学精神及"两个一流"战略一脉相承，而且符合学校自身的历史定位、区域定位、现实定位和发展定位。

校内外相融、积极互动，打造以"核心层＋中间层＋支撑层"为特征的"三位一体"高校创新创业体系。核心层是指创新创业教育的核心内容层，包括创新创业教育课程，创业学院、众创空间、孵化基地等创新创业教育实践平台，以及创新创业大赛、社团活动等双创活动。中间层是指影响学校创新创业教育的内在因素，包括学校对双创教育的重视程度、学校自身与创新创业教育相关的师资力量，以及学校学生的整体素质和能力水平。支撑层是指影响高校创新创业教育的外部环境因素，包括政府对高校创新创业教育的态度和投入，企业对学校创新创业教育的参与度，以及学校学生创新创业的社会环境等。大商科创新创业教育模式在这三个层面上发挥了良性的黏合功能，促成了创业教育的良性循环，构建起适合大商科高校的特殊的、满足现实需要的、具有地域特色的、有利学生创业的新型创业生态系统。

学校于 2016 年 11 月正式启动创客商学院建设工作，服务国家"一带一路"战略的"国际丝路创业教育联盟秘书处"也落户学校，计划打造成为"一带一路"国家创业教育和高端培训中心。创客商学院旨在打造创客教育的新模式，助推传统产业二次创业，缔结青年浙商创业联盟，为学校"服务浙商、服务浙江经济、服务国家一带一路发展战略"的总体使命贡献力量，还承担学校深化教学改革和高校创业教育模式变革的使命。创客商学院是大商科双创教育模式下的创新实践。第一，创客商学院开展多元化和多层次的创业教育，从 2＋2 的专本衔接，到 3＋2 或 4＋1 的本科第二学位，再到创业管理方向研究生和 MBA 创客方向，把创业教育深度嵌入专业教育中；从学历教育到社会创客人才培养，建立"普惠性创业教育"的商大品牌；从线下教育到线上教学，实现混合式教学模式的新突破。第二，创客商学院与"浙商大创业园"衔接，整合校友企业、社会创投机构、基金的创业培训资源，为大学生提供创业技能实训和实践平台。第三，开发 EDP 及其他高端培训项目、国际创业教育项目和合作建设在线创业教育平台。

同时，学校依托校外单位建立小微企业创业基地、众创空间和孵化园，拓展一批"创业孵化基地"，例如星矢部落、零距离创客营（云栖小镇）、零距离网商创客营、浙商电子商务园、向上·黄山创业小镇、向上·嘉兴"互联网＋"创业空间等。浙商大创业园、创业孵化基地、创客商学院、校内双创课程有机结合在一起，形成了以"创业孵化＋创业投资＋创业教育"为主要内容的校内外相融合的大商科创新创业人才培养新模式。

第7章
基于"一体多元"的课堂协同

　　本科教学是大学的立校之本，是人才培养的主阵地，而课堂教学又是本科教学中最重要、最核心、最本质的部分，提高课堂教学质量是提高高等教育质量的关键。近年来，国内高校都越来越重视课堂教学，并且越来越认识到除提高第一课堂教学质量外，还需要加强与其他课堂的协同。如清华大学提出了六个课堂的协同培养[①]，第一课堂鼓励教学创新，强化启发式教学，提高课程兴趣度、学业挑战度和生师互动性；第二课堂强化学生全面素质培养，大力推进创意、创新、创业教育；第三课堂统筹建设实践和实习基地，让学生感受真实世界，在服务社会中增强分析和解决实际问题的能力；第四课堂实施海外研修计划、国际SRT、交换学习等系列项目，依托全球优质教育资源，为学生创造进入国外一流教育、研究、公共机构的学习机会，营造开放、自主的成长氛围；第五课堂依托在线课程，推动 MOOC、SPOC 和混合式课程建设，推动新技术在教学上的应用；第六课堂重点打造成长社区，建设校友网络，强化教师、学生、校友之间的联系互动，相互学习、共同提高，推动终身学习。浙江大学提出了四个课堂，除第一课堂外，第二课堂为学生的校内实践活动，包括学科竞赛、创新创业训练、素质训练、学术研究、创新实验、文体活动、学生社团、学生工作经历等；第三课堂为学生的境内、校外社会实践，包括社会实践、志愿服务和就业创业实践实训等；第四课堂为学生的国（境）外学习实践活动，包括国（境）外联合培养、交换生、实习实践、创新创业交流、学术交流、文化交流等；通过四个课堂，协同培养学生家国情怀、社会责任、科学精神、专业素

---

① 参见《清华大学关于全面深化教育教学改革的若干意见》，2014 年。

养和国际视野，全面提升大学生综合素质，引导大学生树立新观念、增强自主发展动力。

7.1 "一体多元"课堂协同体系

为了更好地培养大商科人才，学校构建了"一体多元"课堂协同体系，如图7-1所示。该体系以"学生中心、教师发展、课堂开放"教学文化为基础，强化第一课堂与第二、三、四、五课堂的协同，并根据学生学习效果不断持续改进课堂教学形式。第一课堂与其他课堂相互结合、相互促进、相互渗透、相互融合，在学生素质与能力的培养中发挥着叠加效应与耦合效应，增强了课堂育人的时代性、针对性和实效性。

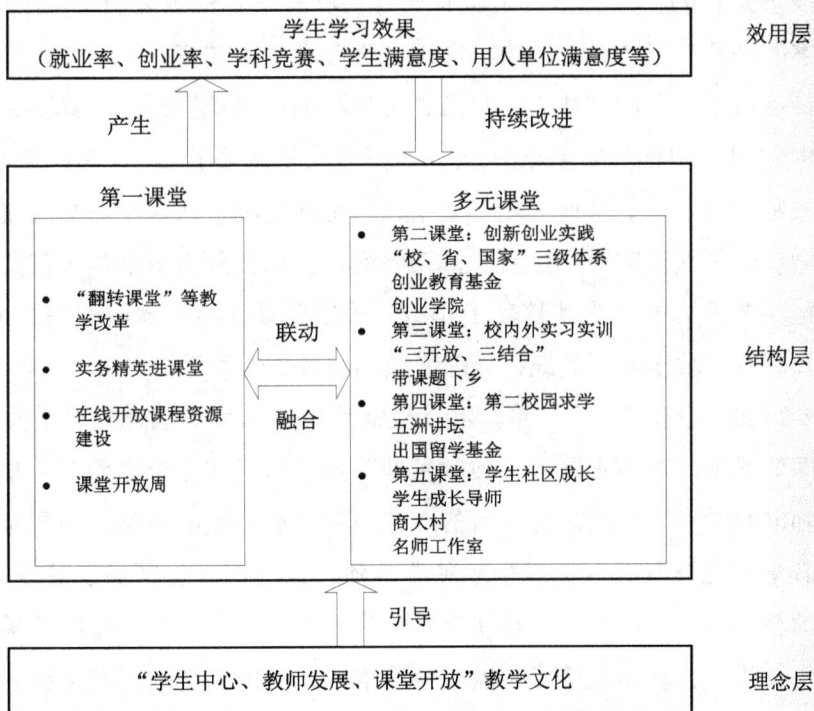

图7-1 "一体多元"课堂协同体系

7.1.1 课堂协同体系的理念层

华为创始人任正非指出："文化其实就是一种管理，是管理的高级形式。资源是会枯竭的，唯有文化才会生生不息。"从中我们可以看出文化对一个组织的重要性。浙江工商大学为了有效地推进"一体多元"课堂协同的改革与实践，提出建设"学生中心、教师发展、课堂开放"的教学文化，它是对学校"专业成才、精神成人"人才培养理念的一种呼应，充分体现了"立德树人"精神的时代内涵。在学校的教学文化中，"学生中心"是引领，"教师发展"是关键，"课堂开放"是基础。

"学生中心"，它不是指老师围着学生转，也不是指教师与学生身份、地位的高低，而是指教学理念、管理理念、服务理念的转变，教学方法、评价手段的转变。教育的目的，不在"教"，而在"学"，也即"教"只是手段不是目的，学生学习了就有教育，没有学习就没有教育。因此，最根本的是要从以"教"为中心向以"学"为中心转变，即从"教师将知识传授给学生"向"让学生自己去发现和创造知识"转变，真正关注学生的学习，即他们需要学什么、如何学及学到了什么。"学生中心"要求教师常常"无我"地、更多地站在学生的立场、从学生的角度进行教育活动，要求教师对学生要有真正的爱；要求教师将教学作为首要任务，把主要精力投入人才培养工作中，关心关爱学生，潜心教书育人，积极开展教育教学改革实践，处理好教学与科研的关系。

要落实"学生中心"，并非不以教师为本，相反更强调教师的重要性，即要强调"教师发展"。"教师发展"主要体现在三个方面：一是提升教师的教学水平，要培育一流的人才，就要有一流的教学，而要有一流的教学则先要具有一流教学水平的教师；二是提升教师的发展空间，以"师德为先、教学为要、科研为基"为原则，形成科学合理的教学质量评价体系，让教学业绩突出的教师获得更大的发展空间，获得更多的发展机会；三是提升教师的幸福指数，即要为教师提供宽松和谐的教学环境，为教师获取信息、相互学习、获得发展提供服务，从而提升教师的幸福感。

在全球化、信息化甚至智能化的今天，开放办学是高校的必由之路，而"课堂开放"又是重中之重。"课堂开放"就是要求摒弃原有封闭的课堂，建立开放的课堂体系，主要表现在开放教学资源、教学形式、教学内容、教学过程及教学方法等方面。开放的课堂能够扩展课堂教学的功能，促进教与学双方的成长。

7.1.2 课堂协同体系的结构层

"一体多元"课程协同体系的核心是在教学文化引导下构建的五个课堂，具体包括：

第一课堂是教学的基本载体，通过深入研究与改进课堂教学，改进现有的教学方法、手段和考核评价机制，实现以教为主向以学为主转变、以课堂教学为主向课内外结合转变、以总结性评价为主向以形成性评价为主转变。

第二课堂是创新创业实践，以创新项目、学科竞赛、创业实验班等为载体，加强对学生创新能力和创业精神的培养。

第三课堂是校内外实习实训，通过统筹建设校内外实践和实习基地，让更多的学生有参与实习实训的机会，在实习实训中增强分析和解决实际问题的能力。

第四课堂是第二校园求学，通过强化与国内外高校的合作，充分利用全球的优质教学资源，为学生进入国内外知名高校的学习创造机会，丰富学生的学习经历，拓宽学生的视野。

第五课堂是学生社区成长，以学科性学生社团和校友网络为载体，强化教师、学生、校友之间的联系互动，相互学习、共同提高，促进学生的全面发展，培养学生的终身学习习惯。

7.1.3 课堂协同体系的效用层

为了使第一课堂与其他课堂相互结合、相互促进、相互渗透、相互融合，在学生素质与能力的培养中发挥叠加效应与耦合效应，学校采取了以下措施：一是在第一课堂开设相应课程，为学生参与其他课堂活动奠定基础。学校开设"精益创业实务"等创业课程，方便学生学习创业知识；开设"数学建模"等创新性、研究性和设计性课程，促进学科竞赛和创新项目的开展；开设"跨文化交际和国际教育"通识课，满足学生出国交流学习的需求。二是实行考核方式、毕业论文、毕业实习的多样化改革。推行课程的过程性评价，将学生参与第一课堂外的活动纳入考核；允许用在校期间完成的科技作品替代毕业论文，以鼓励学生在校期间参与各类创新活动；允许根据自身的发展定位选择基地进行集中实习、岗前培训实习、校内实训实习、国（境）外实习、学生创业实践等六种实习形式，实现多元课堂的相互促进和渗透。三是实施学分替换制度。学生参与创新创业、校内外实习实践、第二校园及社区等活动都可获得相应学分，并可用来替换第一课堂学分，充分发挥学生的自主性和能动性。

　　课程教学创新的实施效果如何最终需要通过学生的学习效果进行评价，同时也需要通过对学生学习效果的分析和反馈进行持续改进。为了更好地对学生的学习效果进行评价，浙江工商大学近年来特别重视对应届毕业生和毕业三年后学生的就业率、创业率、学生满意度和用人单位满意度的跟踪调查，以更全面地分析课堂教学改革与创新的实施效果。

7.2 第一课堂教学创新

　　第一课堂是教学活动的主要场所，课堂质量是教学质量高低的一个决定性因素。目前，国内高校的课堂教学还是存在形式单一、重知识轻能力、学生参与度低等问题，因此亟须加大第一课堂教学创新力度，以提高课堂教学质量。

7.2.1 第一课堂创新的着眼点

为推进课堂教学创新，浙江省教育厅出台了《浙江省高校课堂教学创新行动计划》，要求各高校全面贯彻党的教育方针，遵循教育教学规律和人才成长规律，推动学校落实教学中心地位，促进教师更加重视课堂教学，充分发挥学生在学习中的主观能动作用；优化课程体系和教学内容，深化教学方式方法改革，努力构建优质高效课堂，不断增强课堂育人的时代性、针对性和实效性；建立健全科学的教学评价机制，充分发挥课堂教书育人的重要作用，为学生学习成长创造良好的环境。

浙江工商大学近年来针对第一课堂教学存在的问题，深入贯彻教育部《关于全面深化课程改革落实立德树人根本任务的意见》和浙江省教育厅《浙江省高校课堂教学创新行动计划》的精神，以学生为中心，出台了《浙江工商大学课堂教学创新行动计划》，采取加大课堂教学改革力度、实施"实务精英进课堂"、举办课堂教学开放周等举措，加强信息技术与课堂教学的深度融合，提高了课堂教学的效果，强化了课堂教学改革。传统课堂教学以知识传递为主，以教师为主导，教师往往采用单向灌输，学生只能被动跟随，不能主动参与知识构建、尝试问题解决，缺少对学生思维能力和探索精神的培养。为了改变这一现状，浙江工商大学每年安排100万元的专项经费用于课堂教学创新，引导教师采用探究性、合作式、基于案例或问题的教学方法，进行"翻转课堂"等教学模式改革，探索学生互评、专业口试等考核方式。

7.2.2 第一课堂创新的实施路径

教学方法改革。教学方法改革主要是结合学校大商科人才培养的需要，推广问题教学法、讨论式教学法、直观教学法和案例教学法等。问题教学法要求教师提出有意义、学生感兴趣的问题，并将其作为教学切入点，然后展开问题、解决问题并进一步引出相关问题，使学生注意于教学过程，不断地去思考，去表达，如此极大地调动了学生学习的主动性，特别是学生能够主动在课外、课前学习；讨论式教学法要求学生在教师的指导下，围绕模拟式问题，交流意见，互相启发，解决问题，以激发学生的学习兴趣，活跃学生的思想，培养学生独立思考、分析问题和解决问题的能力。直观教学法要求教师利用和借助实物、图片、模型、标本、动作语言和多媒体教学设备等进行具体形象的教学，让抽象的理论形象化，由静变动，调动学生的学习兴趣，加深理解和记忆，增强直观效果。案例教学法要求教师为学生提供一系列不同类型、场景的实际企业案例，学生在案例分析中模拟经营，熟悉不同的企业经营环境，提高分析问题、解决问题的决策能力。通过课堂教学改革项目的驱动，越来越多的教师结合自己主讲的课程采用不同的教学方法，使得这些先进的教学方法已广泛应用在浙江工商大学的课堂教学中。

教学模式改革。教学模式改革重点推进"翻转课堂"或混合式教学改革，课程采用课外在线学习与课堂讨论学习相结合的混合式教学模式，改变传统的授课模式。课程按混合式教学的要求准备知识点化的在线教学资源，建立在线授课网站，完善网站学习社区（课后作业、小组讨论及在线答疑区）；要求学生课外学习时间与课堂学习时间比例不低于 2 ∶ 1，课堂讨论时间至少占课程总学时的 50%，课程考核中过程性评价的比例不低于 40%。截至 2016 年 12 月，包括"大学英语""毛泽东思想和中国特色社会主义理论体系概论"等通识必修课及"通信原理""城市管理学"等专业核心课程在内的 30 多门课程进行了"翻转课堂"教学模式改革，取得了不错的效果。

考核方式改革。浙江工商大学的考核方式改革主要是突出过程性评价，考试方式具有适应性和多样性，考试内容也具有实用性和灵活性，重视考查学生分析问题和解决问题的能力。学校根据"形式多样、内容灵活、注重过程、测出水平"的原则，积极稳妥地推进考核方式改革。目前确定的考试方式有：一是闭卷考试，试题包括教师考前命题和来自试题库的题目，要求增加思考性和分析性题目，减少死记硬背的内容。二是开卷考试，包括全开卷和一页纸开卷，要求出灵活性、综合性和案例分析性题目，避免抄写教材及教案内容。三是大型作业，由教师布置大型作业，由一个学生独立完成或多个学生合作完成，通过教师批改后评定成绩；要求必须能综合反映学生知识水平，尤其是学生相互合作能力。四是上机考试，事先做成题库，由学生随机抽取一套在机上完成答题，主要是计算机类课程和其他课程的客观性试题，以题库形式抽考。五是现场面试，由两位以上教师组成测试组进行当面测试并给出成绩，要求确保客观公正，真正体现出学生的知识面和能力水平。六是技能测试，在实验室操作或实施，可以由教师命题或学生自主命题进行实验，由任课教师结合平时成绩或命题难易程度，当场给出成绩。此仅限于实验实训课程和部分专业实务课，应增加对综合性、设计性项目的考核内容，教师必须当场评定学生成绩。七是阶段测试，指一门课程可以分若干阶段测试，根据阶段测试成绩综合得出最终成绩。要求分两个阶段及以上，测试形式必须规范，以确保成绩公正客观。八是课程论文或课程设计，通过上交一篇或多篇课程论文或课程设计的方式评定考试成绩。写作必须符合学术规范，严禁抄袭，一经发现，该课程以 0 分记，不予补考，直接重学。九是调研报告，结合课程内容开展社会经济的调研分析，并上交调研报告，由教师批改后评定成绩。写作也必须符合学术规范，严禁抄袭，一经发现，该课程以 0 分记，不予补考，直接重学。此外，还有其他适合的课程考试方式。不同的课程可根据课程的性质选择不同的考试方式，并支持加大平时考核的力度，平时成绩可占到 30%—50%。考试方式和平时成绩比例由任课教师提出，系（室）主任审核，分管教学院长审批，且在教学大纲和授课提纲中予以明确，并在开学后两周内报教务处备案。

实务精英进课堂。目前高校的课堂教学普遍存在重理论轻实践，教学内容、学时分配、实践环节等与企业行业的需求明显脱节，难以适应广大用人单位的用人要求的现象。为了有效解决此问题，浙江工商大学实施了"实务精英进课堂"活动，要求各学科性学院的各个专业（新专业除外）每学期安排 2 个"实务精英进课堂"教学环节，课程类别包括专业核心课、专业选修课。进课堂的"实务精英"应为政府、企事业单位的高级管理人员，具有丰富的与专业或课程相关的实务经验。任课教师应将"实务精英进课堂"的时间和内容写入教学大纲和授课提纲，并安排"实务精英"与学生的互动环节，时间不少于半个小时。为了扩大"实务精英进课堂"的受益面，各学院应提前一周将"实务精英进课堂"信息挂在学院的网站上。全校每年安排"实务精英进课堂"活动 100 多次。实务精英进课堂能够让学生从课堂上获取扎实的理论知识的同时，还能从实务精英这里让自己的理论知识得到升华。实务精英的授课，学生能够从中学到企业经营管理、前沿技术等多方面的实际经验，体验到实务精英在真实情境中的"所作所为"，并加深对所学理论知识的领悟。同时邀请实务精英进课堂，与学生进行面对面的交流，可以让学生更多地了解企业，促进学生理论知识与实践的结合，也对用人单位需要什么样的人才有了更清楚的了解，提升了学生的专业认知和企业认知能力。

课程资源开放与共享。课程资源是教学活动的重要因素，课程资源的开发和利用也是教学活动的重要组成部分，其质量将影响课堂教学的质量。因此，浙江工商大学一直以来非常重视课程资源的建设。近年来，学校通过自建、共建和引进等多种途径，整合了一大批优质的课程资源，为教学质量的提升提供了保障。一是聘请校外专家授课，为学习和借鉴先进的教学理念和模式，推动教学改革与创新，促进学术交流，提高学校的开放度和国际化水平，学校从 2009 年开始聘请校外专家授课。聘请校外专家授课，是指学校每学年在本科课程中选择部分课程，公开聘请校外专家短期来校承担授课任务，学校在当学期不再安排校内教师承担相应课程的课堂教学任务。校外专家是指在国（境）外知名高等院校、研究机构、跨国公司或国内著名高校任职，专业基础理论水平高，熟谙本专业的前沿发展动态，在科学研究、学科建设和课堂教学方面具有丰富的经验，或获其所研究专业领域的特别嘉奖，在本学科具有较大影响力，从事教学科研工作的教师或研究人员，他们大都具有正高职称。国外专家使用外语讲授专业课，相关学院安排校内辅导教师协助校外专家开展教学辅导工作，原则上一位国外专家配备一位校内辅导教师，以保证教学质量。二是搭建网络教学平台，为了促进信息技术与教学的深度融合，浙江工商大学于 2011 年就搭建了 BlackBoard 网络教学平台，后为了满足"翻转课堂"教学模式改革的需要又搭建了泛雅网络教学平台。利用这两大平台，教师可以在线建设课程资源，包括教学大纲、教学课件、授课视频、作业、在线测试等，方便教师开展网上在线教学、线上和线下混合式教学等教学模式探索，促进启发式、探究式、讨论式、参与式教学的运用，营造学生独立思考、自由探索、勇于创新的良好环境，推进教学改革。三是建设优质开放课程资源，浙江工商大学把建设优质开放课程作为推进课堂教学改革的重要举措，先后组织建设了 3 门国家级精品视频公开课、3 门国家级精品资源共享课、6 门省级精品在线开放课程和一批校级视频公开课，作为资源共享课、微课和在线开放课程等。目前已有 3 门国家级精品视频公开课和 3 门国家级精品资源共享课在爱课程网，2 门课程在中国大学 MOOC 平台上线，还有 9 门课程在浙江省精品在线开放课程共享平台正式上线。这些课程的建设不仅提升了广大教师将信息技术与教育教学深度融合的意识、水平和能力，同时将学校优质的课程资源向社会开放，提高了学校的知名度。四是引进优质开放课程资源，浙江工商大学除自建优质课程资源外，还非常重视引进国内外各种优质课程资源，特别是通识课课程资源，包括上海共享平台、尔雅等在内的慕课课程、国内外视频公开课、资源共享课及其他商业化课程资源等。学校鼓励教师和学生在教与学中使用这些优质的课程资源，开展线上线下相结合的混合式教学和学习。引入优质课程资源有助于借鉴国内外一流大学的教育理念、办学经验和人才培养模式，推动学校教学内容、方法和手段的更新步伐，提升人才培养质量；同时，也促进了学校与国内外一流大学的交流与合作，实现资源共享，优势互补，提升学校的核心竞争力。

举行课堂开放周。为了在校内营造重视课堂的文化氛围，突出"以学生为中心"的育人理念，关注学生的进步和发展，通过打造让学生满意的课堂，切实提高教学质量，浙江工商大学从 2012 年起开始实施课堂教学开放周活动。每学期第 12 周为课堂教学开放周。各学院在开放周之前，以系（教研室）为单位，安排教学经验丰富、教学效果好的教师开设一次示范课，课后组织研讨，就如何采用启发式、案例式、探究式、参与式、讨论式等教学方式进行讨论，并明确每位教师在开放周的讲课内容和教学方式。在开放周内，各学院推出一批示范观摩课、方法改革课和诊断提升课，学校以适当方式公布示范观摩课和方法改革课的内容、时间和地点等，邀请校内师生、学生家长、企业代表、媒体代表、高校同行走入课堂听课，切实促进教师教学能力的提升。

7.3 第二、三、四、五课堂的实施

教务处、团委、学生处、国际交流处、创业学院等多个部门密切配合，相互联动，出台相关政策制度，保证第二、三、四、五课堂的有效实施。

7.3.1 第二课堂：创新创业实践

第二课堂是创新创业实践，以创新项目、学科竞赛、创业实验班等为载体，强化对学生创新能力和创业精神的培养。

创新工作机制，夯实保障体系，为学生创新创业实践提供平台。多年以来，学校一直高度重视创新创业教育工作，先后出台《浙江工商大学创新创业教育改革实施方案》《浙江工商大学进一步推进创业学院建设方案》，明确以培育学生创新精神、创业意识和创新创业能力为重点，全面深化双创教育改革，积极探索推进混合所有制创业学院的建设与运行。2013 年 6 月开设创业实验班；2014 年 5 月成立独立建制的创业学院，统筹全校创业教育，负责创业实验班的教学，整合原本分散的双创教育资源，以培养优秀双创人才，改变了仅把双创教育当作第二课堂的

做法。创业学院的人员、场地、经费均独立编列。其中，配备院长1名、副院长2名；院长专职，副院长分由工商管理学院副院长、教务处副处长兼任；专门设立创业教育中心和创业实践管理科等部门。学校成立了"创新创业教育工作领导小组"，由学校党委书记、校长任组长，分管校领导任副组长，创业学院、学生处、教务处、科技处、招生与就业指导处、团委等部门负责人为成员，对创业教育从培养目标、课程体系、师资队伍、管理机构和评价体系等五大关键环节进行系统指导，扎实推进双创教育体系建设和各项工作。学校出台《浙江工商大学创新创业与素质拓展学分管理办法》，规定每位学生在校期间必须获得至少1个创新学分和2个素质拓展学分，学生可通过创新创业、学科竞赛、社会实践、学术讲座、专业团体训练等方式获得学分。学校颁布《浙江工商大学普通本科生科研作品代替毕业论文（设计）暂行办法》，学生通过发表论文、完成创新创业项目或实验、竞赛获奖、获得发明专利等，可替代毕业论文（设计），且优先获得研究生入学推免权，在评先评优等工作中均予以认定加分。学校每年投入1500余万元用于双创教育，其中有200万专项经费用于学生实习实践，400万用于学生创新创业活动，300万用于学生学科竞赛，300万用于第二校园求学，100万用于学生科技社团活动，200万用于校内实践教育示范基地和示范中心建设。

整合校内外资源，多维联动，切实推动双创实践训练。学校积极筹划，联合当地政府、优质校友和社会资源，改造教工路校区中区校产，启动建设"浙商大创业园"，计划引进一批以大数据、互联网金融、电子商务和文化创意等产业为代表的互联网创业团队和企业，为学科发展和师生创业提供基地保障。同时，在下沙校区，学校与校友企业共建总面积超过10000平方米的"浙商大学生创业园"，以"一园多点""有核无边"的空间布局理念，设置了创意空间、创客社区、众创空间、创客孵化器等多个功能区域，满足在校学生、部分教工及毕业五年以内校友的创业需要。学校开放校内科技创新资源，建有创新创业项目申报与管理平台，各国家级、省级实验中心等均可将其用于开展实践训练；现拥有国家级文科综合实验教学示范中心（2009 年）、国家级食品工程与质量安全实验教学中心（2014 年）和国家级电子商务虚拟仿真实验教学中心（2015 年），以及 8 个省级实验教学示范中心，4 个省级实验教学示范中心重点建设项目。学校重视仿真模拟训练，初步建设了 1 个"虚拟仿真实验管理平台"，1 个"虚拟商业社会环境 VBSE 实训平台"，将企业搬进校园，学生不出校门就能体验商业环境中的各种岗位和角色，提高学生实战能力。学校依托校外单位建立的小微企业创业基地、众创空间和孵化园，拓展了一批"浙江工商大学创业孵化基地"，例如星矢部落、零距离创客营（云栖小镇）、零距离网商创客营、浙商电子商务园、向上·黄山创业小镇、向上·嘉兴"互联网＋"创业空间等。学校积极实施创新创业训练计划，先后修订了《浙江工商大学"国家级大学生创新创业训练计划"项目管理办法（试行）》等文件。仅 2016 年，国家级创新创业项目立项 40 项。在第七届全国创新创业项目年会上，学校被教育部评为"国家级大学生创新创业训练计划实施工作先进单位"，并入选项目展板展示；在第九届全国创新创业年会上，学校有 3 个项目入选，居省属高校前列。2016 年，省级新苗创新创业项目 82 项，校级创新创业项目 449 项。学校建立"校、省、国家"三级学科竞赛联动机制，2016 年全年，参加各类学科竞赛的学生达 6000 人次，获得 A 类竞赛省级三等奖以上的有 169 项。其中国家级一等奖 4 项、二等奖 4 项、三等奖 6 项；省级一等奖 38 项、二等奖 49 项、三等奖 68 项。学生通过项目研究和参加竞赛，在论文发表、实习锻炼、专利发明、研究报告等方面都有较大斩获。

开办创业实验班，实施创业人才个性化培养。2013 年 6 月，是学校制定《浙江工商大学关于创业实验班实施方案（试行）》，选拔具有较强创业意愿、创业潜质的学生，量身制订个性化培养方案，形成自己独特的课表；实施创新创业学分替代转换制度，学生在取得主要基础课和专业课学分后，有约 30 个学分可用创业课程学分替换；经审核，创业实验班学生的创业方案、创业总结、创业大赛获奖项目可作为毕业论文答辩等。目前，已成功举办四期创业实验班，计 188 人；第一、二届创业实验班学生顺利毕业，其中 60 多位学生主持或参与了 30 多个创业项目。

7.3.2 第三课堂：校内外实习实训

第三课堂是校内外实习实训，是学校通过加强实验教学平台和校内外实践基地的建设，实行"三开放、三结合"的实践教学新模式，推行"带课题下乡"社会实践模式，让更多的学生有参与实习实训的机会，在实践中增强分析和解决实际问题的能力。

实验教学平台与实践基地建设。浙江工商大学不断推进实验教学平台与实践基地建设，主要举措有：一是大力推进实验教学平台建设。浙江工商大学不断推进实验教学平台建设，在努力建设国家级文科综合实验教学示范中心（2009 年）基础上，成功获批国家级食品工程与质量安全实验教学中心（2014 年）和国家级电子商务虚拟仿真实验教学中心（2015 年）。学校在拥有食品工程实验教学中心、生物工程实验教学中心、环境科学与工程实验中心、网络与通信技术实验教学中心、软件工程实验教学中心、计算机技术与工程实验教学中心、国际电子贸易实验教学中心、艺术设计实验教学中心等 8 个省级实验教学示范中心的基础上，成功申请了文科综合实验教学中心、食品工程与质量安全实验教学中心、现代商贸信息技术与工程实验教学中心、环境科学与工程实验教学中心等 4 个省级实验教学示范中心重点建设项目。二是优化实验资源配置。为了进一步优化实验资源布局，提升设备共享效益，浙江工商大学出台《实验室开放管理暂行办法》和《大型仪器设备管理办法》等文件。截至 2016 年 8 月，学校已有建制教学实验室 44 个，如表 7-1 所示。通过建立"大型仪器共享平台"，整合校内实验室设备资源，努力做到科学规划、高效运行和共享共赢，打造学校服务社会的特色资源品牌，实现创新增值。三是多方合作，共建校内外实践基地。浙江工商大学建有浙商博物馆、大学生创新创业孵化园、国家级文科实验教学示范中心、国家级电子商务虚拟仿真中心等校内实习实践基地，并与中国义乌小商品城、杭州空港经济开发区、杭州银行、贝因美集团、大疆科技创新有限公司等企业建立密切合作关系，共建校外实习实践基地。为做到管理精细化、过程化、时效化，学校搭建了创新与竞赛平台、创业项目管理平台、学生信息管理平台、浙江工商大学官微运营中心（以学生自主服务为主）及网络文化工作室、"TREES"文化工作室等。

目前，浙江工商大学拥有国家级大学生实践基地1个（中国义乌小商品城），省级大学生实践基地2个（中国义乌小商品城、杭州银行），与学校签约的实习基地有200余个，其中天健会计事务所、浙江省社区研究会基地、义乌市内创意园基地、软件服务外包创新实践基地等多个实习基地被评选为校级实践教育示范基地。

表 7-1　已建制的 44 个教学实验室情况表

序　号	实验室名称	序　号	实验室名称
1	基础化学实验教学中心	23	物流实验室
2	工程教学与实训中心	24	学生（计算机）科技创新实验室
3	生物工程专业实验室	25	信息安全实验室
4	食品科学与工程专业实验室	26	动画实验室
5	应用化学专业实验室	27	环境艺术设计实验室
6	食品质量与安全专业实验室	28	视觉传达设计实验室
7	食品营养中心	29	工业设计实验室
8	现代物理实验室	30	美术设计实验室
9	电子技术基础实验室	31	外语教育实验室
10	电子信息工程实验室	32	计算中心
11	通信工程实验室	33	环境科学与工程实验室
12	测控技术与仪器实验室	34	环境市政工程实验室
13	计算机与网络工程实验室	35	金融实验分中心
14	通信与网络技术实验室	36	法学实验分中心
15	信号与信息处理实验室	37	财务与会计实验分中心
16	学生科技创新实验室	38	统计实验分中心
17	电子信息类学生创新实践基地	39	工商管理实验室分中心
18	计算机软件实验室	40	旅游与城市管理分中心
19	计算机硬件实验室	41	现代传播实验分中心

序　号	实验室名称	序　号	实验室名称
20	计算机网络实验室	42	公共管理实验分中心
21	信息管理实验室	43	经贸实验分中心
22	电子商务实验室	44	海洋食品实验室

实行"三开放、三结合"实践教学模式。实践教学方面实行"时间、空间、内容"三开放。时间上：每周 7 天、每天 13 小时连续开放，学生可以在开放时间内，预约特定的实验场地与实验仪器设备，或进入无须预约的一般性开放实验场地，根据实验指导书完成相应的实验内容。空间上：在开放时间内，学生不仅可以进入相关的开放实验室进行实验操作，还可以在能接入校园网的任何地点（如寝室），访问部分实验室的网上实验系统，完成实验操作，通过现实场地与虚拟空间的结合，物理设备与虚拟设备的结合，实现了实验空间的大开放。内容上：学生不仅可以根据教师提供的实验指导书进行操作，也可以自行设计实验项目、实验流程，完成自己感兴趣的实验内容。

在实习过程中实行"实习、实训、实战"三结合方式。实习指的是走向校外，学以致用。统计实验中心在义乌小商品城、绍兴轻纺城等建立实习基地，结合教师科研项目，指导学生在基地实施调研，回校利用实验室统计数据制作网站，连续发布实时数据，把我国专业市场的发展引入"指数时代"，从中国制造、中国市场到中国指数；学生在教师的带领下，暑假专门去非物质文化遗产工作室——武强年画雕版印刷工作室学习年画制作，带回了专门的印刷工具，不仅在校内印刷了许多年画，布置了年画墙，还利用暑期和双休日走进社区，让社区的中小学生及家长可以亲手制作年画，传承、传播了民间艺术。实训指的是校企结合，共建实践区。经济学院劳动与社会保障专业与杭州市劳动局、杭州市民政局共建了"大学生见习实训创新实践区"，每年有近百名学生在实践区锻炼了能力，服务了社会，还从中获得了经济报酬。实践区不仅是学生的见习基地，也是学校免费对外培训的窗口，每年为学校所在社区开展多种形式的培训，如心理健康、传统文化、计算机技能进社区等，获得社区、街道及农民工欢迎的同时，推动了学校实践教学的改革，使学生实验、实习、实训、实战多角度结合，巩固了理论知识，锻炼了实战技能，培养了创新能力，构建了校企联合培养学生的立交直通车。实战指的是引入校内，实战教学。计算机与信息工程学院的软件工程专业建立了"软件外包"实践基地，引入服务外包企业的运作模式和管理机制，学生在校内就可以得到与在企业一样的实际锻炼，提高了学生的软件工程与外包实践能力。基地目前共完成了50多个软件外包项目的开发，120多位学生得到了锻炼，其中不少毕业生被知名软件企业录用。电子商务专业推出了"淘宝研修"计划，通过邀请"淘宝网"专业人士来校提供培训和指导，提升了学生的专业技能。

为了取得更好的实践教学效果，学校构建了"点线面体"的实践教学模式。"点"型实验教学：以课程为单位，以基础实验教学为主，目的是巩固学生所学的基础知识，主要由各专门实验室承担。"线"型实验教学：以模块课程为主单位，教学结合了综合性、设计性实验，如课程设计、金工实习、课程实习、模拟实验、业务实习等，着重培养与提高学生对同一课程的不同知识点、同一专业的不同课程、同一学科的不同专业，或跨学科知识点的综合应用和融会贯通能力。"面"型实验教学：以仿真实验为单位，以模拟训练、模仿制造等仿真实验为主，包括跨课程、跨专业、跨学科、跨学院的综合性、设计性实验，让学生在模拟的环境下，学会用计算机操作各类专业软件，学会各类凭证、单据的分类及保管，学会各种不同的数据处理方法，学会单元操作过程的连接、对已有技术（原理）用途的进一步拓展、对已有技术（原理）的综合性应用、对原材料性能的进一步了解，在实践中学会研究和开发，达到学会学习、学会应用和学习创新方法的目的。"体"型实验教学：以创新实验项目的设计和完成为单位，以学生自主实验立项为抓手，搭建多种创新平台，开展多种形式的学科竞赛，结合教师科研项目，培养学生的创新能力。各类创新项目和学科竞赛主要由各级实验教学示范中心或创新实验室承担。

多点连成线，多线形成面，多面构成体。在"点线面体"的实践教学体系中，更关注"体"型教学。学校为"体"型实验提供必要的场所、设备、经费，配备相应的指导教师，并为学生创新成果的发表、出版、孵化、推广应用提供支持和帮助。

推行"带课题下乡"社会实践模式。从 2015 年起，浙江工商大学在省委宣传部、省教育厅、团省委联合开展的百所高校结对县（市、区）暨百万大学生走进基层、走进群众活动（简称"双百双进"活动）的号召下，按照"集中化实践＋常态性服务"的模式，持续深入开展"双百双进"活动。仅 2016 年暑期，全校 2100 余名师生深入桐庐县 14 个乡镇街道，组织各类实践团队 65 个，开展各类实践活动和项目 131 次，直接受益人群近 2 万，真正达到了"教师热心、学生积极、群众欢迎、当地政府点赞"的效果。全校共计 12462 名学生、130 位教师、187 支实践团队参与社会实践活动。学生"带课题下乡"申报总数达 260 项，与社会共建的实践基地累计达到 225 个。学校被评为全国大中专学生志愿者暑期"三下乡"社会实践活动优秀单位，1 支团队被评为 2016 年全省"双百双进"暑期实践十佳团队，3 支团队被评为省级先进团队，1 个实践基地被评为省级优秀基地，8 位师生被评为省级先进个人。

7.3.3 第四课堂：第二校园求学

第四课堂是第二校园求学，强化与国内外高校的合作，充分利用全球的优质教学资源，为学生进入国内外知名高校学习创造机会，丰富学生的学习经历，拓宽学生的视野。

出国（境）求学。自 2013 年始，学校设立了出国（境）留学奖学金，每年设立 300 万元专项经费，资助学生参加各类出国（境）交流合作项目，截至 2016 年，已有 682 名学生受到奖学金资助。2017 年起，学校加大力度资助学院（部门）科研实践团组赴国外知名高校交流学习，拟组织 2017 级新生团赴美国加州圣地亚哥分校、组织学校各类奖学金获得者学生团赴美国哈佛大学、组织多个学院学生赴合作院校短期出国学习，还将组织学生赴美国哈佛大学参加 9 个月的毕业实习。学校开设了一系列效果好、影响大的交流项目，每年派送 500 余名学生赴国（境）外高校交流学习。例如，与美国哥伦比亚大学、美国宾夕法尼亚大学、美国波士顿大学、美国斯坦福大学、美国加州大学伯克利分校、英国牛津大学、新西兰坎特伯雷大学、日本早稻田大学、台湾师范大学等国（境）外大学合作，实施了学生交换、学分互认、双学位等的多层次实质性交流合作项目。被选派的学生到上述部分高校一般只需要交纳我校学费，不必向国外大学交纳学费。部分国外大学还设有面向交换生的奖学金；同时每年有 10—20 个假期访学、游学项目，包括日本科学技术振兴机构（JST）全额资助的"樱花计划"和学生只需承担机票的新西兰坎特伯雷大学短期交流项目等。我校的长短期交流项目类型多、范围广。

为了创造良好的外语学习环境，使学生敢说、能说外语，学校设立了独具特色的"第二语言促进项目"SLPP（Second Language Promotion Program）。学校每年邀请美国、加拿大、英国、德国、法国、比利时、澳大利亚、日本等国家的学生来校，每天安排专门时间让其与我校学生进行外语交流。近年来，上述国家的 80 多个交流团，超过千名外国学生来我校参加该项目。此外，"汉语口语促进项目"选派品学兼优的学生到国外合作高校进行交流，推广汉语言文化。几年来，学校派出 60 多个学生短期交流团分别赴美国、英国、土耳其等国家的合作高校进行交流。

依托现有的交换项目，学校每年都向国家留学基金委申请"优秀本科生国际交流项目"奖学金。参加获批项目的交换学生相关的学习成绩、外语成绩等如达到国家留学基金委的要求，可以获得一次往返国际旅费和规定的留学期间的奖学金、生活费，为学生极大地减轻了经济上的压力。目前，已有 8 个项目成功获批为国家留学基金委资助的优秀本科生项目。

国内兄弟院校求学。为了拓展学生视野，丰富学生的学业历程，在做好国（境）外交流合作的同时，学校还积极与国内优秀高校开展学生交流交换项目，已与清华大学、西南大学、苏州大学、南京财经大学、哈尔滨商业大学、青岛大学等多所省外高校签订学生交流、互访、合作协议。根据协议，双方互派交换生，从而为学生创造第二校园求学经历提供了可能。学校专门出台了《本科生第二校园学习经历实施办法》，对学分认定、学生管理、经费资助做了明确的规定，鼓励学生积极到国内的知名高校进行求学。近年来，学校每年都有 50 名左右的学生在清华大学、南京财经大学等高校学习。"第二校园"的学习，使学生体验到不同风格的大学文化、不同地域的风土人情，培养了学生人际沟通能力和生活适应能力。

7.3.4 第五课堂：学生社区成长

第五课堂是学生社区成长，以学科性学生社团和校友网络为载体，强化教师、学生、校友之间的联系互动，相互学习、共同提高，推动终身学习。

建立社团发展服务平台。学校共成立学术科技型社团 100 余个，对于这类社团，学校将加大经费投放力度和教师的指导力度，并通过"争甲级社团，创名牌项目"等活动进行引导，使社团真正成为开展学术科研的基地、培养创新人才的摇篮，培养勇于创新不怕失败的创新意识和良好的学术习惯。学校成立了由国家级创新创业项目组成员构成的国家级创新创业项目团队，简称"国创团"。国创团定期举办创新项目成果展会、交流会、科研讨论会、专题沙龙等活动，为学生的互动交流搭建平台，共享创新项目资源。学生自发组建博雅社区，通过通识教育的有关活动，自动形成社区群体，如赏析社区、经典阅读社区、访谈社区、讲堂社区、课程社区等多元社区文化。学校大力扶持以创新创业为主题的学生社团、协会、俱乐部，重点打造创业教育社区，涌现出诸如就业与创业服务协会、未来企业家俱乐部、李嘉诚研究会、国创团、梦想工坊、联想 idea 精英汇、橙子 TV 等一批颇具代表性的社团组织，依托创业教育社区，开展了一系列创新创业主题活动。

实施学业实务导师制。学校要求各学科性学院为每个专业的每个年级配备 1 名"学业实务导师"，每学期请"学业实务导师"与专业年级同学进行一次面对面的研讨交流，形式以座谈为主。专业年级的"学业实务导师"一般为企业高管，具有丰富的与本专业相关的实务经验。如财会学院邀请中国经济时报主任记者、浙商研究会常务理事、校友邹建锋先生为"学业实务导师"，每学期与学生进行一次面对面交流，交流主题如浙江经济转型发展的挑战、反思和展望等。邹建锋先生会从一个财务媒体人的角度对浙江经济进行分析，首先探源浙江经济上的难题，然后阐述浙商若能在挑战和竞争中进行转型，在知识和科技的时代下打造更成功的浙商品牌，浙江经济可完成从"白银时代"到"黄金时代"的过渡。最后，在场的同学与邹先生进行互动，询问有关专业问题或是关于浙江经济方面的疑问，使同学们认清了自己将来就业的大环境，这对学生未来的职业规划具有很好的指导意义。

建立辅导员名师工作室。辅导员名师工作室是基于辅导员职业化、专业化、专家化的视角，在全校范围内整合辅导员的专业优势，把具有共同目标和共同研究方向的辅导员整合起来，由在该领域颇有建树的老师担任工作室负责人，以自主研修、专家引领、问题探究、朋辈互助、交流观摩、实践反思等为基本模式开展工作的学习型、研究型、创新型的辅导员团队，从而为青年学生成长提供更专业的服务和指导。学校成立了"指南针工作室""爱的成长""创业梦工场"等辅导员名师工作室，它们将分别围绕大学生职业生涯规划、情感教育与指导、就业创业指导等领域开展工作。名师工作室设在学生公寓内，其负责人均为浙江省优秀辅导员。工作室每年制订详细的工作计划，工作日期间有专人值班，为学生提供专业化的辅导和咨询，定期举办专题工作坊，并围绕工作室主题，进行思政工作案例的搜集、整理与汇编。学校为名师工作室建设提供必要的经费保障、机制保障和工作保障。

　　成立学生公寓管理委员会"商大村"。2012 年，学校指导校学生会筹建成立浙江工商大学学生公寓管理委员会，并取名为"商大村"。该组织在学校和学生之间搭建起一座沟通与合作的桥梁，形成了学生楼长和层长的网格管理体系，充分发挥学生组织自主参与公寓管理的积极性，提升了社区文化文明工作成效。自成立以来，商大村还通过开展寝室文化设计大赛、学生社区文化节和文明寝室大赛，全面推进文明寝室建设工作。同时，在学生社区内举办十佳歌手比赛、韵律操比赛、迎新晚会及舞会等丰富多彩的社区文化活动，丰富同学们的课余生活，加强了商大学子的文明修养，提高了宿舍文化品位，陶冶了学生情操，营造了温馨、文明、向上的寝室生活氛围。在 2013 年全省大学生文明寝室创建活动中，我校被评为先进工作单位。2014 年我校承办"青春园·梦想行"浙江省文明寝室情景剧大赛，浙江工商大学的《212，我们的家》荣获一等奖。

第8章
"一体多元"的大商科人才培养实践的成效与影响

经过多年的探索实践，浙江工商大学基于"一体多元"的大商科人才培养模式改革取得丰硕成果。具体表现为人才培养质量显著提高，学生创新创业和考学深造蔚然成风；毕业生的人文素养很高，实践动手能力很强，用人单位满意度高。此外，学校的改革实践和做法也在社会上引起较强反响，《光明日报》《中国教育报》《中国青年报》《浙江日报》等媒体都进行过多个层面的报道。此外，有很多毕业生在各行各业取得突出成绩，做出卓越贡献，彰显了"一体多元"的大商科人才培养模式的成效与影响。

8.1 "一体多元"的大商科人才培养质量

近年来，浙江工商大学以"立德树人"为根本任务，以"专业成才、精神成人"为人才培养理念，以培养具有大商科特色的高层次应用型、复合型、创新型人才为人才培养目标，加强"学生中心、教师发展、课堂开放"的教学文化建设，积极探索本科人才培养模式改革创新，深入开展"一体多元"的课堂教学创新与实践，不断提高学校的人才培养质量。

8.1.1 毕业生就业率

浙江工商大学毕业生在就业市场上深受用人单位欢迎。2012—2016 年，本科毕业生初次就业率分别为 96.95%、96.54%、97.15%、95.76% 和 96.08%，研究生毕业生初次就业率分别为 98.62%、98.42%、99.03%、98.72% 和 99.34%，均高于当年度浙江全省高校平均水平。

毕业一年后的就业率显示，2013—2015 届本科毕业生就业率分别为 95.55%、95.39% 和 95.38%。2015 届毕业一年后就业率在全校平均水平之上的专业有：管理类的 9 个，包括工商管理、人力资源管理、旅游管理、会计学、财务管理、信息系统与信息管理、物流管理、电子商务、文化产业管理等；经济类的 2 个，包括金融学、统计学等；理工类的 8 个，包括计算机科学与技术、软件工程、信息安全、电子信息工程、应用化学、环境工程、环境科学、给水排水工程等；文法类的 4 个，包括知识产权、广告学、艺术设计、美术学等。

毕业生职业发展类型分为受雇工作、自主创业、自由职业、升学（国内读硕 / 博、专升本、出国留学等）、尚在待业（包括考研、考公务员等）和其他（包括参军、支教、支农、支医、大学生村官等）六大类。2015 届毕业生的就业分布以受雇工作为主，参与调查的毕业生中受雇工作占 70.97%，低于浙江全省本科院校（77.95%）和浙江全省高校（78.98%）。其次是升学占 19.24%，明显高于浙江全省本科院校（9.55%）和浙江全省高校（7.44%）平均水平。另外，自主创业 2.07%，自由职业 1.65%，尚在待业 4.62%，其他类型 1.45%。

随着经济社会的发展，毕业生的就业选择机会越来越多，与此同时，就业竞争也日趋激烈。与选择就业地区一样，就业单位的性质规模、环境氛围、收入保障水平、发展空间等因素也影响着毕业生的就业选择。就业单位性质调查显示，2015 届受雇工作毕业生在民营企业任职的最多，占 51.77%，低于浙江全省院校 6 个百分点，低于浙江全省本科院校 1.43 个百分点；其次是在国有企业就业，占 20.38%；再次是在外资

/ 合资企业就业，占 10.28%。后两者均高于浙江全省高校和浙江全省本科院校平均水平。

8.1.2 毕业生就业质量

根据浙江省教育评估院的调查，浙江工商大学毕业生的月人均起薪水平处于浙江省属高校前列。2013—2015 届毕业生的月人均起薪水平分别为 3783.11 元、4136.37 元和 4547.09 元。以 2015 届毕业生的平均月薪水平做比较，均高出浙江全省高校和浙江全省本科院校平均水平，分别列第 9 位和第 8 位。该届毕业的 54 个专业中，有 10 个专业为全省同专业最高，另外还有 30 个专业高于全省同专业平均水平，其中 16 个专业高于全省同专业平均 500 元以上。可见本校毕业生的月薪酬水平与浙江省同专业最高、平均水平进行横向比较优势明显。

全校前三名为：通信工程专业月薪酬水平最高，达到 5870.69 元，高于全省同专业 838.05 元；软件工程专业 5687.50 元，高于全省同专业 198.09 元；网络工程 5500.00 元，高出全省同专业 205.31 元。

社保待遇也是高校毕业生就业时考虑的重要因素之一。在社会保障制度尚不健全的情况下，并非所有就业单位都会给员工交纳养老保险、医疗保险、失业保险、工伤保险、生育保险和公积金等"五险一金"，因此，工作单位社会保障的健全程度也在一定程度上反映毕业生的就业质量。2015 届毕业生的总体社会保障水平良好，为 0.8643，高于浙江全省高校 0.7574 和浙江全省本科院校 0.8172 的平均水平，分别列第 11 位和第 10 位。54 个专业中有 48 个专业高于浙江全省平均水平，其中 15 个专业在 0.9 以上，有一半的专业高于浙江全省本科院校平均水平。本校毕业生良好的就业社会保障水平反映出学校人才培养的质量，也在一定程度上保障了学生职业的稳定性。全校前三名为人力资源管理（0.9529）、通信工程（0.9517）和日语（0.9448）三个专业。

浙江工商大学毕业生具有较强的就业竞争力。根据 ATA 测评研究院发布的 2013 年和 2014 年《中国高校通用就业力白皮书》，我校毕业生通用能力总排行分别列全国第24、19名[①]。根据武书连《挑大学选专业》，2014—2016年学校毕业生质量分别列全国123、113和123名，等级均为B＋（前10%—20%）。

在浙江省高校毕业生毕业一年后调查中，根据各专业的就业率、薪酬水平、专业就业相关度、就业保障水平、就业满意度、离职率、升学率、创业率等指标系数，经过折算、合并计算得到就业竞争力。2015届学校就业竞争力排前十位的专业分别是：会计学（0.8023）、财务管理（0.7868）、保险（0.7842）、金融学（0.7813）、通信工程（0.7735）、信息管理与信息系统（0.7572）、知识产权（0.7570）、法学（0.7520）、电子信息工程（0.7498）、计算机科学与技术（0.7488），这些专业相对来说社会需求较大、起薪水平高、社会保障水平高、就业竞争力强。

需要特别指出的是，以上就业竞争力排前十位的专业中，约1/2为优势特色专业（会计学和计算机科学与技术为国家特色专业，金融学和法学为省级"十二五"优势专业），可以说这些重点建设专业在引领学校专业建设整体水平提升上起到了示范辐射作用。11个"十二五"优势专业（含5个国家特色）和9个新兴特色专业中，2015届毕业生的就业率、专业相关度、工资水平、创业率和升学率五个主要指标中有4项指标高于全省同专业平均水平，体现出明显的优势。学校以经济学、管理学学科为主，法学、工学等多学科协调发展的大商科发展定位得以彰显。

8.1.3 毕业生深造与创业

升学情况主要分为国内读研、读博、专升本、进修、出国留学等。升学率调查显示，浙江工商大学2015届本科毕业生继续国内外读研深造的升学率为19.24%，高于浙江全省平均水平（7.44%）11.8个百分点，高于浙江全省本科院校平均水平（9.55%）9.69个百分点，均列第4名。说明学校学生通过考研提升自我的积极性较高，学生培养质量较好，且发展态势良好。54个专业中，48个专业的升学率高于全省同专业平均

---

① 该报告从2015年起不再发布。

水平，25 个专业的升学率超过 20%。较高的升学率说明学校学生自我发展意识较强，学校学风良好。

从继续深造的学校上看，本校 2015 届升学的毕业生到全国 211、985 重点高校就读的最多，占 30.70%，明显高于浙江全省高校 17.87% 和浙江全省本科院校 23.99% 的平均水平。有 22.15% 的毕业生到国外知名高校就读，明显高于浙江全省高校 9.04% 和浙江全省本科院校 12.39% 的平均水平。这说明学校学生自我要求高，继续深造的层次较高。全校升学率前三位的专业是：哲学 60.00%、电子信息工程 34.25% 和食品质量与安全 34.15%。在 63 个专业的毕业生中，有 47 个专业的升学率等于或高于浙江全省同专业平均水平。

浙江工商大学学生有更多的机会参加各种课堂的学习并取得了丰硕成果，各方面的素质和能力得到了提高。一是学生参赛等级提高，在第十一届"挑战杯"全国大学生课外学术科技作品竞赛中，学校团体总分列全省第一，全国并列第二位，并喜获"优胜杯"，四次在全国"挑战杯"竞赛中获优秀组织工作奖并连续六届获全国"挑战杯"发起单位资格。学生近三年获国家级奖项 25 项，省级奖项近 400 项，美国数学建模（MCM/ICM）金奖 16 项、银奖 24 项。二是学生创新创业实现突破，在"创青春"全国大学生创业大赛中，获一项金奖和一项银奖，这是继 2008 年、2010 年后，学校在该项赛事中第三次夺金；在第二届浙江省"互联网＋"大学生创业大赛中，获金奖一项，银奖一项和铜奖四项。仅 2016 年，国家级创新创业项目共立项 45 项，比以往超出 10 项。在教育部组织的第九届全国创新创业年会上，学校共有 3 个项目入选。

8.2 "一体多元"的大商科人才培养实践的社会评价

近年来，浙江省教育厅每年都委托浙江省教育评估院对全省高校本本科毕业生职业发展状况和高校人才培养质量进行跟踪调查，该系列调查以高校毕业生毕业一年后的职业现状、未来发展趋势及以母校办学水平的评价为调查重点，其目标主要是通过高校毕业生在职业岗位的表现和他们对母校教育教学的评价来反思观察相关高校的人才培养质量和办学水平。工作一年后的毕业生受实际工作要求的冲击较为明显，感触较为深刻，有从自身适应工作岗位程度的情况来对自身所受教育的有效性和有用性进行反思和评价的强烈欲望；经过一年的工作实践，毕业生个人也更加成熟，工作能力、个人素质等也在工作中逐步显现出来，可以通过毕业生当前工作岗位的胜任度和适应度、职业发展情况、职位升迁、报酬高低、毕业生进一步发展的愿望、有无进一步发展的潜力、工作单位的评价等，来衡量高校毕业生的职业发展情况和高校的教育质量、教育成效。

8.2.1 毕业生满意度

高校毕业生能直接感知高校人才培养与社会需要之间的矛盾和差距，对母校的服务质量最有发言权，因此毕业生对母校办学和人才培养措施的满意评价可以成为衡量高校办学质量优劣、办学效率高低的重要依据。满意度和满意率代表了调查评估不同的两个层面。满意度是对不同的满意等级赋予一定的分值，用该分值乘以选择相应等级的人数从而进行加权计算，得到的即为测量满意程度的一种指数概念，是一个量化的数值；而满意率是指选择不同满意等级的人数占总人数的比例，得到的为测量满意广度的一个百分比。浙江工商大学 2012—2015 届毕业生对母校的总体满意率分别为 83.9%、85.3%、88.12% 和 84.38%，均高于浙江全省高校平均水平。2015 届从各专业总体满意率来看，列前三位的分别是日语 90%、文化产业管理 89.63%、美术学 89.41%。

此外，对母校的推荐度是指"非常愿意""愿意"和"可以考虑把母校推荐给自己的亲戚朋友就读"的人数占答题总人数的比例，比例越高代表推荐度越高，对母校的感情就越深。2015 届学校毕业生对母校的推荐度为 79.32%，高于浙江全省高校 77.18% 和浙江全省本科院校

77.01% 的平均水平，分别列第 32 名和第 20 名。从各专业对母校的推荐度来看，2015 届共有 20 个专业对母校推荐度在 80% 以上。对母校推荐度最高的三个专业分别是金融学（85.59%）、知识产权（84%）和文化产业管理（83.70%）。

8.2.2 用人单位满意度

用人单位是高校毕业生就业的最终去向，用人单位对毕业生的满意度评价是最直观、最能说明问题的指标。通过用人单位对大学毕业生培养质量的满意度调查，了解用人单位对大学毕业生的要求和期望，这不但对即将进入社会、寻求工作职位及职业发展机会的在校大学生具有指导意义，而且对高校在人才培养模式改革中制订计划、采取措施等具有一定的参考价值。

用人单位对浙江工商大学 2015 届毕业生满意度比较高，各项指标均高于浙江全省高校和浙江全省本科院校的平均水平。调查发现，用人单位对本校 2015 届毕业生的综合素质满意度为 87.83，略高于浙江全省高校 86.55 和浙江全省本科院校 86.51 的平均水平，分别列第 30 名和第 15 名。其中"很满意"的占 53.04%，明显高于浙江全省高校 49.02% 和浙江全省本科院校 48.18% 的平均水平。可见本校毕业生深受用人单位肯定。

面向用人单位的调查主要是了解用人单位对学校毕业生各种能力的评价，包括综合素质、实践动手能力、专业水平、创新能力、管理能力、合作与协调能力、人际沟通能力和心理素质及抗压能力等八个方面。

8.2.3 毕业生对母校满意度

高校毕业生能直接感知高校人才培养与社会需要之间的矛盾和差距，对母校的服务质量最有发言权，因此毕业生对母校办学和人才培养措施的满意评价可以成为衡量高校办学质量优劣、办学效率高低的重要依据。

浙江工商大学 2014 届毕业生对母校总体满意率（88.12%），高于浙江全省高校平均水平（87.04%）和浙江全省本科院校平均水平（86.73%）。从各项指标具体的满意度来看，本校 2014 届毕业生对母校的学风建设和师德师风满意度均高于浙江全省高校平均水平和浙江全省本科院校平均水平；但对母校的专业课程课堂教学效果、实践教学效果、发展机会和锻炼平台及就业求职服务满意度均低于全省高校平均水平和本科院校平均水平；对母校的教学水平满意度低于浙江全省高校平均水平，略高于浙江全省本科院校平均水平。

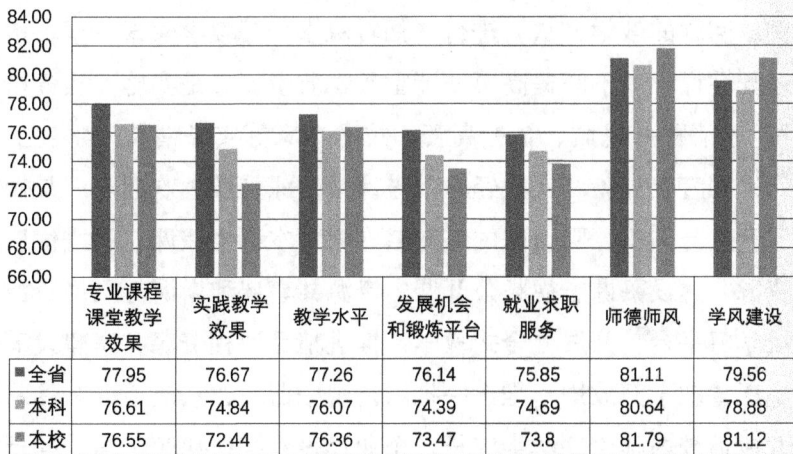

	专业课程 课堂教学 效果	实践教学 效果	教学水平	发展机会 和锻炼平台	就业求职 服务	师德师风	学风建设
全省	77.95	76.67	77.26	76.14	75.85	81.11	79.56
本科	76.61	74.84	76.07	74.39	74.69	80.64	78.88
本校	76.55	72.44	76.36	73.47	73.8	81.79	81.12

图 8-1　浙江工商大学 2014 届毕业生对母校满意度

8.3 "一体多元"的大商科人才培养实践的媒体报道

在"一体多元"的大商科人才培养模式中，浙江工商大学始终坚持"一体为本"和"多元为用"理念，即积极发挥第一课堂的主渠道育人作用，确立第一课堂不可动摇的主体地位；同时，想方设法营造"多元联动"育人平台，开展多类型、多层次和多途径的大课堂协同育人模式。总之，以"一体"为核心，以"多元"为辐射，这种多元化大课堂的精神宗旨正是全面、全力和全程提升人才培养质量，扎扎实实做好本科教学，坚定不移强化内涵式教育和全方位育人。《光明日报》《中国教育报》《中国青年报》《浙江日报》《杭州日报》和浙江电视台等媒体都对浙江工商大学人才培养理念、实务精英进课堂、创新创业等工作给予了报道。

8.3.1 通过多措并举全面推进第一课堂教学创新

浙江工商大学的第一课堂教学创新体现在：一是加大课堂教学改革力度。出台课堂教学创新实施方案，引导教师采用探究性、合作式、基于案例或问题的教学方法，进行"翻转课堂"等教学模式改革，推行课程的过程性评价，不断提高第一课堂教学质量。二是实施"实务精英进课堂"。邀请财务总监、金融高管、技术专家等实务精英为学生上实务专题课，把直接经验和实战经验带进课堂，深受学生欢迎。三是做好课程资源开放与共享。聘请国内外知名专家为本科生授课，引进优质网络课程资源，建设慕课、视频公开课、资源共享课和微课等网络资源，构建在线学习平台，开展混合式教学，推进精品课程资源共享建设等。四是实施课堂教学开放周，推出一批示范观摩课、方法改革课和诊断提升课，并邀请校内师生、学生家长、企业代表、媒体代表、高校同行推门听课，促进教师教学能力提升。五是注重以文化人，构建"六博雅"通识教育路径，增设中华民族优秀文化内容，植入核心价值观教育，强调文化滋养心灵，文化涵育德行，文化引领风尚，将理论知识学习和思想政治教育有机结合，不断提高通识教育质量。

培养真正符合社会需要的人才是高校人才培养的当务之急。学校构建"校地企、产学研"协同培养的模式，实现了社会需求与学校专业化培养的有机结合，提升了学生的就业实力。这样的育人模式也是学校推行"子女战略"，即把学生当成自己的子女，重点打造"一体多元"就业工作特色的组成部分。媒体对此中的"实务精英进课堂"做了相应的报道①：说到印象最深的课，刚刚签约一所著名会计师事务所的浙江工商大学 2015 届毕业生郑厉认为是"实务精英进课堂"："校外老师将实例和书本中的知识点穿插起来，不仅让我们对课程更感兴趣，而且对找工作也很有帮助，面试时被问的一些实践性问题，我都应答如流。"自 2014 年起，浙商大每学期为各专业安排两次"实务精英进课堂"，为每个本科生班级配备了一名"学业实务导师"。截至 2015 年 7 月 6 日，已经有 200 多位实务界高管为学生上过专题课，60 多名导师进课堂讲授了实践中的真实问题。

"课堂开放周"是学校打造"学生中心，教师发展，开放课堂"教学文化的重要举措。通过全方位课堂开放，形成生生、师生、师师互助互学的氛围，同时倾听社会相关各方的意见，多管齐下提升教学效果。从 2012 年来每个学期都举办"课堂开放周"。其间，每次推出约 50 门示范观摩课，校内师生、学生家长、用人单位及其他院校等均可推门听课。迄今已举办 9 次，开放近 400 门课。此外，学校还推出提升课，安排经验丰富的教师"把脉"课堂，开出"良方"。每次"课堂开放周"后，学校都遴选部分课程作为示范课，每门课给予 2000 元资助。立项课程定期向全校开放，充分发挥"传帮带"作用。媒体对此做了相应的报道②：

"枯燥的专业课被他加了'料'，变得生动有趣。"浙江工商大学财会学院教师吴晖的课受到学生热捧，常常有不少外校的师生慕名而来只为听他上一次课。这不，近日，在他的"会计学"课上，又来了十几个"新学生"。他们是该校"课堂开放周"前来观摩听课的教师。从教 30余年的吴晖是浙江工商大学首批教学型教授之一。"我刚工作时，助教、

---

① 相关报道：《我省高校加重实践教学比重，企业高管上讲台》，《浙江日报》，2014 年 11月 5 日；《浙江上紧高教"质量发条"》，《中国教育报》，2015 年 5 月 21 日。

② 相关报道：《浙商大连续八次举办课堂开放周》，《浙江教育报》，2016 年 7 月 4 日；《浙江工商大学"课堂开放周"升级》，中国教育在线，2014 年 12 月 19 日；《浙江工商大学尝试开门办学，课堂开放周欢迎社会民众推门听课》，浙江都市网，2014 年 12 月 19 日；《浙江工商大学打造内涵式高效课堂》，《中国教育报》，2013 年 7 月 10 日；《三尺讲台无穷魅力，一支粉笔可文可理》，中国青年网，2013 年 2 月 28 日；《凝聚教育精气神，浙江工商大学首推教学开放周》. 新浪浙江教育，2012 年 11 月 30 日。

备课等都由老教师手把手带，踏踏实实练内功的风气很盛。"在他看来，"课堂开放周"搭建了教师间听课、评课的平台。

8.3.2 多元课堂的全方位协同育人延伸了第一课堂

浙江工商大学在重视第一课堂教学外，不断拓展课堂类型，实现与国内外高校、用人单位、校友企业等全方位协同育人，不断提高学生的能力和素质。一是创新创业教育，即第二课堂；二是校内外实践实习，形成了具有学校特色的校外实践基地管理制度、运行机制与开放共享机制，即第三课堂；三是第二校园求学，丰富本科生学业历程，即第四课堂；四是学生成长社区，即第五课堂；五是强化互联网思维，创新思政教育，形成了既接地气，又有内容的全员育人风气，真正做到全方位育人、全过程育人的新格局；六是利用好高校文化校园建设契机，以教养育人，以校训育人，以情怀育人，营造真、善、美的校园育人氛围。

特别是，学校建立"校、省、国家"三级学科竞赛、"挑战杯"科技作品竞赛和创新项目联动体系。推行全员导师制，指导学生科技创新活动；划拨创业基金，设立创业项目，成立创业学院，开设创业实验班，增强大学生创新创业能力。实行创新学分制度和本科生科研作品代替毕业论文制度。设立创新学分，允许学生用在校期间完成的科研作品替代毕业论文，以鼓励其积极参与各类创新活动。积极探索"互联网＋"创业教育，健全创新创业教育课程体系。

学校致力于培养"知行相契、心手合一"的复合型创新人才。以艺术设计学院人才培养为例，学院实行了多项课堂教学改革，通过国际化教学、工作坊研发等前沿设计教学方式，产生了一系列优秀的教学成果。2017 年艺术设计学院学生的设计作品——"饺科书"（Dumpling Course）获国际顶级设计大奖 iF 设计新秀奖（iF Design Talent Award），成为中国传统文化向世界级设计平台输出的又一成功范例。iF 评委团在颁奖意见中评价道："该设计不仅介绍了饺子的制作方法，同时也介绍了中国饮食文化。通过它，外国人能更好地了解中国文化。"

艺术设计学院产品设计系学生侯思骞、贝佳书、Kezia Armah（来自加纳，中文名：柯贝贝）发现外国友人对中国传统美食——饺子及其制作方法极有兴趣，但目前的教程都很复杂且难以理解。为了让外国人对饺子不再一头雾水、向外国人展示饺子这一传统中华美食，这个中外结合的小团队在指导教师许晓峰、史腾高、周卿的指点下，学研结合，将服务设计思维应用到产品设计中，成功设计并制作出一本"饺科书"，使得外国友人能够凭借书中所提供的工具与简要图示做出真实的饺子。媒体对此做了相应的报道^①：作为设计团队的一员，留学生柯贝贝对中国文化赞不绝口，她说："身为一个留学生，我深深地被中国文化所吸引，所以我们做了这个有趣的设计，让外国人体验中国文化，向世界传播中国文化。"他们的指导教师许晓峰对此感同身受："这个作品正是以中国传统文化传承和推广为愿景，以设计前沿理论为指导，协同教师辅导团队、学生竞赛团队、科研、实验室、企业等多方资源，充分实现了全员协同下的文创设计。"

学校将科学严谨的办学作风融入培养学生的全过程中，激发学生双创能力。就读于环境科学与工程学院的研究生梁禹翔，巧妙地借助太阳光辅助提升微生物燃料电池的输出性能，开发出了目前国际上该领域输出功率最高、稳定性最好的光电微生物燃料电池，相关成果在国际顶级期刊连发9篇学术论文，授权了6项国家发明专利，为该技术的工程化应用做出了突破性贡献。像梁禹翔这样有想法、有能力的学生，学校不但帮助他们组建了学生科研项目，还提供了大量的科研基金支持。此外，学校各类奖学金也主要以各类创新创业成果为评价标准，鼓励

---

① 综合以下报道：《一本"饺科书"征服"国际胃"》，《中国教育报》，2017年6月9日；《浙商大学生作品获"iF设计新秀奖"："中国饺"征服"国际胃"》，《科技金融时报》，2017年6月6日；《浙商大艺术设计学院获国际顶级设计大奖》，《中国科学报》，2017年5月16日；《"中国饺"征服"国际胃"：国际顶级设计大奖"iF设计新秀奖"花落浙商大》，中国教育在线，2017年5月4日；《国际顶级设计大奖"iF设计新秀奖"花落浙商大》，浙江教育频道，2017年5月4日；《真有才：浙商大学生设计的这本"饺子书"获了国际顶级设计大奖》，浙江24小时，2017年5月4日。

学生自主创新创业。媒体对此做了相应的报道①：微生物燃料电池，简称 MFC，是十几年前兴起的一项能够同时实现污染物降解与产电的技术，主要是由美国布鲁斯·罗根、布鲁斯·里特曼院士等研究、发展、推广。传统电池普遍利用镍、铬等剧毒重金属为氧化还原剂，使用后难以处理，会产生严重的二次污染。而现有的燃料电池则基本需要消耗氢气和氧气，成本极高。微生物燃料电池则是一种以无危害的电活性微生物为催化剂，以废水中的有机物为氧化剂，无毒无危害，而且可以同时实现降污产能的电池。尽管 MFC 相比传统电池有众多的优势，但相对较差的输出性能仍旧限制了其实际应用。经历了难以计算的尝试后，终于，梁禹翔发现通过在阳极上构建光催化材料，使得 MFC 能够利用太阳能加速微生物的降解速率，通过增强电子产生与转移的效率，而提高 MFC 的性能。

学校教导学生将创新与创业完美结合。在 2016 年"创青春"中航工业全国大学生创业大赛中，本校学生开发的一款手机外卖 APP 获得银奖。这款 APP 专做高校食堂外卖，学生除了可以下单叫食堂外卖，还可以做配送员接单赚取佣金。截至 2016 年 12 月 13 日，这款手机软件已入驻 10 个城市的 200 多所高校。媒体对此做了相应的报道②：王鑫是这款手机软件的创始人之一，是浙江工商大学公共管理学院 2010 级社会工作专业的学生。"我以前做过淘点点的服务商，所以，对学生的外卖需求非常了解。"王鑫说，"看多了外卖商家，就发现有些商家的外卖制作过程并不规范，不少卫生都不达标，而学校食堂出品的饭菜干净健康，而且离学生又近，为什么不做一个校园食堂外卖手机软件呢。"

---

① 综合以下报道：梁禹翔：《让微生物燃料电池性能翻倍》，《科技金融时报》，2017 年 4 月 21 日；《浙商大有个硕士学霸酷爱发明，光电微生物电池在他手里性能翻倍》，中国教育在线，2017 年 4 月 5 日；《浙江工商大学有位硕士开发出世界领先的微生物燃料电池：既能发电又能治污 这种电池在他手里性能翻倍》，《青年时报》，2017 年 4 月 3 日；《厉害了！光电微生物燃料电池在他手里性能翻倍》，浙江教育频道，2017 年 3 月 29 日；《借助太阳光让电池性能翻倍，浙商大这位硕士学霸是个超级发明家》，浙江在线，2017 年 3 月 29 日；《浙商大学霸牛气！光电微生物燃料电池在他手里性能翻倍》，杭州网，2017 年 3 月 28 日；梁禹翔：《让微生物燃料电池性能翻倍》，《中国科学报》，2017 年 3 月 29 日。

② 报道来源：《这款高校食堂外卖 APP，既能下单订餐还能接单赚佣金》，《钱江晚报》，2016 年 12 月 13 日。

说做就做，王鑫找了同校的同学作为团队成员开始开发这款手机软件。而这款外卖手机软件根据滴滴打车的模式开发出了"顺风餐"模式。"例如我住在生活区 25 幢，我去食堂吃饭，当我吃完饭打开 APP，如果刚好也有 25 幢学生发了外卖的订单，我就可以接单帮别人配送，自己获得部分配送佣金。"如果 5 分钟内没有人接单，订单会智能配送给专职的配送人员，避免没人配送的尴尬。

在读学生寻找社会需求积极投身创业实践。钱雅乐是浙江工商大学工商管理学院的在读研究生，同时也是杭州嗨伴文化创意有限公司董事长兼总经理。她常听身边不少老师、亲戚谈起，不知道该怎么跟孩子玩。钱雅乐本科是市场营销专业，研究生攻读企业管理，曾赴香港参加商业计划大赛并获得一等奖，有过创业经历。她敏锐地捕捉到了这个商机，2016 年 6 月着手筹划创业。媒体对此做了相应的报道[①]："'陪孩子玩'需要花费体力、时间，还要有心情与智慧，这也难免成了家长们'甜蜜的负担'。"杭州嗨伴文化创意有限公司董事长兼总经理钱雅乐说，正是因为目前普遍存在这个问题，公司才瞄准这个痛点，通过亲子创意游戏设计和互动活动策划，寓教于乐，提高亲子互动品质。在大量调研的基础上，公司将目标客户定位于有 3—12 岁儿童的家庭、早教培训机构，进行游戏包设计。

"我们产品的独特之处在于根据不同的生活场景来设计。"钱雅乐拿起身边的一款伴游包系列产品介绍说，嗨伴家族的老族长留下了丰富的宝藏，小朋友必须依次通过对应智慧、爱心和勇气的关卡考验，才能赢得宝藏。"这款很适合家长在睡前、行车途中等陪孩子玩。接下来，还将推出探秘百慕大、解密古楼兰、小小侦探家等探索系列产品。"

8.3.3 注重人文素质教育以培养全面发展的人

马克思曾说，人类社会发展的目的在于人的全面发展，这也正是高

---

① 报道来源：《浙江工商大学学生选择亲子互动游戏创业，教家长孩子"玩"》，浙江在线，2016 年 12 月 30 日。

等学校培养人才的最高层次。浙江工商大学校长陈寿灿在 2016 届学生毕业典礼上语重心长地说，学校的校训"诚、毅、勤、朴"意味着，我们要执着于事业的忠诚，面对风险时的刚毅，克服难题时的勤奋，以及取得成功之后不忘初心的质朴。这四个特征恰恰是母校百余年来代代相传的宝贵精神财富。

我国传统文化里头有两个看似矛盾的成语，都出自《论语》。一个叫"器具瑚琏"，这个是赞扬人的。瑚琏是宗庙礼器，会出现在国家级的典礼上，受万人瞻仰；后世用瑚琏来比喻难得的宝贵人才。这个是问题的一面，人人都能看到，是去竞争和追求的一面。与之相反的还有另外一句，叫作"君子不器"。这句话是用来劝诫、提醒人不要自限为"器"的。因为"器"也好，"才"也好，都是指向实用的，实际上都是作为手段和"被使用"的，都是有局限性的。

一个人如果自限为"器"，一切努力的目的，就是要去成为那个"有用的人"，成为那个受万人瞻仰的瑚琏；那么，他的成功之时，也是幻灭之日。为什么呢？既然人的目的仅仅是成为"器"，那么在成为器的时候，目的便实现了，也就意味着人没有进一步的目标了，目的性丧失了。当然，对于他人而言，他依然是有用的；可是，自己却四顾茫然，不知所措了。

因此，学校鼓励学生积极从事公益活动，积极担任志愿者，成为一个全面发展的人。如学校的旅游管理专业 2014 届毕业生张晨欣在 2016 年就远赴里约奥运会担任翻译志愿者。2014 年 4 月张晨欣即将毕业时，得知里约奥运会招募志愿者，就在网上报了名，随后学习了组委会发放的线上培训课程，包括奥运知识、志愿者职责、语言课程等，并通过了相关测试，随后克服困难通过网络视频面试。2015 年 3 月，她拿到了巴西奥运会志愿者组委会发放的奥运会及残奥会的官方录取通知。5 月底她和同行的志愿者们会聚北京，参加由北京志愿者服务联合会组织的"里约奥运会中国志愿服务队培训班"，并共同宣誓，代表中国青年志愿者奔赴南美洲，向世界展示中国人的风采。媒体对此做了相应的报道①：

　　能到奥运会当一名志愿者，在自己崇拜的"体育明星"身边服务，是很多年轻人的梦想，张晨欣非常庆幸自己成为其中一员。其实，张晨欣之前已经有了丰富的志愿者经历——从大三开始，她就开始加入志愿者队伍，在国内做志愿者，到尼泊尔做义工，虽然过程艰辛，但她觉得非常有意义，收获了宝贵的人生财富。张晨欣说，"24岁的我逐渐开始明白，这个世界上有一种成功，那就是按自己喜欢的方式去过一辈子。""我一直就是一个不安分的人，没什么可以让我气馁的，因为我有长长的一生，而梦想，它一定会实现。"

　　再如，我校的英语专业大二学生毛望星在2014年7月从上海出发去非洲，开始了两个月的坦桑尼亚志愿之旅。毛望星和其他四位同样来自中国的女大学生被安排到了坦桑尼亚达累斯萨拉姆市，在那里的两家孤儿院为孩子们提供志愿服务。在新环境中生活对她来说是一个很大的挑战，炎热的天气、简陋的环境、没有网络、伙食差异等等困难她都需要去适应。因为毛望星读的是英语专业，所以在当地的孤儿院，毛望星被分派教一些简单的英语和数学等等，她还会教孩子们洗手、用勺子吃饭等一些生活卫生习惯。这些看似容易的事，做起来非常费劲。喧闹的教室，黏潮的汗水，卫生环境差，这些都是志愿者遇到的现实问题。毛望星对这一经历无怨无悔，媒体对此做了相应的报道②：

　　"遇到困难时我们感到无力和彷徨，同时也感到欣慰和幸福。每天看到孩子们脸上灿烂的笑容，就瞬间融化了在这片陌生土地上的所有的不安和局促。"她总会将自己在坦桑尼亚看到的、经历的一切记录下来，

　　① 综合以下报道：《24岁杭州姑娘张晨欣，远赴巴西当里约奥运会志愿者》，《都市快报》，2016年8月28日；《浙江工商大学学子张晨欣里约奥运会当翻译》，网易，2016年8月25日；《浙江工商大学学子张晨欣里约奥运会当翻译》，《钱江晚报》，2016年8月24日；《浙江工商大学学子：我在里约奥运会做志愿》，浙江新闻，2016年8月22日；《浙商大学子当上里约奥运志愿者，服务奥运快乐又有意义》，浙江在线，2016年8月19日；《浙江工商大学学子在里约奥运会做志愿者》，人民网，2016年8月19日。

　　② 报道来源：《这个暑假到非洲孤儿院做志愿者》，《浙江文明网》，2014年8月7日；《到非洲孤儿院做志愿者，浙工商一女生最近两个月过得不一般》，《钱江晚报》，2014年8月7日；《19岁衢州女孩毛望星明晨赴非洲做志愿者》，《衢州晚报》，2014年8月7日；《衢州19岁女孩赴非洲做志愿者，照顾教育非洲孤儿》，《新浪网》，2014年8月7日。

与朋友们一起分享，也会在她的微信平台不定期更新。毛望星说："这是一笔很大的财富。以后老了，再回头看看，会发现年轻时没有留下什么遗憾。旅途还在继续，期待有更多的精彩。"

附录 1
浙江工商大学陈寿灿讲话稿

"一体多元"的课堂教学创新与实践 ①

　　"十二五"是我国高等教育进入内涵式发展的重要时期，而提高人才培养质量是高等教育内涵式发展的永恒主题。近年来，浙江工商大学以"立德树人"为根本任务，以"专业成才、精神成人"为人才培养理念，以培养具有大商科特色的高层次应用型、复合型、创新型人才为人才培养目标，加强"学生中心、教师发展、课堂开放"的教学文化建设，积极探索本科人才培养模式改革创新，深入开展"一体多元"的课堂教学创新与实践，不断提高学校的人才培养质量。"一体多元"的课堂是指以第一课堂为基本载体，加强第一课堂与其他课堂形式的协同，形成

----

　　① 2014 年 11 月 12 日，中国高等教育学会高等财经教育分会 2014 年年会暨第五届高等财经教育论坛在西南财经大学召开。陈寿灿副校长发表了题为《一体多元的课堂教学创新与实践》的主旨演讲，此文是演讲稿。

"一体为本，多元联动"；会通课堂内外，兼容理论实践，形成了互动、开放、融合的课堂教学创新体系。多元的课堂教学创新包括创新创业教育、校内外实习实践、第二校园求学和学生成长社区等，它们互为结合、相互补充，构建优质高效课堂，增强课堂育人的时代性、针对性和实效性，充分发挥课堂教书育人的重要作用，为学生学习成长创造良好的环境。

一、"一体为本"，重视课堂教学创新，发挥第一课堂的主渠道育人作用

第一课堂是课堂教学创新的基本载体，是人才培养的主渠道、主战场。浙江工商大学一直以来非常重视第一课堂教学，要求教师不断更新课堂教学理念，创新课堂教学方法，提升课堂教学能力，采取多种措施提高课堂教学质量。

1. 优化课程体系，促进通识教育、专业教育的有机结合。

浙江工商大学从 2011 年开始实施通识教育，制定了切实可行的通识教育目标，构建了具有大商科特色的通识课程体系，强调人格养成和价值塑造，培养学生的独立思考能力，增强团队精神，提高大学生的文化品位、审美情趣、人文修养和科学素质。在通识教育和专业教育中给予学生更多的学习自主权和选择权，如在金融学、财务管理等专业实施分类培养，同一专业制定不同的课程体系；将"微积分""大学英语"等公共基础课程分 A、B 两层进行教学，在师资配备、课堂时数和教学内容上都有所区分，确保基础好的同学吃得饱，基础差的同学跟得上，并且配置相应的后续课程，便于学生及早做出各自的学习规划，为培养多样化人才提供广阔的空间。

2. 加强课堂教学改革，促进课堂教学的三个转变。

浙江工商大学非常重视课堂教学改革，每年投入专项经费，设立课堂教学改革项目，深入研究与改进课堂教学，促进课堂教学从以教为主向以学为主转变、从以课堂教学为主向课内外结合转变、从以总结性评

价为主向以形成性评价为主转变。一方面，强化主题探讨式教学、问题归纳式教学、典型案例式教学、情景创设式教学、多维思辨式教学、读写议式教学等形式的互动型课堂教学，提高课程兴趣度和生师互动性，促使学生独立思考、大胆发表个人见解，激发学生的潜能和创造性；另一方面，出台《浙江工商大学普通本科生课程考试方式改革办法》，通过考试方式的改革来倒逼教师教学方式的改革。我校对学校的考试制度做了三点改革：一是增加平时成绩的比例，最高可达50%；二是增加考试形式，共有九种，即闭卷考试、开卷考试、大型作业、上机考试、现场面试、技能测试、阶段测试、课程论文和调研报告等；三是不同性质的课程采用不同的考试形式，课程分为公共基础课、公共选修课、思想政治课、专业理论课、专业实务课和实验实践课共六类，每一类课程都对应不同考试方式。

3. 实施"实务精英进课堂"，强化协同育人。

在会计、金融、软件工程等实践性强的专业中，实施"实务精英进课堂"活动，在专业核心课和专业选修课的教学中，邀请企业财务总监、金融高管、信息技术专家为学生上实务专题课，着重讲授在企业实践中面临的现实问题。实务精英对实务操作的熟悉和对行业问题的深度理解，具有极强的针对性，深受学生的欢迎。

4. 通过多种途径，实现课程资源、课堂内容的开放。

为了更好地向社会展示我校课堂教学的质量，学校重点建设了一批视频公开课、资源共享课和微课。截至2014年9月，学校建设了12门视频公开课、3门资源共享课和20多门微课，并有200门左右的课程利用网络教学平台实施"混合式教学"。种类课程中各有3门课程入选国家级视频公开课和国家级资源共享课。

2010年起各学院每学年选择1—2门本科生专业主干课程聘请校外专家授课，这些专家都来自国内外知名高校。这一制度使广大学生不出校门就能领略到国内外名师大家的风采，拓宽学术视野，也有力推动了学校教育国际化进程。

学校加入了上海高校课程资源共享管理中心，学生可以在线修读上海交通大学、复旦大学等211、985高校的优质课程，同时鼓励学校教师利用各种优质网络课程资源，实施混合式教学和"翻转课堂"教学改革。

5.实施课堂教学开放周、青年教师助讲培养等制度，提升教师教学能力。

为了在校内营造重视课堂的文化氛围，突出"以学生为中心"的育人理念，关注教师的教学能力，打造让学生满意的课堂，切实提高教学质量，学校将每学期第12周定为课堂教学开放周。开放周期间，各学院推出一批示范观摩课、方法改革课和诊断提升课。教师通过观摩，相互学习，取长补短。同时对于诊断提升课，学校安排经验丰富、教学效果好的教师帮助开课教师提高教学水平。通过课堂教学开放周活动，形成了"以学生为中心"的教学文化氛围，通过师生互动，提高学生学习的积极性和参与度，真正促进了教师课前精心准备，课上注重互动，切实提高了课堂教学效果。从2013年开始，开放对象从针对校内扩大到学生家长、用人单位、兄弟院校代表等校外群体，通过全方位开放办学，让社会各界都充分了解学校的办学水平，让学校倾听到他们的意见。

学校制定《浙江工商大学青年教师助讲培养办法（试行）》，要求新教师参加上岗培训，完成助讲要求，达到相应的考核标准。教师参加助讲培养期间，不能晋升副高（含）以上职称，各学院不能安排其独立承担教学任务。培养对象的培养期限一般为一学年，主要从师德师风、教学技能、教学方法、教学艺术、教学管理制度等方面对新教师加以引导和培训。教师教学发展中心为助讲教师建立助讲培养档案，教师每次参与助讲培训活动都有案可查，系统记录教师从入职开始的职业发展路径。

二、"多元联动"，拓展课堂类型，开展多类课堂的协同培养

为了把学生培养成为完整的人，浙江工商大学近年来在重视第一课堂教学外，不断拓展课堂类型，开展包括创新创业实践、校内外实习实

训等在内的多类课堂教学，实现与其他高校、用人单位、校友企业等的多方协同培养，不断提高学生的能力和素质。

1.第二课堂：创新创业实践。

为强化学生全面素质培养，浙江工商大学大力推进创新创业实践，主要包括：

（1）建立"校、省、国家"三级学科竞赛、创新项目联动体系。在"校、省、国家"三级学科竞赛体系管理中，学校每年组织举办校赛16项，组织举办或参加其他省、国家竞赛30多项，每年有4500多人次参加各类竞赛。学校从2007年起，每年专项拨款50万元创新基金用于在校大学生创新项目的立项，每年有近400个校级创新项目被立项，每个创新项目平均资助金额为1000多元。校级立项的创新项目还可以申报省级大学生科技创新项目（新苗人才计划），因有了校级大学生创新项目做基础，我校每年平均有50多个项目获得省级立项。从2012年起，学校每年有30个项目被列为"国家级大学生创新创业训练计划项目"。这些都极大地调动了我校学生参与学科竞赛、创新项目的积极性，形成了良好的校园创新文化氛围。

（2）成立创业学院，开设创业实验班，增强大学生创业能力。为了培养学生的创业能力，学校成立了创业学院，负责统筹全校的创业教学、创业实践和创业教学研究工作。学校开设了创业实验班，为创业实验班的学生单独制定个性化培养方案，配备创业导师，开设创业理论、创业技能、创业专题和创业体验等创业课程和若干专题讲座，并组织开展创业实践活动。创业实验班的设立，是我校对创业型人才培养模式的新探索，彰显了我校商科特色，引发了社会的广泛关注。《杭州日报》《钱江晚报》等多家新闻媒体对此进行了报道。

（3）实行创新学分制度和本科生科研作品代替毕业论文制度。为了更好地培养学生的创新意识和创新能力，激发学生的创新热情和创新潜能，学校出台了《浙江工商大学学生创新学分实施办法》，规定每位学生在校期间必须获得至少1个创新学分才能毕业。创新学分可以通过参加创新项目研究、学科竞赛获奖、申请发明专利、发表论文著作、听取一定数量学术讲座等方式获得。针对目前本科毕业论文形式单一、质量不高、抄袭严重的现状，为了鼓励优秀学生积极开展创新创业活动，培养他们的学术能力并及早获得学术成果，学校颁布了《浙江工商大学普通本科生科研作品代替毕业论文（设计）暂行办法》，规定从 2010 年开始试行普通本科生科研作品代替毕业论文制度，允许学生以在校期间完成的、经学校确认的科研作品（包括公开发表论文、学科竞赛获奖作品、省级以上创新项目成果、发明专利等）代替毕业论文。

2. 第三课堂：校内外实习实训。

近年来，学校统筹建设校内外实习实训基地，充分利用实验室、实验教学示范中心等校内资源，尽可能为学生提供实习实训机会，让学生感受真实世界，在实践中增强分析和解决实际问题的能力。

（1）加强资源整合和共享，建设校级、省级和国家级实践教育基地。为促进学校和有关单位联合培养人才新机制的建立，改革人才培养模式，加强实践教学环节，学校加大了资源整合和共享的力度，建设了一批校内外实践教育基地。其中，"浙江工商大学义乌中国小商品城实践教育基地"获得了教育部、教育厅授予的"大学生校外实践教育基地建设项目"的称号。该基地可以接收理科、工科、经济、管理、法学、文学、艺术等多类学科专业学生的实习。

（2）实行"三开放、三结合"的实践教学新模式。学校经过多年的探索与实践，形成了"三开放、三结合"的实践教学模式，得到了教育部和教育厅领导的充分肯定，曾参加教育部组织的实践教学经验交流会并作为四所高校之一发言。所谓"三开放"是指时间、空间、内容三开放，即学生可以在每周 7 天、每天 13 小时的范围内，在校园网接入的任何电脑上进入学校实验室做开放实验；所谓"三结合"是指实习、实训和实战三结合，学生既可以在校内进行一些实训项目，也可以到校外大学生实践基地进行实习，还可以与企业工程师合作进行产品研发。

3. 第四课堂：第二校园求学。

　　为了拓展学生视野，使学生共享优质教育资源、选修个性化课程、丰富本科生学业历程，学校积极与国内外优秀高校开展学生交流交换项目。学校设学生出国留学奖学金，以每年300万元资助优秀学生参加学校组织的各类国际交流合作项目和相关活动。同时在国内，与西南大学、苏州大学、南京财经大学、哈尔滨商业大学、青岛大学等多所省外高校签订学生交流、互访、合作协议，双方互派交换生，为学生创造第二校园求学机会。

　　4.第五课堂：学生社区成长。

　　目前学校正在重点打造学生社区成长，强化教师、学生、校友之间的联系互动，相互学习、共同提高。一方面，依托学生会、学生社团、专业研究团队等组织载体，建立社团发展服务平台，规范社团工作方式，开展丰富多彩的社团活动，形成学生间互助互学的氛围，培养学生自我管理、团队精神、沟通协作方面的能力。另一方面，充分利用校友资源构筑实习就业新平台，拓宽学生实习就业的新渠道；同时，邀请校友担任学生的"学业实务导师"，指导学生的学业规划和专业学习。

三、课堂教学创新的特色与成效

　　浙江工商大学"一体多元"的课堂教学具有多元性、开放性、协同性等特色。

　　1.多元性。

　　提出并实践了多元课堂育人的新理念，在充分发挥第一课堂主渠道育人作用的同时，强调创新创业教育、校内外实习实践、第二校园求学和学生成长社区等其他课堂形式的育人作用，将课堂教学空间由校内（课内与课外）向校外延伸，构建和实施了"一体为本，多元联动"的课堂教学体系。

　　2.开放性。

　　浙江工商大学的课堂教学是开放的，这体现在两个方面：（1）教学资源的开放，包括校外专家授课、实务精英进课堂、共享校内优质课程和引进校外优质课程等，实现资源利用的最大化。（2）教学过程的开放，浙江工商大学所有的校内课堂教学都向学生、老师、学生家长、用人单位、兄弟院校开放，形成生生、师生、师师互助互学的氛围，形成接受社会监督的机制。通过课堂开放，使得学校的师生具有开放的心态，能够突破自我的局限，不断学习，自我反思，持续发展。

3.协同性。

围绕"专业成才、精神成人"的目标，学校与科研院所、行业产业、地方政府进行深入融合，构建协同的校内外实践基地，形成协同的产学研人才培养模式；学校与其他高校的紧密合作，丰富了学生的求学经历，拓宽了学生的视野；学校与校友的互动和合作，为学生搭建了成长社区，更好地引导学生成才。

浙江工商大学近几年来通过基于"一体多元"的课堂教学创新与实践，取得了明显成效。

（1）学生参加创新创业活动的积极性空前高涨，创新创业能力明显增强。学生获得的省级大学生创新项目逐年增加，自2009年至2013年，共有242个项目获得了省级大学生创新项目（新苗人才计划）立项，共获经费资助142.5万元，2012年学校又获得国家级大学生创新创业训练项目的立项资格。有16支学生团队进入学生创新创业实验园，已有8支创业团队经过学校创新创业园孵化后注册企业，其中博派正装获得了天使投资50万元资金的投入，销售额已经突破了200万元。2014年学校还荣获"国家级大学生创新创业训练计划实施工作先进单位"称号。

（2）学生学科性竞赛成绩优良。通过课堂教学创新实践，学生在近三年的省级以上各类学科竞赛中都取得了较好的成绩。2011年度共获得省级三等奖及以上奖励108项，其中国际奖项7项，国家级奖项12项，省级奖项89项。2012年获得全国一等奖1项、二等奖3项、三等奖1项；省一等奖14项、二等奖33项、三等奖49项；组织学生参加美国（国际）大学生建模竞赛（MCM/ICM），获得提名特等奖1个、金奖5个、银奖5个的好成绩。2013年获国家二等奖3项、国家三等奖3

项、省一等奖 14 项、省二等奖 26 项、省三等奖 54 项；组织学生参加美国数学建模（MCM/ICM）获得金奖 6 项、银奖 9 项。

（3）学生就业竞争力和学生满意度明显提升。近年来，毕业生就业竞争力明显增强，初次就业率都在 96.5% 以上。根据 ATA 测评研究院发布的《2013 中国高校通用就业力白皮书》，浙江工商大学毕业生通用能力总排名列全国第 24 名，其中基本工作能力排名列全国第 9 名。

四、结语

通过多年"一体多元"课堂教学创新与实践，浙江工商大学已形成了多元、开放、协同的课堂教学模式，促进了学校的内涵式发展，提高了学校的教学质量。当然我国经济社会在发展与转型，学生、家长、用人单位、政府对高校的期望越来越高，因此提高本科教学质量是无止境的，课堂教学的实践探索、改革创新也无止境，学校将继续努力，不断改革与创新，为学生创造更好的课堂教学环境。

大商科特色的一流学科建设之路 [①]

潘懋元先生曾指出："每所大学能够生存，能够发展，能够出名，依靠的主要是特色。"高校特色是指在长期办学过程中积淀形成的，本校特有的，优于其他学校的独特优质风貌。办学特色是高校的核心竞争力，是高校办学理念、培养模式、办学风格、社会声誉的集中体现。

浙江工商大学的前身是创建于 1911 年的杭州中等商业学堂，系近代中国最早创办的商业专门学校之一。学校目前在武书连排行榜中列全国第 132 位、财经类高校第 7 位，属于财经类兼具综合性特点的大学。学校在办学历程中，逐渐形成经管、理工、人文三大类学科专业相互支撑、交融互渗、协同发展的大商科办学理念。大商科体现了以现代商科为主体，多学科兼容并包、交叉融合发展的财经类高校的办学特色。

在这里，我重点结合浙江工商大学的办学实践，向在座的各位专家学者汇报一下我校大商科特色的一流学科建设之路。

---

① 2016 年 12 月 5 日至 7 日，由中国教育发展战略学会发起、上海交通大学主办的"'双一流'建设专题研讨会"在上海交通大学召开，陈寿灿校长赴会，做了题为《大商科特色的一流学科建设之路》的主旨演讲，此文是演讲稿。

一、商科与其他学科的关系分析

1. 商科与经济学、管理学是近缘学科。

经济学是商学的重要理论基础，西方国家的高等商科教育是在经济学教学的基础上产生的。商科与经济学科的关系，经历了三个阶段：经济学胚胎阶段，经济学与商科混合阶段，以及经济学与商学分立阶段。目前，在经济学院之外独立设置商学院，是中外高校建制的普遍形式。但是，分立并不意味着彼此割裂。经济学科所研究的经济形态、体制、运行、发展的规律、理论和政策等，与商科主要研究的企业商务活动的运营和操作，实际具有密切的联系。管理学与商学的关系，是一种交叉互渗、互融的关系。商务活动的开展，必然依托于有效的管理。因此，商务管理（Business Administration）的概念就产生了，商务管理既是商科概念的核心内涵之一，也是商科外延的拓展。与此相联系，"工商管理"作为一个学科分支得以形成，专门的"工商管理学院"、以商务管理为教研核心之一的"管理学院"，成为现代大学建制的重要组成。

2. 商科与理、工、文、法等学科有很强的关联度。

商科与这些学科之间，边界清晰、差异显著。但在同时，现代商务活动已经全方位融入社会活动的各方面。不仅现代商务的内容要素常常就是理工科技产品，而且活动运行的全过程都紧密依托于科技的支撑；现代法治社会的环境中，商务活动必须依法运行；无论历史上的徽商、晋商，还是现代的浙商等，商业文化、商业历史已经得以积淀并进一步发展；现代商务领域的新拓展，诸如文化产业，尤其是近年来日益活跃的创意文化产业，更成为现代商务的朝阳产业。在这样的背景下，商科与理、工、文、法等学科的交融互渗，共赢发展，乃是商科及其他学科都必须正视且积极应对的问题。

从现代商业发展的规律及各国商科教育的现状中不难发现，以现代商业为研究对象的商科教育，在整个高等教育体系中占据着举足轻重的地位。它既不是经济学、管理学的附属学科，也不是传统意义上专门为具体产业或行业培养应用型人才的专业学科，而已经成为培养以现代市场体制为基础，促进现代经济社会全面发展的基础性社会科学学科。

现代商科——作为经济学和管理学的交叉学科，同时与理、工、文、法等具有密切联系，这是提出大商科的重要依据。

我们认为：大商科，是一种以开放的思维、国际化的视野为基础，以社会营利组织商务活动为主要研究对象，并基于商务活动的广泛社会联系、深刻社会影响与辐射作用，在商科与理、工、文、法等相关学科彼此互动交融中，以"重点明确、辐射广泛、注重协同与联动"为主要存在特点和发展愿景的现代学科发展与办学理念。简言之，大商科需要围绕现实世界商务活动所有直接和间接的需要，全校倾其所能为其培养人才、发展知识、提供服务、传承文化而形成的办学特色。

二、浙江工商大学学科建设的大商科办学特色

1.学校以传统商科为主体，多学科兼容并包、交叉融合发展。

随着浙江工商大学学科专业的发展，现在除了商科，还开设了理、工、文、法等学科专业，学科基础得到进一步拓宽。经管、理工、文法各学科专业的发展，营造了大商科学生培养的总体氛围；大商科办学特色体现了学校办学历史和现实状况，也符合现代大学学科专业交叉融合发展的趋势。

首先，管理学和经济学是大商科的核心学科，特别是工商管理、应用经济学一级学科，以及管理科学与工程、公共管理、理论经济学等学科。

其次，工学、文学、法学、理学是大商科的重要支撑性学科。需要大力发展与商务活动相关的学科专业，形成全校性的大商科合力，比如理学中的统计学，工学中的食品营养与安全、环境与资源、物联网工程，文学中的商务外语、商业文化、商务传播学、财经新闻，法学中的经济法等。

第三，历史学、哲学、艺术学等是支撑大商科发展的素养型学科，同样应发展与商务活动相关的学科专业，如历史学中的经济史、商

业（文化）史，哲学中的商业伦理，艺术学中的产品设计、艺术品管理等。

2.学校学科规划逐步体现大商科发展特色。

"十一五"时期，学校学科建设的总体思路定为："做大做强商科，适度拓展工科，合理调整法科结构，适当发展其他学科"，努力形成优势学科与特色学科相统一、传统学科与新兴学科相辉映、应用学科与基础学科相促进的多学科协调发展的格局。这已经初步体现出大商科的建设思路。

"十二五"期间，学校学科建设的大商科思路进一步明确：按照"有所为有所不为"的原则，重点建设具有博士点的学科（工商管理、应用经济学、统计学、食品科学与工程），并注重发展和彰显商科特色。

"十三五"规划更加明确指出：以学科建设为龙头，构建大商科学科体系。优先谋划一流学科、学科特区、交叉学科平台和重点研究方向布局，激发学科成长活力，坚持凝练大商科办学特色，走出"经管为主、工商融合、多科交叉、协调发展"的新路径。

3.学校学科建设的大商科特色。

浙江工商大学大商科办学特色具体体现为"工商融和、文以化人"。即，将商科教育、人文教育与理工教育的相关要素相互渗透，培养经世济民的大商科人才。学校努力培养具有"专业的人、文化的人、世界的人"特质的大商科人才；以经管和理工学科为中心，继续发挥学校"全国财经类大学中工科最强高校"的优势，开展跨学科协同创新，服务现代经济社会发展需要；以及从浙江到全国，再到大中华经济圈，致力于中华民族优秀商业文化的研究、传播和传承，继续打造"文化浙商大"金名片。

注重学科融合，优化学科结构。浙江工商大学的统计学、经济学、管理学、食品科学等优势特色学科，均处于全国前列，并对其他学科具有良好的带动作用。如工商管理学科在组织行为与公司治理方面的研究，与经济学中的企业理论和契约理论存在一定交叉；应用经济学学科中流通经济学、产业组织经济学研究，又与计算机和电子学科相关联，衍生出现代商贸流通体系研究方向。工商管理学科对浙商群体的研究，也极大地包容了从人文、法学等方面对浙商群体的考察分析等。学校统计学在全国名列第二，管理学接近全国前 5%，经济学接近全国前 10%，食品科学在前 20%，人文和法律在前 30%—40%，计算机和电子工程在前 40%—50%，这些学科的实力有力地推动了"工商融和、协同创新"的开展。

三、以一流学科建设为契机，做大做强优势特色学科

当前，知识创新速度加快，科技变革加剧，党中央提出实施创新驱动发展战略、人才优先发展战略，推进"一带一路"建设，加快推进世界一流大学和一流学科建设，着力推动理论、制度、科技和文化创新，以高素质人才构建新的竞争优势，以创新激发新的发展动力。这一宏观背景为着重培养高层次人才的研究生教育提供了新的发展机遇，也给学校的学科发展提出了更高的要求。

1. 坚持发展为第一要务。

按照国家"双一流"建设要求，抓住浙江省实施"一流学科建设计划"的契机，做实二级学科、做强一级学科，重点建设省一流学科（A类），加大投入，提升学科建设水平。提高学科规划的前瞻性、系统性，健全以经管学科为重点、多学科协调发展的大商科特色学科体系；创新学科建设机制，促进学科交叉融合发展，打造学科创新平台；加强分类评估和绩效考核，促进一级学科博士点建设，统筹推进学科实力与研究生教育同步提升。进一步整合相关学科资源，优化学科布局和结构，凝练学科发展方向，实施学科结构调整优化工作。

积极创造条件，加强一流学科人才的培养与引进。做大做强优势特色学科的核心是引进和培养领军人才。因此特别要实行人事制度和科研制度改革，推行非升即走等现代高层次人才管理模式，扶持青年领军人才，引进旗帜性领军人才、标志性科技创新团队，支持优势特色学科的

发展。

2.围绕学科建设的主线来编制规划，进一步优化学科结构。

浙江工商大学学科规模基本定型，要稳定规模，学科建设的重点是优化。积极推进学科中长期发展规划的研究与实施工作，全面加强学科内涵建设。凝练学科发展方向，实施学科结构调整优化工作，围绕特色优势学科，把学科群整体建设水平打造成一片高原，在高原上起高峰。围绕特色优势学科，引导学科群中的弱势学科主动向核心学科靠拢，把学科群整体建设水平提升到一个新的高度。特别是针对那些彰显大商科特色，跨学院、跨一级学科的工科和商科学科的融合平台打造，这部分内容学院层面无法自行规划，须由学校进行统一规划。

以大商科为主轴调整学科布局，进行学位点结构优化。一方面，在新一轮学位授权点动态调整和申报过程中，重点做好博士学位授权点申报工作，力争取得食品科学与工程、管理科学与工程、法学、外国语言与文学一级学科博士点。另一方面，充分利用自主设置二级学科（学位点）的政策，以大商科为主轴对现有学科进行梳理和统筹，开展涉商学科的调整优化，构建有机、协调、共同发展的学科群，促进学校优势学科做大做强，拓展研究生招生空间。

3.围绕大商科优化学科布局，打破学科学院分隔，促进学科交叉融合。

浙江工商大学作为财经类高校，在组织结构和学科建设上一直存在学科与学院对应关系复杂等问题，不利于学科建设和优势特色学科集聚效应发挥。学校现有硕士一级学科 15 个。从目前的情况来看，学科专业面宽，铺的摊子过大，不少学院缺少有自己特色的学科专业。即便有些学院学科专业建设有一定特色，但是由于相关学科分布在不同的学院，学科群体的集聚效应还不明显。

通过大商科规划设计，进行涉商学科的调整优化，建设大商科学科生态群。学科群中的核心学科要主动惠及相关学科，促进跨学科融合，构建有机协调、共同发展的学科群。对学科性学院和学科进行合理调整和归并，逐步理顺学科关系。围绕浙江产业发展，积极拓展交叉学科。

4.设立校内学科特区，以国际化的视野加强学科建设。

加强国际化师资队伍建设，吸引国外优秀人才来校培养研究生，特别是抓住海外人才持续回流带来的机遇，实施学科特区建设计划，吸引学科领军人才。以特殊的要求、特殊的平台、特殊的资源为支撑，在经费和政策等方面给予支持，引进一批领跑国际学术前沿、满足学科发展需求的领军人物和创新团队。年薪制延揽海外高层次人才，设置明确的硕博士招生名额，打造国际前沿合作研究平台，使其成为学校海归人才成长的特区和相关学科建设的"加速器"，提升优势学科的国际化水平，在校内率先形成学科团队高效治理、良性发展的机制。

鼓励统计学、工商管理、应用经济学、食品科学与工程及其他优势特色学科按照国际领先的学科标准制定规划，完善学科建设制度。先期支持MBA专业开展国际认证工作，积极引导有条件的学科和专业开展国际评估，主动参与学科国际评估和国际教育质量认证。

一所大学的发展是一个传承性的过程，也需要整体性、前瞻性的眼光。浙江工商大学是一所具有一定综合实力的财经类高校，需要以现代商科为主体，经管、理工、人文等多学科兼容并包、交叉融合、协同发展。大商科正是学校在长期办学过程中积淀形成的，本校特有的，优于其他学校的独特优质风貌，也将是浙江工商大学发展成为特色鲜明、国内一流、世界知名的财经类高校的必由之路。

基于融合创新的大商科人才培养体系构建及实践 [①]

浙江工商大学是我国最早建立的商科专门学校之一（1911 年），在悠久的办学历史里，曾经历十六次易名，但每一次都没有离开一个"商"字。近年来，随着学科专业的立体化、丰富化，我们也一直在思考一个问题，即面对教育现代化、教育国际化等新形势，如何基于商科办学优势及其扩展，培养出更多融合创新的大商科人才。

大商科是我校自己提出的一个"大概念"，是指一种以开放的思维、国际化的视野，以社会营利组织商务活动为主要研究对象，并基于商务活动的广泛社会联系、深刻社会影响与辐射作用，在商科与文、法、理、工等相关学科的彼此互动交融中，以"重点明确、辐射广泛、注重协同与联动"为主要存在特点和发展愿景的现代大学人才培养及学科发展理念。

大商科人才培养特色主要体现在"工商融合、创新引领"方面，将

---

① 2017 年 9 月 16 日，陈寿灿校长赴上海财经大学参加中国高等教育学会高等财经教育分会 2017 年年会暨第八届高等财经教育高峰论坛，做了题为《基于融合创新的大商科人才培养体系构建及实践》的论坛主旨演讲，此文是演讲稿。

商科教育、人文教育与理工教育的相关要素相互渗透，培养具有创新创业素质的大商科人才。"融合"是手段，"创新"是目的，"融合创新"是大商科人才培养的内涵要求。

一、融合创新：大商科人才培养的内涵要求

1.融合创新是我国经济社会发展对大商科人才培养的内在要求。

现代科学的发展趋势是知识在不断分化、深入的基础上又不断融合，进而产生新的知识。因此，仅具有单一知识结构的人才最终无法适应知识经济社会的需要，知识更新的速度日益加快、产业需求的变化日新月异，需要高校培养的人才具有复合型的知识结构。此外，我国正面临着产业升级转型的重大变革，其瓶颈就在于企业创新能力的缺乏和创新动力的不足，根本问题则在于具有创新精神和能力的人才严重不足。我国能否实现产业的升级转型，能否成功跨越"中等收入陷阱"，关键就在于高校能否培养出具有创新精神和能力的人才。

商科是现代知识体系的重要组成部分，现代商科已经发展成为经济学和管理学的交叉学科，同时与文、法、理、工等学科具有密切联系和交融互渗的关系。并且，随着我国现代市场经济主体及商品市场的不断发展，许多市场运行原则和企业运行原则也在不断适应变化而更新，需要大批具有创新素质的商科人才。因此，融合创新是我国经济社会发展对大商科人才培养的内在要求。

2.融合创新是我国宏观发展战略对大商科人才培养的基本诉求。

"十三五"时期，我国实施创新驱动发展战略，把发展基点放在创新上，推动科技创新与大众创业、万众创新有机结合，推动更多依靠创新驱动、更多发挥先发优势的引领型企业发展。我国实施"互联网＋"重大发展战略，组织实施"互联网＋"重大工程，加快推进基于互联网的商业模式、服务模式、管理模式及供应链、物流链等各类的创新，培育"互联网＋"生态体系，形成网络化协同分工新格局。此外，还实施了健全现代市场体系，改革财税体制、金融体制，促进生产性服务业专

业化等一系列经济领域的重大改革措施。

国家宏观发展战略对高校商科人才培养提出了新的要求，高校商科人才培养应当主动适应国家宏观发展战略的需要，以培养具有鲜明创新意识、扎实创新能力、广阔知识视野的大商科人才为目标。因此，融合创新是我国宏观发展战略对大商科人才培养的基本诉求。

3. 融合创新是我国教育"十三五"规划对大商科人才培养的现实呼吁。

"十三五"时期，我国高等教育将继续深化本科教育教学改革，实行产学研用协同育人，探索通识教育和专业教育相结合的人才培养方式，推行模块化通识教育，促进文理交融。继续强化高校创新体系建设，鼓励高等学校和职业学校建设学生创新创业服务平台，完善创新创业教育课程体系和管理制度，引导并鼓励学生积极参与创新活动和创业实践，强化毕业论文、毕业设计的创新创业导向，开展创新创业竞赛，营造创新创业校园文化，培养学生创新创业精神和能力。可见，融合创新是我国教育"十三五"规划对大商科人才培养的现实呼吁。

二、基于融合创新的大商科人才培养路径

近年来，我校以"立德树人"为根本任务，以"专业成才、精神成人"为人才培养理念，以培养具有大商科特色的高层次应用型、复合型、创新型人才为人才培养目标，加强"学生中心、教师发展、课堂开放"的教学文化建设，积极探索本科人才培养模式改革创新，深入开展"一体多元"的课堂教学创新与实践，提高了学校的人才培养质量。总结起来，融合先进的人才培养理念，融合多元的人才培养机制，融合多样的人才培养手段，是我校大商科人才培养的实践路径。

1. 理念融合。

"专业成才、精神成人"是我校大商科人才培养的核心理念，它融合了"培养才能"和"陶育人格"两种先进的大学人才培养理念，将通识教育的育人理念和专业教育的育才理念紧密结合，使得大商科人才不仅仅是"经世之才"，也是"济民之士"。从大商科人才培养目标来看，

着力于培养高层次应用型、复合型、创新型人才，而非具有单一知识结构的商科人才，体现了大商科人才培养理念与现代知识经济社会的适应融合。

2. 机制融合。

大商科人才培养机制突破了封闭单一的课堂育人、学校育人限制，以能力培养、素质提升、个性发展为目标，以提高学生实践能力为重点，创新社会协同育人机制，与社会各界广泛开展联合实验室、校内外实践基地及课程资源等建设。深化产学研协同育人，创新校政、校企、校院合作机制，提高社会力量在专业建设和人才培养中的参与度，构建互惠互利、相互促进的社会力量参与人才培养的协同育人长效机制。

3. 手段融合。

大商科人才培养模式充分利用各种手段，协调多元育人资源，共同达至培养目标。除了重视课堂教学外，还充分发掘创新创业教育、校外实践教育、第二校园求学、学生成长社区等第二、三、四、五课堂，不断探索充实大商科育人内涵。

三、我校在大商科人才培养上的具体做法

我校大商科办学特色具体体现为"工－商融和、创新引领"。即，将商科教育、人文教育与理工教育的相关要素相互渗透，培养经世济民的大商科人才。自2011年我校首次提出大商科理念以来，不断深入实践，努力培养具有"专业的人、文化的人、世界的人"特质的大商科人才。为达此目的，我校在人才培养上进行了多项有意义的探索和实践，具体做法是：

1. "工－商融和"的专业教育。

基于优势特色学科，为促进学生"专业成才、精神成人"，我校为全校各专业学生开设了丰富多彩的跨学科课程，比较充分地体现了大商科特色。以食品科学与工程专业人才培养为例，由于我校原为商业部直属高校，"食品科学与工程"及"食品质量与安全"专业一直着眼于食

品商品的生产、流通、消费与品质安全控制。通过将现代商业思想和商科教育精髓融入现代食品专业教育，我校为社会培养了一大批具有大商科视野和知识结构的食品人才。以谢宏为代表的校友创办了贝因美集团（国内知名孕婴童产品和服务企业）等一批食品企业。

2. "融会贯通"的通识教育。

为了更好地实现通识教育的目的，并突出大商科的人才培养特色，我校把通识选修课程分为"文学·历史·哲学""艺术·宗教·文化""经济·管理·法律""写作·认知·表达""自然·工程·技术""创新·创意·创业"六个模块。其中，文科类学生需选修"自然·工程·技术"模块学分，理工类学生需选修"文学·历史·哲学"类学分，非经管法类学生需选修"经济·管理·法律"类学分。通识课总学分为12学分，原则上在一、二、三年级选修。我校将在5年内建设40门左右的具有浙商大特色的精品通识选修课程。

我校采取多种途径保障通识课教学的质量。在教学方法上，我校通识课教学采取"大班授课、小班讨论"或"翻转课堂"的方式，改变现有的课程小论文的单一考核方式，丰富考核方式，突出课堂互动、课堂讨论、课后学习、合作学习的成绩评定。此外，还设立了通识课助教制度，通识课助教由参加青年教师助讲培养的教师或通过考核的优秀在读硕士、博士研究生担任。

3. "创新引领"的创新创业教育。

创新创业教育是新时期我校大商科人才培养的重点和亮点。首先，我校建立了"校、省、国家"三级学科竞赛、创新项目联动体系，从2012年起，学校每年有30个项目被列为"国家级大学生创新创业训练计划项目"，极大地调动了我校学生参与学科竞赛、创新项目的积极性，形成了良好的校园创新文化氛围。

其次，为了培养学生的创业能力，学校成立了创业学院，负责统筹全校的创业教学、创业实践和创业教学研究工作。开设了创业实验班，学校为创业实验班的学生单独制定个性化培养方案，配备创业导师，开设创业理论、创业技能、创业专题和创业体验等创业课程和若干专题讲座，并组织开展创业实践活动。

第三，为了更好地培养学生的创新意识和创新能力，激发学生的创新热情和创新潜能，学校规定每位学生在校期间必须获得至少 1 个创新学分才能毕业。创新学分可以通过参加创新项目研究、学科竞赛获奖、申请发明专利、发表论文著作、听取一定数量学术讲座等方式获得。此外，学校从 2010 年开始试行普通本科生科研作品代替毕业论文制度，允许学生以在校期间完成的、经学校确认的科研作品（包括公开发表论文、学科竞赛获奖作品、省级以上创新项目成果、发明专利等）代替毕业论文。

四、我校大商科创新型人才培养的实效

总之，大商科人才培养宗旨是特色发展，内涵要求是融合创新，价值导向是追求卓越，实施策略是"经管为主、工商融合、多科交叉、协调发展"。经过近 6 年的全面实施，学校教学水平有了明显提升，教学成果显著，为社会培养和输送了一大批具有创新创业能力和大商科背景的人才。我校大商科创新型人才培养的实效主要体现在以下三个方面。

第一，较好的就业质量。根据浙江省教育评估院的毕业一年后调查，我校毕业生的人均起薪水平处于浙江省属高校前列。以 2015 届毕业生的平均月薪水平做比较，高出浙江省本科院校平均水平。该届毕业的 54 个专业中，有 10 个专业为全省同专业最高，另外还有 30 个专业高于全省同专业平均水平，其中 16 个专业高于全省同专业平均 500 元以上。可见我校毕业生的月薪水平与浙江省同专业最高、平均水平进行横向比较时优势明显。

第二，较高的升学率。上述调查显示，我校 2015 届毕业生继续国内外读研深造的升学率为 19.24%，高于浙江省本科院校平均水平 9.69 个百分点，在全省本科院校排名第 4。说明我校学生通过考研提升自我的积极性较高，学生培养质量较好，且发展态势良好。54 个专业中，48

个专业的升学率高于浙江省同专业平均水平，25 个专业的升学率超过 20%。较高的升学率说明我校学生自我发展意识较强，学校学风良好。

第三，较高的满意度。上述调查显示，2012—2015 届毕业生对母校的总体满意率分别为 83.9%、85.3%、88.12% 和 84.38%，均高于浙江省高校平均水平。用人单位对我校 2015 届毕业生的综合素质满意度为 87.83，略高于浙江省本科院校平均水平（86.51）。此外，在浙江省 55 所本科院校排名中，我校毕业生的综合素质、实践动手能力、创新能力、合作与协调能力和人际沟通能力满意度均进入前 15 位。

附录 2
百年商大优秀校友

　　浙江工商大学的前身是创建于 1911 年的杭州中等商业学堂，系近代中国最早创办的商业专门学校之一。1953 年学校更名为浙江省杭州商业学校，1973 年更名为浙江商业学校，1980 年成立杭州商学院，1999年和 2001 年原杭州应用工程学校、杭州化学工业学校和浙江省政法管理干部学院并入学校。2004 年学校更名为浙江工商大学。2015 年，学校被确定为浙江省人民政府、商务部和教育部共建大学。2017 年，学校被确定为浙江省重点建设高校，统计学、工商管理学科入选省重点建设高校优势特色学科。

　　学校办学历程中最知名的校友有两位，一位是章乃器（1897 —1977），原名章埏，著名经济学家，浙江青田人。1913 年就读于浙江省立甲种商业学校（浙江工商大学前身）。早年从事银行业，任浙江实业银行副总经理，光华大学教授。1935 年，参与发起组织上海各界救国会。次年 5 月，全国各界救国联合会成立，任领导人。1936 年 11 月，被国民党政府逮捕，是著名的救国会"七君子"之一。1949 年后，历任政务院政务委员，中央人民政府财经委员会委员，粮食部部长，民建中央副主任委员，全国工商联副主任委员，参与制定粮食统购统销政策，首创粮票制度，基本解决了六亿人口的吃饭问题。著有《中国货币金融问题》《论中国经济的改革》《激流集》等。

　　第二位最知名的校友是骆耕漠（1908 — 2008），著名经济学家，浙江於潜（今临安）人。1922 年入读浙江省立甲种商业学校（浙江工商大学前身）。1927 年，加入中国共产主义青年团，投身中国革命事业，年底被捕。出狱后，积极参加抗日救亡运动，并开始研究中国经济问题。20 世纪 30 年代后，参与革命军队和根据地的后勤及财经部门的工作。将马克思主义经济理论与中国实际相结合，撰写大量文稿，揭露国内外军事霸权、政治强权和官僚资本势力在中国的掠夺，并对抗日根据地的经济建设和部队后勤保障开展实证研究。1938 年，加入中国共产党，历任中共浙江省委统战工作委员会委员、中共浙江省委文化工作委员会书记、中共东南局文化工作委员会委员。

2016 年浙江工商大学在建校 105 周年时评选出首届杰出校友，陈冬华、吴晶、彭蕾、王相荣、沈永忠、陆正飞、陈信元、王永利、许昆林、熊续强、谢宏、沈树忠入选。

校友陈冬华是学校国际会计专业毕业生，1993—1997 年在本校学习。1997—2002 年在上海财经大学攻读硕士和博士学位。现任南京大学商学院会计学系教授、博士生导师，南京大学会计与财务研究院副院长。被评为"教育部新世纪优秀人才（2006 年）"，财政部首届会计学术领军人物后备人才，教育部长江学者。任 *China Finance Review* 副主编。

校友吴晶是学校（原浙江省政法管理干部学院）政管 94 专科班毕业生，民革成员。现任浙江省侨联主席，民革浙江省委会副主委，中国侨联八届常委，十届浙江省政协常委、浙江省政协港澳台侨委员会副主任。她一直为浙商回归和海外侨胞爱国报国事业东奔西走、牵线搭桥。

校友彭蕾是学校企业管理专业毕业生，1990—1994 年在本校学习。作为阿里巴巴 18 名创始人与合伙人之一，曾任阿里巴巴集团市场部和服务部副总裁、首席人力资源官，2010 年 1 月起同时担任支付宝首席执行官，现任阿里巴巴资深副总裁、蚂蚁金融服务集团董事长。根据福布斯 2015 年年度全球 100 名最具权势女性排行榜，中国女性人物排名最高的是校友彭蕾，位列全球第 33 位。

校友王相荣，是学校（原杭州化学工业学校）化工机械专业毕业生，1987—1990 年在本校学习。浙江利欧股份有限公司董事长，温岭市工商联（总商会）副会长，兼任温岭市人大常委会委员、温岭市青年企业家协会会长、中国青年企业家协会常务理事、中国排灌机械协会副理事长，先后荣获"台州市劳动模范""台州市十大杰出自主创新青年企业家""台州市'创业之星'""温岭市明星企业家"和"温岭市改革开放30周年十大风云人物"等荣誉。

校友沈永忠，是学校餐旅管理专业毕业生，1986—1990 年在本校学习。中坤国际工程与建设集团创始人，现担任安哥拉中坤国际工程和建设有限公司、安哥拉中彦医院、安哥拉 FARM SAND 有限公司、刚果 SYZINTERNATIONAL CONGO 有限公司、中彦国际贸易有限公司、香港中彦国际贸易有限公司、BERFORD VENTURE HONGKONG LTD 的董事长，同时担任安哥拉中国商会副会长、安哥拉中国和平统一促进会常务副会长、安哥拉中国志愿者联盟会员。在安哥拉黄热病大爆发时期，多次免费为数千华人及当地居民注射疫苗，该行为受到当地居民和全休华人的高度赞扬。

校友陆正飞是学校财务会计专业毕业生，1981—1985 年在本校学习。1985—1988 年在中国人民大学会计学专业攻读硕士学位，1988—1999 年在南京大学任教，1994—1996 年在南京大学企业管理专业（财务管理方向）攻读博士学位。1999 年起在北京大学任教，2011 年起任北京大学光华管理学院副院长、MPAcc 中心主任，教授、博士生导师。兼任财政部会计准则委员会咨询专家、中国会计学会理事及学术委员、中国审计学会常务理事等学术及社会职务，为教育部长江学者。

校友陈信元是学校财务会计专业毕业生，1981—1985 年在本校学习。1986 年考入上海财经大学会计学专业攻读硕士学位，1994 年获得博士学位。1990 年 4 月至 1991 年 4 月，在原联邦德国私立欧洲商学院进修学习。现任上海财经大学副校长、教授、博士生导师，中国会计学会学术委员会委员，中国会计教授会常务理事、秘书长，《会计研究》《中国会计与财务研究》编委。2006 年被评为教育部长江学者。

校友王永利是学校财务会计专业毕业生，1980—1984 年在本校学习。1987 年在中国人民大学获得硕士学位，2005 年在厦门大学获得博士学位。历任中国人民大学教师、中国银行资产负债管理部总经理、中国银行福建省分行行长、中国银行河北省分行行长、中国银行股份有限公司副行长、乐视控股高级副总裁。现任中国国际期货副董事长。

校友许昆林是学校计划统计专业毕业生，1980—1984 年在本校学习。曾任国家计委收费管理司收费一处处长，国家发展计划委价格司收费管理处处长、价格司副司长，国家发改委价格司副司长、价格监督检查司司长、价格监督检查与反垄断局局长、价格司司长、固定资产投资司司长，国家发改委副秘书长等职。现任上海市人民政府副市长、党组成员。

校友熊续强是学校（原杭州化学工业学校）化工机械专业毕业生，1977—1979 年在本校学习。1994 年创办宁波银亿集团，现任宁波银亿集团董事长兼总裁、党委书记。2007 年，银亿集团在中国房地产行业百强排名中位列第 36 位，位居"中国服务业 500 强"中的 162 位；2007 年当选中国十大工商英才。2015 年，以 15 亿美元财富位列华人富豪榜第 221 名，世界富豪榜第 1250 名。先后荣获浙江省优秀创业企业家等荣誉称号，2017 年 7 月，当选浙江省商会副会长。

校友谢宏是学校食品卫生专业毕业生，1980—1984 年在本校学习。1984 年，毕业于杭州商学院（浙江工商大学前身）并留校任教。1989 年获浙江大学法学学士学位。1992 年，创办杭州贝因美食品有限公司。2003 年创立杭州贝因美集团有限公司，出任总裁。2006 年即跻身中国乳品十大年度人物。担任中国食品科学技术学会常务理事、中国儿童食品专业学会常务理事、全国特殊膳食标准化技术委员会委员、全国青少年儿童食品安全专家委员会专家委员、浙江省妇幼婴童产业商会会长、杭州市婴童产业协会名誉会长等社会职务。

校友沈树忠是学校（原杭州应用工程学校）地质专业毕业生，1981 年毕业。1989 年获中国矿业大学煤田地质与勘探专业博士学位。中国科学院南京地质古生物研究所研究员，博士生导师。曾任现代古生物学和地层学国家重点实验室主任，国际二叠纪地层分会秘书长，科技部国家重点基础研究发展规划 973 项目首席科学家，国家自然科学基金委优秀创新群体学术带头人。2000 年入选中国科学院"百人计划"，2003 年获得国家杰出青年科学基金，2004 年入选新世纪百千万人才工程国家级人选。2008 年和 2010 年分别获得江苏省科技进步一等奖和国家自然科学二等奖。

其他的优秀校友还有很多，如陆华裕、孟宪坤、王俊豪、王岳能、汪以真、吴卫军、谢斌、谢志华、邢积国、俞海平、宗佩民等。

校友陆华裕是学校财务会计专业毕业生，1981—1985 年在本校学习。历任宁波市财政局预算处副处长，预算二处、综合处处长，局长助理兼国有资产管理局副局长，宁波市财政局副局长等职。2000 年 11 月—2005 年 1 月，任宁波银行行长。2005 年 1 月起，任宁波银行董事长。2008 年入选中国银行业年度人物。

校友孟宪坤是学校营师专业毕业生。1995 年涉足市场研究行业，系中国较早涉足市场研究行业的人士之一。曾担任全球知名市场研究机构大中华区第一任研究经理，后任职知名整合营销机构总经理。曾为 NOKIA、NIPPON、MOTOROLA、P&G、UTSTARCOM、UNICOM、KFC、JOHNSON 等世界知名品牌提供帮助。后创立华坤道威整合营销机构，先后为万科地产、欣盛地产、万通集团、嘉里集团、金地集团、绿城集团、天鸿地产、大家地产、金都集团等百余家房产企业提供帮助。现任华坤道威董事长兼广告公司总经理。

校友王俊豪是学校管理系毕业生，1980—1984 年在本校学习。毕业留校任教，1992 年考入中南财经政法大学市场营销专业攻读博士学位，1995 年获得博士学位。1996 年至 1997 年，在英国斯特拉斯克莱德大学留学一年。曾任浙江财经大学校长。教授，博士生导师，国家"百千万人才工程"入选者，浙江省特级专家，教育部高等院校经济学类专业教学指导委员会副主任委员，中国工业经济学会副会长。

校友王岳能是学校统计专业毕业生，1981—1985 年在本校学习。1998—2001 年任杭州商学院（浙江工商大学前身）旅游学院副院长。

1999—2002年任建德市人民政府副市长（挂职），现任南都电源董事、副总经理。2017年为学校捐助设立教学卓越奖。

校友汪以真是学校食品卫生专业毕业生，1981—1985年在本校学习。1991年7月起在浙江农业大学饲料科学研究所工作，1998年9月起在浙江大学饲料科学研究所工作。现任浙江大学教授、博士生导师，浙江大学饲料科学研究所所长，国家杰出青年基金获得者，全国百篇优秀博士学位论文获得者，全国百篇优秀博士学位论文指导教师。

校友吴卫军是学校财务会计专业毕业生，1981—1985年在本校学习。1992年获ACCA资格，成为中国大陆ACCA第一人。1989年加入普华永道会计师事务所，2002年晋升为普华永道会计师事务所合伙人，2004年开始担任ACCA的全球理事，成为36名委员中第一位来自中国内地的人士。

校友谢斌是学校市场营销专业毕业生，1990—1994年在本校学习。现任上海宝临防爆电器有限公司董事长、中国防爆电器协会理事。本科毕业后获得英国威尔士大学工商管理硕士学位，曾赴北京大学、复旦大学、美国纽约理工大学参加专业学习，防爆电器行业著名专家和企业家。

校友谢志华是学校企业管理专业毕业生，1983—1985年在本校学习。1995年7月于财政部科学研究所毕业，获博士学位。2000年成为国务院政府特殊津贴享受者。现为博士生导师，北京工商大学副校长。同时兼任中国商业经济学会副会长、中国商业会计学会副会长、教育部工商管理学科教学指导委员会副主任委员，并担任《会计研究》《审计研究》等十多家刊物的顾问、编委。

校友邢积国是学校餐饮旅游管理专业毕业生，1989—1993年在本校学习。现任联盛投资（杭州）有限公司董事长、第六空间家居集团董事长。毕业后进入杭州市高新技术产业开发公司下属的广告公司工作。1996年，与合伙人一同创建新时代家居市场，后更名为佳好佳居饰商城。2001年，走上高端国际家居品牌经营之路，创办第六空间。2005

年，第六空间开办艺术生活市场。2007 年，第六空间打造的大都会世界家居博览园开业。

校友俞海平是学校财务会计专业毕业生，1978—1980 年在浙江商业学校（浙江工商大学前身）学习。曾任余杭县燃料公司会计、财务基建科长、副经理，余杭县石油公司经理，余杭市商业局副局长、党委委员兼石油公司总经理，浙江省石油总公司零售公司经理，余杭市商业总公司党委委员、副总经理。现为杭州市余杭石油有限公司董事长兼总经理，余杭区侨联的兼职副主席。2011 年他出资 100 万元在母校设立"海平百万奖学基金"。

校友宗佩民是学校统计学专业毕业生，1981—1985 年在本校学习。1989—1990 年在浙江省供销学校任助教；1990—2001 年任浙江省兴合集团投资部部长，2001—2002 年任浙江天堂硅谷创业投资有限公司研究部经理；2002 年开始，任浙江华睿投资管理有限公司董事长、浙江睿银创业投资有限公司董事长。还兼任浙江永隆实业股份有限公司独立董事，浙江金帆达生化股份有限公司董事，浙江康盛股份有限公司监事长。

参考文献

［1］弗莱克斯纳 . 现代大学论——美英德大学研究 [M]. 徐辉，陈晓菲，译 . 杭州：浙江教育出版社，2001.

［2］科尔 . 大学之道 [M]. 冯国平，郝文磊，译 . 北京：人民文学出版社，2014.

［3］巴尼特 . 高等教育理念 [M]. 蓝劲松，译 . 北京：北京大学出版社，2012.

［4］国内贸易部国际高等商科教育比较研究课题组，中国商业高等教育学会 . 国际高等商科教育比较研究 [M]. 北京：中国财政经济出版社，1998.

［5］王裕国 . 中国独立设置的财经院校综合改革问题研究与实践之一［M］. 北京：高等教育出版社，2002.

［6］中国第二历史档案馆 . 中华民国史档案资料汇编·第三辑·教育［G］. 南京：凤凰出版社，1991.

［7］刘立国 . 国际商科人才培养研究 [M]. 北京：北京理工大学出版社，2016.

［8］田联进 . 反思与重构中国高等教育制度 [M]. 北京：中央编译出版社，2015.

［9］程莹，王琪，刘念才 . 世界一流大学：对全球高等教育的影响 [M]. 上海：上海交通大学出版社，2015.

［11］顾明远 . 教育大辞典：第 3 卷 [M]. 上海：上海教育出版社，1991.

［12］潘懋元，王伟廉 . 高等教育学 [M]. 福州：福建教育出版社，1995.

［13］卢彩晨．中国高等教育重审 基于约翰·S·布鲁贝克的《高等教育哲学》视角 [M]．北京：北京理工大学出版社，2016.

［14］陈学飞．美国、德国、法国、日本当代高等教育思想研究 [M]．上海：上海教育出版社，1998.

［15］胡建华．现代中国大学制度的原点：50 年代初期的大学改革 [M]．南京：南京师范大学出版社，2001.

［16］贺国庆．欧洲中世纪大学 [M]．北京：人民教育出版社，2009.

［17］胡建华，陈列，周川，等．高等教育学新论 [M]．南京：江苏教育出版社，1995.

［18］黄福涛．外国高等教育史 [M]．2 版．上海：上海教育出版社，2008.

［19］钱颖一．大学的改革：第一卷·学校篇 [M]．北京：中信出版社，2016.

［20］陈利民．办学理念与大学发展——哈佛大学办学理念的历史探析 [M]．青岛：中国海洋大学出版社，2006.

［21］邬大光，王旭辉．近年来我国高等教育研究若干问题述评 [J]．教育研究，2015 (5).

［22］蔺亚琼．多个案比较法及其对高等教育研究的启示 [J]．高等教育研究，2016 (11).

［23］潘懋元．对《应用型高等教育研究》的期望 [J]．应用型高等教育研究，2016 (1).

［24］张蔚磊，李馨，赵云建．高等教育数字化学习的未来——访哈佛大学教育技术学专家克里斯·德迪教授 [J]．中国电化教育，2014 (12).

［25］潘懋元，别敦荣，陈斌，等．2014 年中国高等教育研究回顾与述评 [J]．高校教育管理，2015 (2).

［26］潘黎，侯剑华．国际高等教育研究的热点主题和研究前沿——基于 8 种 SSCI 高等教育学期刊 2000—2011 年文献共被引网络图谱的分析．教育研究 [J]．2012 (6).

［27］王建华．高等教育研究：教育学的视角 [J]．高等教育研究，2013 (10).

［28］潘懋元．"协同创新"的高等教育研究 [J]．中国高教研究，2013 (6).

［29］别敦荣，王严淞．2016 年中国高等教育研究述评 [J]．高校教育管理，2017 (2).

［30］潘懋元．高等教育研究要更加重视微观教学研究 [J]．中国高教研究，2015 (7).

［31］王洪才．高等教育研究的两种取向：本质主义与非本质主义 [J]．高等教育研究，2012 (2).

［32］潘懋元，李国强．2030 年中国高等教育现代化发展前瞻 [J]．中国高等教育，2016 (17).

［33］张应强．凝聚力量 协同创新 为繁荣我国高等教育理论研究而努力——中国高等教育学会高等教育学专业委员会第五届理事会工作报告 [J]．高等教育研究，2015 (11).

［34］别敦荣，王严淞．2015 年中国高等教育研究述评 [J]．高校教育管理，2016 (2).

［35］张真柱，邓启明．海峡两岸高等商科教育交流合作的条件与路径研究 [J]．中国高教研究，2013 (4).

［36］刘黎明，周庆贵．中美高等商科教育人文性建设之比较研究——以 EMBA 课程设置为例 [J]．上海管理科学，2013 (6).

［37］李思捷，卢灵．中法高等商科教育比较研究 [J]．广西财经学院学报，2015 (1).

［38］潘懋元，陈春梅．高等教育质量建设的理论设计 [J]．高等教育研究，2016 (3).

［39］潘懋元．高等教育质量与大学教师发展 [J]．高等教育研究，2015 (1).

［40］潘懋元，陈斌．"互联网＋教育"是高校教学改革的必然趋

势 [J]. 重庆高教研究，2017 (1).

［42］潘懋元，左崇良. 高等教育治理的规约机制 [J]. 吉首大学学报（社会科学版），2016 (3).

［43］赵公民，武跃丽. 商科专业学生创新能力培养体系构建研究 [J]. 教育理论与实践，2014 (36).

［44］严玉萍. 基于 VPTP 的商科大学生创新创业能力培养模式研究 [J]. 电化教育研究，2014 (10).

［45］郑慕强，王祎，杨程玲. 整合思维教育模式下以问题为导向的教学探索——以《微观经济学》课程为例 [J]. 内蒙古农业大学学报（社会科学版），2014 (4).

［46］申作青，李靖华，张绪忠. 财经类高校的大商科办学特色分析——以浙江工商大学为例 [J]. 浙江工商大学学报，2015 (6).

［47］高觉民. 论我国商科教育的国际化 [J]. 陕西工商学院学报，1994 (3).

［48］赵新洁. 我国商科教育国际化战略与商科教育改革 [J]. 教育教学论坛，2013 (29).

［49］王晓东. 新世纪我国高等商科教育发展战略的思考 [J]. 首都经济贸易大学学报，2005 (4).

［50］王晓东. 关于我国高等商科教育发展的思考 [J]. 商业经济与管理，2002 (12).

［51］叶小兰. 高等商科教育发展与经济互动关系研究 [J]. 教育理论与实践，2006 (4).

［52］纪宝成. 我国高等商科教育人才培养模式探讨 [J]. 中国高教研究，2006 (10).

［53］赵海峰. 应用型本科院校的商科人才培养模式 [J]. 高等教育研究，2012 (4).

［54］别敦荣. 论高校内涵发展 [J]. 中国高教研究，2016 (5).

［55］张宝贵. 2020 年高等教育发展目标究竟该如何确定——基于

计量经济学的数学模型视角 [J]. 复旦教育论坛，2009 (1).

［56］潘懋元. 中国高等教育的定位、特色和质量 [J]. 中国大学教学，2005 (12).

［57］张仁寿，杨轶清. 浙商：成长背景、群体特征及其未来走向 [J]. 商业经济与管理，2006 (6).

［58］曾尔雷，黄新敏. 创业教育融入专业教育的发展模式及其策略研究 [J]. 中国高教研究，2010 (12).

［59］黄兆信，王志强. 论高校创业教育与专业教育的融合 [J]. 教育研究，2013 (12).

［60］刘亭. "互联网＋"：浙商转型升级路向 [J]. 浙江经济，2017 (4).

［61］汪力成. 浙商的创新思维与转型发展之路 [J]. 中国科技产业，2017 (1).

［62］王晓东. 关于我国高等商科教育发展的思考 [J]. 商业经济与管理，2002 (12).

［63］李思捷，卢灵. 中法高等商科教育比较研究 [J]. 广西财经学院学报，2015 (1).

［64］周叶中. 人才培养为本，本科教育是根——关于研究型大学本科教育改革的思考 [J]. 中国大学教学，2015 (7).

［65］丁丽芳. 卓越人才培养计划对研究型教育模式的促进 [J]. 黑龙江高教研究，2017 (4).

［66］薛玉香，王占仁. 地方高校应用型人才培养特色研究 [J]. 高等工程教育研究，2016 (1).

［67］姜嘉乐，李飞，徐贤春，等. 浙江大学人才培养的理念、模式、特色及其实践——浙江大学校长吴朝晖访谈录 [J]. 高等工程教育研究，2016 (4).

［68］吕帆，周健民. 教学研究型大学人才培养：模式整合与理念创新 [J]. 国家教育行政学院学报，2017 (3).

［69］严毛新．嵌入视角下推进大学生创业教育 [J]. 中国高教研究，2014 (7).

［70］严毛新．从社会创业生态系统角度看高校创业教育的发展 [J]. 教育研究，2015 (5).

［71］严毛新．高校创业教育"语义泛化"现象及内涵拓展 [J]. 教育发展研究，2015 (3)。

［72］严毛新．创业教育的中国经验 [J]. 教育研究，2017 (9).

［73］卢晓东，陈孝戴．高等学校"专业"内涵研究 [J]. 教育研究，2002 (7).

［74］冯向东．学科、专业建设与人才培养 [J]. 高等教育研究．2002 (3).

［75］金顶兵．闵维方．论大学组织的分化与整合 [J]. 高等教育研究，2004 (1).

［76］文辅相．我国大学的专业教育模式及其改革 [J]. 高等教育研究，2000 (2).

［77］王逸飞．浙江浙商回归成绩创新高：营商环境成"幕后功臣" [N]. 中国新闻网，2017–12–13.

［78］吕苏娟．浙商回归，厚植发展新动能 [N]. 浙江日报，2017–03–17 (8).

［79］董洁．浙江全面建立耕地保护补偿机制 每亩地最低可获补偿 60 元 [N]. 浙江在线，2016–06–21.

［80］林丽丽．从形式化的专业教育走向实质性的专业教育 [D]. 福州：福建师范大学，2013.

［81］康全礼．我国大学本科教育理念与教学改革研究 [D]. 武汉：华中科技大学，2005.

［82］中国社会科学院语言研究所词典编辑室．现代汉语词典 [Z]. 北京：商务印书馆，2016.

［83］联合国教科文组织教育统计局．国际教育标准分类 [S]. 国家教

育委员会教育发展与政策研究中心，译．北京：人民教育出版社，1988.

［84］柴骥程．"浙江现象"惹人瞩目，习近平三赞浙商文化基因[EB/OL]．华夏经纬网，2003-09-08.

［85］《中国教育年鉴》编辑部．中国教育年鉴(1949~1981)[G]．北京：中国大百科全书出版社，1984.

后　记

　　全书成稿，令人兴奋之时感触良多。这是新时期商科人才培养高地萌芽的新苗，又是众多商科教育先驱及新生代不断探索的成果，更是站在巨人肩膀上才得以发现的新视野。

　　在我国商科教育历经百年风雨之后，有志于商科教育的前辈们奠定了坚实的基础。面对新时期现代服务业对商科人才需求的重大变化，作为财经院校的教育工作者应该如何应对？商大人将商科教育的薪火代代相传，有了自己的感悟，形成了自己的教育思想和理念，凝练成自身办学特色，是为大商科。

　　对于大商科这一教育教学成果的探索总结，众多同事付出了心血和智慧。仅参与本书撰稿和资料搜集整理的就有：厉小军、申作青、江辛、李靖华、伍蓓、严毛新、张绪忠、俞荣建、廖波、赵霞等。他们执着敬业，竭尽全能，在此一并致谢。

　　十分感谢黄达人先生为本书作序，黄先生的指导是对我们的鼓励和鞭策。还要感谢责任编辑沈丹，她的编辑精益求精，令人感动。

　　让我们登高望远，携手再出发，探究在路上，只有目标，没有终点。

陈寿灿

2017 年 12 月于杭州